노자 도덕경
교육의 시선으로 읽다

책임집필
신창호 · 김학목

공동집필
강영순 · 권선향 · 김광석 · 김학준 · 백미화
송민규 · 우버들 · 위민성 · 진상훈 · 최 진

박영story

머리말

1

우리는 사실 '노자(老子)'라는 이름을 무척이나 많이 들어오고 있다. 그러나 노자라는 인물과 사유에 대해서는 아는 게 별로 없다. 때로는 아주 낯설게 느끼기도 한다. 교육학계에서는 더욱 그러하다.

2

노자의 삶을 들여다보기 위해서는 사마천(司馬遷)의 『사기(史記)』에 의존할 수밖에 없다. 기록이 거의 없기 때문이다. 『사기』의 기록조차도 아주 짧다. 기록을 더듬어 보고, 노자라는 인물을 다시 살펴보자.

노자는 초(楚)나라 고현(苦縣) 여향(厲鄕) 곡인리(曲仁里) 출신이다. 성은 이(李)씨이고, 이름은 이(耳)이며, 자는 담(聃)이다. 주(周)나라 황실도서관의 책임자를 지냈다. 공자가 주나라에 갔을 때, 노자에게 예(禮)를 물은 적이 있었다. 그때 노자는 이렇게 말했다. "그대가 말하는 옛날의 성인도 그 육신과 뼈다귀가 이미 썩어 없어졌다. 지금은 그들이 말한 언표가 남아있을 뿐이다. 군자는 올바른 때를 얻으면 자리에 나아가 귀한 몸이 되지만, 그렇지 못할 때는 떠돌이 신세가 되고 만다. 훌륭한 장사치는 값진 물건을 깊이 감추고 밖에서 보기에는 아무것도 없는 것처럼 보이지만 속이 알차고, 군자는 풍성한 덕을 몸에 깊이 갖추어 겉모습은 어리석은 것같이 보이지만 사람됨이 충실하다고 들었다. 그대는 몸에 가득한 교만함, 많은 욕심, 거만함, 산만한 생각 따위를 모두 버려라! 그런 것은 그대에게 어떤 이익도 주지 않는다. 내가 그대에게 말해줄 수 있는 것은 이뿐이다." 그 말을 듣고 돌아온 공자는 제자들에게 말하였다. "새는 날고 물고기는 헤엄치며 짐승은 달리는 족속이라는 것은 나도 잘 알고 있다. 달리는 것은 그물을 쳐서 잡고, 헤엄치는 것은 낚시를 드리워 낚으며, 날아다니는 것은 주살로 쏘아 떨어뜨릴 수 있다. 그러나 용은 바람과 구름을 타고 하늘에 오른다고 하니 나는 그것이 어떤지 제대로 알지 못한다. 내가 오늘 노자를 만났는데, 바로 용과 같은 사람이었다."

노자를 만난 공자는 그를 용(龍)에 비유했다. 용은 신령한 동물이다. 그만큼 알기 어렵다. 존재가 어떤지 완전히 모르는 건 아니지만, 현실에 찌든 공자의 눈으로는 정확하게 파악하기 힘든, 묘한 존재임에 분명했다. 그러기에 공자는 제자들에게, '노자는 용과 같은 사람'이라고 고백했다.

노자는 도(道)와 덕(德)을 닦는 사람이다. 그 학문은 스스로 재능을 숨겨 이름이 드러나지 않기를 힘썼다. 주나라에서 오랫동안 살다가 주나라가 쇠약해지자 마침내 주나라를 떠나기로 작정했다. 아니, 길을 떠났다. 그 도정에서 함곡관(函谷關)에 이르렀다. 함곡관에 도착하자, 그곳을 지키던 수비대장 윤희(尹喜)가 노자를 알아보고 요청하였다. "선생님께서는 은둔하시기로 마음을 정하신 것 같군요. 이 사람을 위해 가르침을 남겨 주십시오!" 노자는 상하 2편의 글을 저술해 주었다. 도(道)와 덕(德)의 의미를 말한 5,000여 글자를 남겼다. 그것이 바로 노자 『도덕경』이다. 그러고는 훌쩍 떠났다. 그 후, 노자가 어디로 갔는지 아무도 모른다. 노자가 귀중하게 여긴 도(道)는 허무(虛無)하여 실체가 없다. 자연스럽게 변화를 따르며 무위(無爲)하는 가운데 천변만화(千變萬化)하는 사유를 중심으로 한다. 때문에 그의 문장은 미묘하여 이해하기 어렵다. 노자 『도덕경』이 지닌 특성이 그러하다.

3

이러한 사마천의 기록을 아무리 깊이 탐구하더라도, 노자를 알기란 쉽지 않다. 노자가 누구인지, 실존 인물인지 가상 인물인지, 『도덕경』이라는 책이 진짜인지 가짜인지, 어떻게 성립되었는지, 도무지 실체가 잡히지 않는다. 그만큼 답답할 수도 있지만, 독해의 가능성이 열려 있다는 의미이기도 하다. 흥미를 느낄 만하다. 여기서는 노자 『도덕경』이라는 저서에 담긴 의미 체계를 '교육'이라는 프리즘으로 읽어보려고 한다. 기존에 철학의 프리즘으로 읽은 텍스트는 너무나 많다. 그러나 교육의 시선으로 읽고 풀이한 텍스트는 희소하다. 그것이 새로운 즐거움을 줄 수 있다.

4

사마천의 『사기』에 그려진 노자는 '용'과 같이 알 수 없는 사람이다. 은둔(隱遁)하고 있는 존재다. 자기를 드러내지 않는 사람이자, 무위(無爲)를 중시한다. 너무나 다양하게 묘사되다 보니, 그 모습이 오히려 그려지지 않는다. 그래도 그를 그려볼 수 있는 주요한 보배가 남아 있다. 그가 남겨주었다는 『도덕경』이다.

노자는 『도덕경』 1장 첫 구절을 이렇게 적어 놓았다.

"길을 길이라고 말하면 늘 그러한 길이 아니다! 이름을 이름이라고 말하면 늘 그러한 이름이 아니다!" 그 유명한 "도가도 비상도 명가명 비상명(道可道 非常道 名可名 非常名)"이란 표현이다.

이 무슨 말인가? 단순하게 일반적인 논리로 파악하기 쉽지 않는 발언이다. 이게 뭐지? 일단 편안하게 따라가 보자. 노자가 길[道]과 이름[名]을 설명하는 방식에 비춰볼 때, 말이라는 도구는 인생의 가치에서 참을 추구하는 방식은 아닌 듯하다. 노자는 말로 표상된 언표가 자기 동일성을 갖는다는 생각을 접은 듯하다. 말의 유의미함보다 무의미함을 강조하는 듯하다. 말이 필요없다는 것이 아니라, 말이 많으면 많을수록 진짜에 다가가지 못한다는 표시를 강조하는 듯하다. 그 의문은 "말이 많으면 자주 궁해진다[多言數窮]"라는 『도덕경』 5장의 언표에서 해소된다.

5

교육은 흔히 언어(言語)를 통해 전달되고 수신된다. 언어활동을 통해, 어떤 개념이 대상에게 전달되는 심적·물리적 과정에서 진행된다는 말이다. 언어는 인간만이 유일하게 사용하는 인간의 것이다. 그러나 언어는 인간의 이중적 성격을 지원하였다. 인간은 일반적으로 언어를 통해 '변명(辨明)'할 수 있는 계기를 갖는다. 이는 인간의 지식과 지혜, 언어의 발달 과정에서 볼 때, 진실의 적극적 해명이라고 볼 수도 있지만, 그것의 적극적 은폐 역할도 했다. 따라서 어떤 언어의 속살에 담긴 뜻, 또는 대화의 과정에서 내뱉는 말은 항상 참된 것으로만 볼 수는 없다. 우리는 그것을 일상에서 흔히 경험한다. 교육 상황에서도 마찬가지다. 어떤 개념을 설명하거나 사유나 행위를 해명할 때,

의문이 풀리지 않는다면, 그것을 풀기 위한 말은 더욱 많아진다. 말이 많아질수록 또다시 무수한 억측들이 나돌고, 결국 진정한 의미는 말속에 매몰되기도 한다.

6

노자는 이런 말의 춤사위를 경계한다. '길[道]'을 '바로 그 길'이라고 말하고, '이름[名]'을 '바로 그 이름'이라고 말할 때, 정말 그 길이고 이름인가? 이에 대한 의심(疑心)이 그 사상의 출발점이다. 이는 데카르트의 '회의(懷疑)'를 연상케 한다. 우리가 '한국교육은 어떠어떠하다!'라고 말할 때, 그것이 정말 '한국의 모든, 또는 진정한 교육'이라고 말하기 힘든 것과 마찬가지다. 한국교육의 현주소를 수많은 담론으로 펼쳐나갈 때, 그 속에서 우리의 교육문제를 풀어나갈 수도 있겠지만, 때로는 말의 홍수 속에 참된 교육의 가치는 놓쳐버리고, 교육 외적인 말단을 근본으로 오해할 수도 있다.

이 지점에서 노자는 다음과 같은 지침을 준다.

"길을 바로 아는 성인은 '억지로 행함이 없음'을 일삼고, '말없는 가르침'을 편다[聖人, 處無爲之事, 行不言之教.]" 『도덕경』 2장의 언표다. 말은 말하려고 애쓰는 자에게서 나온다. 말하려고 억지로 애쓰지 않는 자에게는 행위가 있을 뿐이다. 묵묵히 실천하는 사람들에게서 그런 행위를 발견할 수 있다. 이에 앞서 노자는 현실의 아름다움과 추함, 선함과 악함이 인간 문화의 인위적 개념, 서로 싸우고 절대시하는 자기주장들의 소산으로 보았다. 그러나 인생의 가치 개입 이전에 '있음과 없음', '어려움과 쉬움', '높고 낮음'은 끊임없이 서로 낳고 이루는 과정을 통해, 개념적으로 고정되지 않는다. 그러므로 아무런 폐단도 생기지 않고, 무리나 억지도 없다. 이런 행위를 본받아 나오는 역동성이 훌륭한 사람을 이끄는 힘이다.

그 행위의 정점에 '말없는 가르침'이 자리한다. 말없는 가르침은 인간이 만들어 사용하는 언어 문자의 한계와 병폐를 일깨워 준다. 말하지 않고도 가르치는 '불언지교(不言之教)'는 언어의 부정적 폐단을 줄이거나 없애기 위한 교육방법론이다. 달리 말하면, 언어라는 인위를 소극적으로 대하는 교육이다. 즉 학생이 스스로 교학(教學)하고, 저절로 바르게 행동하며, 저절로 부유하게 노력하고, 저절로 순박한 모습으로 나아가게 할 수 있다. 불언지교의 방법은 하나의 형이상학적 교육의 길을 제시한다. 가르침의 기술 가운데 가장 높은 경지, 교육의 미학과 예술적 차원을 보여주는 것이다. 마치 불교의 선승(禪僧)들이 모범을 보이듯이, 묵묵함 가운데 인생의 진리를 비춘다.

7

그런데 어떻게 인간이 '억지로 행함이 없음', 즉 '무위(無爲)'를 일삼을 수 있는가? 교육은, 특히, 우리가 좁은 의미의 교육이라고 지칭하는 학교교육이나 의도적 교육은 적극적인 말과 행위를 통해 이루어진다. 그런데 행함이 없이 가르침을 실천하라니?

여기에서 진지하게 고려할 필요가 있다. 노자의 무위는 '아무것도 하지 않음'이 절대 아니다! 어떻게 인간이 아무것도 하지 않을 수 있겠는가? 태어난 순간부터 활동하는 실존이 인간인데. 노자의 무위는 '인위적' 또는 '의도적' 행위를 하지 않는다는 의미다. 그런데 인간의 역사는 작위(作爲)를 일삼아 왔다. 일을 꾸민 만큼 무언가를 짓고 만들어온 내력을 지니고 있다. 인간(人間)과 사회(社會)라는, 사람 사이에서 이루어진 작위, 그 행위가 역사이다.

그런데 노자는 작위(作爲)에 대립되는 무위(無爲)를 말한다. 왜 이런 태도를 취했던가? 노자가 얘기하는 무(無)는 단순히 텅 빈 공백을 넘어서 있다. 따라서 무위는 절대적으로 일체의 행동을 하지 않는, 고요함 가운데 '함이 없음'이 아니다. 아무것도 하지 않는 '불위(不爲)'를 의미하는 언표가 아니라, 사물이 활동하고 작용하는 자연스러운 흐름에 준거하는 또 다른 역동성을 뜻한다. 역동적인 힘을 발현하기 위해서는, 먼저 행위 주체자의 의식을 순화하여 무위의 경지를 체득해야 한다. 무위의 경지를 체득한 사람은 의도적으로 사물의 활동과 작용에 순응하려는 태도를 취하지 않는다. 자신의 본성이 내키는 대로 행위할지라도 모든 일이 저절로 조화를 이룰 수 있다. 이렇게 볼 때, 무위는 오히려 모든 행위를 가능케 한다는 점에서 진정으로 유효한 삶의 태도로 전환된다.

8

아래의 인용문을 보면 그 역설적인 목소리가 들리는 듯하다. 『도덕경』 48장이다. 얼핏 보면 이해하기 힘든 대목이지만, 곱씹어보면 의미심장하다.

"세상에서 말하는 배움을 하면 할수록 배울 것은 날마다 불어난다! 그런데 도를 실천하면 할수록 날마다 할 일이 줄어든다! 줄고 또 줄어들어 함이 없는 경지에까지 이르게 된다! 함이 없는 데까지 이르고 나서야 모든 것이 되지 않음이 없다!"

노자는 배움에 대한 적극적인 반성을 촉구했다. 배움이 과연 인간이 올바르게, 인간답게 살아가는데 유용한가? 배우면 배울수록 지식과 욕망, 허위의식이 싹트고, 인간 세계를 어지럽히는 것은 아닌가? 노자의 긴장은 치열하다. 그것은 배움 자체를 부정한 것이 아니다. 배움으로 인해 드러나는 폐해를 경계했다.

이런 점에서 현재 우리의 교육은 어떻게 비춰볼 수 있을까? 지식을 많이 습득하면 습득할수록, 그것은 힘으로 축적된다. 지식은 쌓이는 만큼 권력으로 자란다. 지식을 통한 욕망은 확대된다. 다시 말하면, 교육 자체가 하나의 권력을 재생산하여, 끊임없이 인간 스스로가 인간을 말살시켜 가는 방향으로 직진한다. 이에 노자는 참지 못했다. 폭발했다. 노자는 『도덕경』 20장에서 "학문을 끊어라! 근심이 없을 것이다[絕學無憂]"라는 극언을 내놓는다.

이렇게 이미 오래 전에 배움에 대한 경종을 울려준 것이 바로 노자의 무위 사상이다. 노자의 이런 사유는 사실, 인위로 하지 않음, 또는 자연(自然, self-so; 스스로 그러함)의 적극적 표현이다. 따라서 노자의 무위자연 철학은 적극적 교육철학으로 재인식할 필요가 있다. '무위'는 흔히 소극적인 대응방식으로 이해하기 쉽다. 그러나 역설적으로 인위를 넘어서는 적극성이 있다.

동서고금을 막론하고, 인간의 역사에서 고대사회는 정치와 종교, 그리고 교육이 따로 분리되어 논해지지 않았다. 인류의 심적 기능 속에 숭배와 경애의 마음이 있고, 여기에서 파생되는 의식은 정치적이며 윤리적이고 교육적인 의미를 동시에 내포하고 있다. 다스리는 자[治者]는 정치적 지도자이자 동시에 제사장이며 교육자였던 것이다. 노자는 바로 이 다스리는 자의 철학[교육학]을 '무위'로 내세운다. 『도덕경』 3장은 그것을 잘 일러 준다.

"어진 이를 숭상하지 말라. 그래야 백성들이 자기가 잘나 보이기 위해 다툼을 벌이지 않을 것이다. 얻기 어려운 재화를 귀하게 여기지 말라. 그래야 백성들이 그것을 가지려고 도적질하지 않을 것이다. 욕심을 불러일으킬 만한 것을 보이지 말라. 그래야 백성들이 마음의 혼란을 일으키지 않을 것이다. 그러므로 성인의 다스림[정치/교육]은 백성의 마음을 비워 백성의 배를 채워 주며, 백성의 뜻을 부드럽게 하여 백성의 육체를 강건하게 한다. 늘 백성에게 앎이 없게 하고 바람이 없게 한다. 지혜롭다고 하는 위정자들에게 감히 무엇을 하지 못하게 한다. 백성들이 억지로 행함이 없이 자연스럽게 살아가도록 맡겨두어도 다스려지지 않음이 없으리라!"

백성들이 편하게 살도록 하기 위해서는 공명과 보화 등을 통하는 방법이 좋다. 이러한 것은 세상의 보통사람들이 선호하며 구체적으로 지향하는 가치들이다. 인간은 이를 추구하고 달성하기 위해 발버둥 친다. 인간관계나 인간다운 심성이 망가져도, 자신이 선호하는 가치의 획득이라는 목적을 이루면, 그것도 일종의 의미 있는, 위대한 인생일 수 있다. 이런 구조 속에서 통치자는 힘을 갖고 인간 세상을 지배하지만, 일반 서민인 피통치자는 그들의 권력의지를 충당해 주거나 실현시켜 주는 도구로 전락한다. 때문에 사람들은 자연스럽게 어진 이나 능력 있는 자가 되어 권력을 잡으려고 욕심낼 수밖에 없다. 그러나 모든 사람이 정치의 정점에 자리할 수는 없다. 정점의 자리에는 극소수만이 앉을 수 있다. 이 치열한 경쟁은 많은 사람을 도태하게 한다. 현재 우리 교육에서 벌어지는 다양한 경쟁 구조는 이런 논리와 흡사하다.

9

노자의 무위는 바로 현실에서 벌어지는 인간의 정치, 교육 상태에 대한 대안이자 질타이다. 인간인 이상 인간에 대한 최소한의 간섭이나 관계가 없을 수는 없다. 따라서 가능한 한 간섭하지 않는 교육, 자유 또는 자율의 무위 교육이 요청된다. 지나친 간섭과 꽉 짜여진 지식 교육보다 좀 느슨하고 자유로운 자율과 자치의 교육이 더 효과적일 수 있기 때문이다.

첨단과학으로 무장한 현대문명이 발달할수록 늘어나는 것은 분별지식의 분량이다. 분별지식은 양적으로 아무리 늘어나도 사람 대뇌 속의 정보량만 늘려줄 뿐 생명력을 부여하지 않는다. 분별지식도 세상을 살아나가는 데 필요한 정보로서 가치는 있다. 하지만 생명력을 업그레이드하며 단련시켜주는 것은 아니다. 훌륭한 인물, 건전한 인격의 소유자란 잘 단련된 '소박한 마음의 소유자'를 말한다. 현대의 지식중심과 주입식 입시위주 교육은 대뇌의 전두엽과 좌뇌만을 지나치게 발달시켰다. 이는 사람에게 가장 소중한 생명을 관장하는 간뇌, 시상하부, 자율신경계의 퇴화를 가져와, 생명력과 생명에 대한 외경심이 부족한 이상한 인간을 양산하고 있다.

이런 점에서 노자가 제시한 무위의 교육철학은 현대사회의 비인간화 교육에 대한 반성의 계기를 제공한다. 무위를 통해 보다 근본적으로 돌아가려는 자세, 자연스러운 교육을 중시하는 태도는 현대교육의 병폐에 대한 수많은 대안들과도 상통한다. 교육에서의 무위! 너무나 많은 언설들 속에서 그것을 벗어나는 교육적 가치, 무언(無言)의 교육에 대한 가치판단이 필요하다.

10

여기에 수록한 글은 고려대학교 대학원 강의시간에 다룬 내용을 중심으로 재 정돈한 글이다. 학술지에 발표한 논문도 있고, 교육학적 아이디어나 시사점을 제공하는 차원의 성숙하지 않은 글도 있다. 초고는 개별적으로 썼지만, 강의에 참여한 대학원생들과 교수가 함께 읽고 정돈한 학문공동체의 결실이다. 부족한 부분이 많으나 이 모두가 말없는 가르침과 배움의 과정을 이행하는 작업이라 생각하며, 할 수 있는 한의 용맹정진(勇猛精進)을 다짐해 본다. <부록>에는 한 학기 동안 강의를 이끌어준 김학목 교수의 노자 『도덕경』 번역본을 실었다. 본 연구에서 인용한 『도덕경』은 김 교수의 번역을 기초로, 논의하는 내용에 맞게 적절하게 번안하여 정돈하였다. 가능한 한 글을 짧게 끊어서 이해하기 쉽게 하도록 했다.

아직까지 한국 교육학계는 『도덕경』과 관련한 연구가 풍부하게 이루어지지는 않고 있다. 몇 편의 연구논문은 있으나, 교육의 시선을 집중적으로 연구한 노자 『도덕경』에 관한 단행본은 거의 없는 실정이다. 이 책도 『도덕경』 전체를 체계적으로 분석한 연구는 아니다. 하지만 포용교육을 비롯하여 다양한 측면에서, 교육적으로 『도덕경』을 다루려고 고민했다. 부족한 부분이 많지만, 『도덕경』을 교육학적으로 인식하는 하나의 계기가 되기를 소망한다.

2020. 1

지은이를 대표하여
신창호 씀

차례

1장

‘포용’교육

— 포용의 개념과 포용성의 맥락 —

1장의 글은 「노자 『도덕경』에 담긴 포용교육 고찰」(한국교육철학회, 『교육철학』 72집, 2019. 9)을 수정·보완한 것이다.

I. 서언

한국사회는 이른바 '금 수저와 흙 수저 사이의 계층 문제, 남자와 여자 사이의 젠더 문제, 외국인 노동자 및 난민 수용에 관한 찬반 문제' 등 다양한 갈등을 안고 있다. 갈등으로 인해 분열된 사회통합을 위해, 2019년 현재 문재인 정부가 표방하는 정책 담론은 '포용적(包容的)' 성장 또는 '포용적' 복지다. 포용을 주축으로 하는 논의는 2016년 세계지식포럼, 2017년 다보스포럼에서도 '포용적 성장'이라는 표현으로 논의된 바 있다. 특히, 현 정부는 2019년을 '혁신적 포용국가'의 원년으로 선언하고 사회정책을 추진하고 있다. 이처럼 포용은 국가의 사회정책 차원에서 요청되면서, 교육현장에서도 적극적으로 끌어들여 논의하려는 시도를 보인다. 1960년대 유네스코에서 교육차별 철폐 협약이 이루어진 지 60여 년이 지났지만, 교육현장에서는 아직도 보이지 않는 장벽으로 배제와 소외가 자행되고 있기 때문이다.

포용, 또는 포용교육과 관련하여, 교육학계에서 많은 연구가 이루어진 것은 아니다. 기존의 연구 성과를 살펴보면, 포용교육이 별도의 개념으로 소개되기보다는 여러 분야에서 학습자의 참여를 막는, 배제 요인들을 극복하기 위한 노력의 일환으로 언급되었다. 신유리 외(2013), 강순원(2013), 박혜준(2010), 정대영(2006) 등의 연구는 장애인을 대상으로 한 특수교육 영역에서 고찰하였다. 즉 비장애인과 장애인 사이에 발생하는 교육이나 학습의 관계를 '분리(integration)'에서 '포용(inclusion)'으로 패러다임 전환을 꾀하며, 포용교육의 개념을 이용하여 통합교육을 언급하고 있다. 또한, 황은영(2010), 박정희(2014), 강진웅(2015) 등의 연구는 다문화교육 영역에서 살펴보았다. 인종적·문화적 배경이 다른 다문화가정 학생들을 교육현장에서 수용하기 위하여, 그들을 분리하여 교육하는 방식이 아닌 포용의 개념을 요청하였다. 그 밖에 김지혜(2016)의 경우, 성소수자와 관련한 포용교육을 제시하였고, 박찬석(2001)은 통일과 관련한 포용교육을 연구하였다. 이처럼 포용교육은 다문화교육, 특수교육 분야에서 주로 연구되어 왔고, 소수의 연구자에 의해 젠더교육, 통일교육의 관점으로 연구의 지평이 확장되고 있음을 볼 수 있다.

본고는 '포용(包容)'에 대한 철학적 고찰이 성숙되지도 않은 상황에서, 정책적 측면에서 주로 사용되는 '포용'이라는 개념 용어에 대한 문제의식을 바탕으로 출발한다. 포용교육이 외연을 넓히고 깊이 있게 논의되기 위해서는, 포용에 대한 개념 규정과 특징, 포용의 양상과 의미 등에 대해, 교육철학적 토대를 구축하는 작업이 선행되어야 한다. 이에 포용의 개념을 폭넓게 다루고 있는 노자의 『도덕경』에서 그에 대한 대안과 통찰력을 탐색해 보려고 한다. 이유는 다음과 같다.

첫째, 노자 『도덕경』에서 추구한 도(道)는 '유무상생(有無相生)'으로, 함께 살아가는 공존과 지속가능성을 말하고 있다. 노자는 세상을 '관계론(關係論)'으로 인식한다. 만물(萬物)인 유무(有無)가 긴밀하게 연결되어야 서로에게 생명력을 부여하며 살아갈 수 있다는 사유를 제시하였다.

둘째, 노자 『도덕경』은 지나치게 분별적인 세계관을 부정하며 다양성을 존중하고 조화를 지향한다. 노자는 과도한 분별지(分別智)를 통해 대상화 작용을 하는 것에 대해 반대한다. 이는 사람들이 대상화된 것만 추구하고 절대시하여 자연(自然)의 방식을 왜곡하기 때문이다. 노자는 인위적인 분별 이전의 상태로 원형을 간직한 통나무와 순수한 상태의 갓난아이를 지향하는데, 여기에는 다양성이 함의되어 있는 동시에 지극한 조화를 이루고 있는 모습이 잘 드러난다.

셋째, 노자 『도덕경』은 허정(虛靜)과 유약(柔弱)의 실천으로 공평성과 개방성을 추구하는 포용의 모습을 잘 보여준다. 허정하지 못하고 자신의 실체만을 본질로 인식하여 사유와 행위를 채워 나가기만 한다면 다른 것을 배제하게 되어 공평과 공정의 차원을 벗어날 가능성이 크다. 또한 유약을 실천하는 물의 모습을 통해 강이나 바다 등 온갖 종류의 물을 받아들이는 개방성을 확인할 수 있다.

이처럼 노자 『도덕경』은 만물을 관계론으로 인식하고, 공존과 지속가능성, 다양성과 조화, 공평함과 개방성을 드러내어 포용의 양상과 그 특징을 담고 있을 것으로 판단된다. 이에 본고는 인위적으로 구분 짓지 않고, 모든 존재를 너그럽게 감싸고 받아들이며 끌어안으려 했던 노자 『도덕경』의 포용에 관한 사유가 어떻게 드러나는지 확인하고, 이를 통해 포용교육의 가능성을 모색해 보려고 한다.

Ⅱ. '포용'에 관한 사유

1. 포용(包容)의 의미

'포용(包容)'의 사전적 정의는 "남을 너그럽게 감싸 주거나 받아들임"이다. 여기서 '남'은 자신과 관계 맺고 있는 '다른 사람' 또는 '다른 존재'라고 볼 수 있다. 때문에 포용은 '나와 다른 상황 및 상태에 있는 존재를 있는 그대로 받아들이는 일'이라 할 수 있다.

『설문해자(說文解字)』에서는 '엄마가 뱃속의 아기를 사랑으로 품는 것처럼, 다른 것을 받아들이고 품는 행위'로 설명한다. 다시 말하면, 포(包)는 '싸다, 꾸러미'라는 뜻으로, '감싸다, 아우르다, 함께 넣다'라는 의미를 담고 있다. 포(包)에서 글자의 윗부분인 '쌀 포(勹)'는 '사람 인(人)'을 구부려 사람이 몸을 굽히고 있는 모습을 형상화 하였고, 아랫부분인 '뱀 사(巳)'는 뱃속의 아기를 뜻한다. 그러므로 몸을 구부려 뱃속의 아기를 보호하는 엄마의 모습을 본 뜬 글자가 포(包)이다. 거기에는 어머니가 자식을 사랑하는 자애로운 마음, 사랑의 의미가 포함되어 있다. 다음으로 용(容)은 '얼굴, 모습, 몸가짐, 담다'의 뜻을 지닌다. 큰 집을 뜻하는 '집 면(宀)'과 골짜기 또는 깊은 굴을 뜻하는 '골 곡(谷)'이 합쳐진 글자로, 깊은 굴이나 큰 집에 많은 물건을 담거나 숨길 수 있다고 하여 '담는다'는 뜻으로 만들어진 글자이다. 훗날 사람의 신체 부위에서 가장 많은 것을 담을 수 있는 곳이 얼굴이라는 뜻에서, '얼굴 용(容)'으로 의미가 확장된 것이다(정현천, 2017: 20－22).

포용(包容, inclusion)의 상대 개념인 배제(排除, exclusion)의 뜻을 대비해 보면, 포용의 의미를 더욱 분명하게 확인할 수 있다. 포용이 모두가 참여하는 포괄적 상태를 지향하는 일이라면, 배제는 특정 대상을 제외하며 남과 양립할 수 없는 배타적 상황을 의미한다. 특히, 사회적 배제는 어떤 개인이나 집단이 물질적·문화적·사회적 자원의 배분과 정치적 의사결정 과정, 그리고 개인 사이의 사적 호혜관계에 참여하지 못하는 상태와 그러한 상태를 만드는 과정 모두를 의미한다(박인권, 2015: 104). 따라서 포용은 사회적 배제(social exclusion)에 대응하는 개념이자 사회 구성원들의 참여를 가로막는 경제적·문화적 배경, 신체, 언어, 인종, 성별에 따른 장애물을 제거하고 이들을 포괄하는 데 초점을 맞춘다.

2. 유무상생(有無相生)의 유기체

노자 『도덕경』에서 포용적 세계관은 '유(有)'와 '무(無)'로 대표되는 관계에서 확인할 수 있다. 노자는 세계를 개괄하는 두 가지 상징적 범주를 유(有)와 무(無)로 상정한다. '유'가 '유'인 이유는 '유' 자체에 있는 것이 아니다. '무'와의 관계 속에서 찾아진다. '무'도 '무' 자체가 아니라 '유'에 자신의 존재근거를 두고 비로소 '무'가 된다(김학목, 2003: 21). 따라서 노자는 이 세계를 '있음/없음[有/無]', '높음/낮음[高/低]', '긺/짧음[長/短]', '어려움/쉬움[難/易]', '앞/뒤[前/後]' 등으로 대립되는 항들이 각자 자기의 상대편을 근거로 삼으면서 상대편으로 향하려는 경향을 매개로 서로 꼬여서 존재한다고 이해한다(최진석, 2001). 만물이 이루어지는 원리는 서로를 전제할 때 설명될 수 있으며, 상대가 없이는 발생할 수 없기 때문이다. 이런 차원에서 노자의 도(道)는 실체나 본체의 의미 대신에 그 대립적인 것들의 '관계'와 순환하는 운동이라는 의미가 있다. 하지만 현실은 일반적으로 유무(有無), 미오(美惡), 고저(高低), 장단(長短), 상하(上下), 전후(前後)의 관계로 보는 것이 아니라, 절대화된 유(有), 미(美), 고(高), 장(長), 상(上), 전(前)만을 추구하고 중요하게 여기는 세태가 만연한다. 특히, 노자가 활동했던 춘추전국 시대는 전쟁의 일상화를 통한 혼란한 사회상황을 거치면서, 사람들이 자신의 안위(安慰)를 지키는 데 급급했기에, 이러한 경향이 더욱 두드러졌다.

노자는 이런 세태를 엄중하게 경고했다. 그 비판의 과정에서 유무(有無)는 필요충분의 관계로 드러나며 유무상생(有無相生)하는 모습을 드러낸다. 노자는 이 세계의 모든 것은 상대편의 것과 공존함으로써 살아나갈 수 있음을 보여주었다. 이 세계는 '유(有)'와 '무(無)'라는 대립하는 측면이 상호 영향을 주고받으며 다른 차원으로 나아간다. 『도덕경』 39장에서 그 유무상생의 구체적 모습을 확인할 수 있다.

> 하늘이 맑음을 사용하지 않는 것은 찢어질까 염려하기 때문이다. 땅이 편안함을 사용하지 않는 것은 갈라질까 염려하기 때문이다. 정신이 신령함을 사용하지 않는 것은 소진될까 염려하기 때문이다. 계곡이 채움을 사용하지 않는 것은 고갈될까 염려하기 때문이다. 만물이 낳음을 사용하지 않는 것은 소멸될까 염려하기 때문이다. 후왕이 고귀함을 사용하지 않는 것은 넘어질까 염려하기 때문이다. 그러므로 귀한 것은 천한 것을 근본으로 하고, 높은 것은 낮은 것을 기초로 한다.[1)]

하늘에서 후왕에 이르기까지, 이 장은 서로를 보완하고 살려주는 만물의 상호관계를 다양한 원리로 보여준다. 하늘이 항상 맑기만 하여 비가 오지 않는다면, 가뭄으로 인해 땅은 갈라지고 모든 생명체들이 살아가기 어렵게 될 것이다. 만물이 살아가기 위해서는 맑기만 해서는 안 되고 흐려서 비가 와야 한다는 의미다. 또 반대로 흐려서 비만 온다고 해도 만물은 살아가기 어렵다. 이렇듯 유무(有無)의 관계에서 볼 때, 모든 사물은 어느 한 편만 존재해서는 살아나갈 수 없다. 우주 자연은 자신의 실체만을 인정하며 한 방향만을 고집하는 것이 아니라 항상 그 반대쪽과 끊임없이 교류하고 관계를 맺어야 한다.

---

1) 39: 天無以淸, 將恐裂, 地無以寧, 將恐發, 神無以靈, 將恐歇, 谷無以盈, 將恐竭, 萬物無以生, 將恐滅, 侯王無以貴高, 將恐蹶. 故貴以賤爲本, 高以下爲基. 이하, 이 책의 각주에서는 『도덕경』의 원문을 표기하되, 맨 앞에 『도덕경』의 장을 숫자로 표시해 둔다. 예) 『도덕경』 39장의 경우 '39: 原文'으로 표기. 이외에 『도덕경』 주석이나 다른 원전은 주석가나 원전명을 그대로 표기한다. 예) 39장 왕필주의 경우 '39: 王弼注: 注釋', 『장자』의 경우 '『莊子』「篇名」: 原文'으로 표기한다.

이러한 유무상생의 원리는 땅, 신령, 계곡, 왕에게 모두 적용된다(우버들, 2017: 26). 유무는 서로 긴밀하게 연결되어 공존하므로 한쪽만을 분리하여 볼 수 없다. 유기체적으로 밀착시켜야 서로에게 활력을 불어넣어 줄 수 있다.

> 있음과 없음은 서로를 낳는다. 어려움과 쉬움은 서로를 이루어 준다. 길고 짧은 것은 서로가 비교한다. 높음과 낮음은 서로 차이가 생긴다. 가락과 음률은 서로 반응한다. 앞과 뒤는 서로 따른다.[2)]

이 장 또한 "있음과 없음은 서로를 낳는다."는 유무상생, 즉 공존과 지속가능성을 보여준다. 상반되는 성질은 서로를 억압하거나 배제하지 않고 상호의존하고 긴밀히 얽혀 있다. 이는 『도덕경』 40장의 "되돌아가는 것이 도의 움직임이다."[3)]라는 언표와도 연결된다. 세상은 끊임없는 도의 순환작용으로 만물이 생성되기 때문에 지속가능하다. 이렇게 유무상생은 상반되는 성질의 타자와 공존하며, 이들을 포용해 만물을 낳는 지속가능성을 보여준다.

3. 분별지(分別智) 부정

노자는 만물을 유기체적 관계로 인식하지 못하고, 과도한 분별지를 통해 대상화 작용에 이르는 것을 반대한다(김원중, 2019; 김홍호, 2016; 윤금자, 2015; 김학목, 2000). 사람들이 사물에 이름 붙이는 것 이상으로 분별하면, 대상화를 거치는 가치가 발생한다. 상대적으로, 대상화를 거치지 못한 그 이면의 것은 배제되고 소외되는 결과를 초래한다. 노자는 대상화 작용이 사물의 스스로 그러한 본연성(本然性)을 왜곡시킨다고 본다. 이는 노자 『도덕경』 12장에 잘 나타난다.

> 여러 가지 아름다운 색깔은 사람의 정상적인 눈의 기능을 잃게 만든다.
> 여러 가지 아름다운 소리는 사람의 정상적인 귀의 기능을 잃게 만든다.

---

2) 2: 有無相生, 難易相成, 長短相較, 高下相傾, 音聲相和, 前後相隨.
3) 40: 返者道之動.

> 여러 가지 맛있는 음식은 사람의 정상적인 미각 기능을 잃게 만든다. 말 달리고 사냥하는 것은 사람의 정상적인 마음의 기능을 잃게 만든다. 얻기 어려운 재물은 사람들이 가야할 길에 걸림돌이 된다.[4)]

이렇게 대상화된 것을 추구할 때, 사람은 자신의 자연성에 어긋나게 되어 정상적인 기능을 잃게 된다. 대상화된 오색(五色), 오음(五音), 오미(五味) 등은 그 이면에 의해 상대적으로 드러난 것일 뿐인데, 이를 절대적으로 여기는 것은 사물의 스스로 그러한[自然] 방식을 왜곡하는 일이다. 지나친 분별지를 강화해 나간다면, 대상화된 사안을 절대적인 것으로 인식하고 계속 체계화시켜 그것을 진리라고 주장하게 된다. 분별지에 의해 예리하게 다듬어질수록 대상화된 사안만이 옳고 가치 있고 의미 있다고 여길 가능성이 높다.

노자는 이름을 붙이는 이상으로 사물 대상을 체계화하면, 위태롭게 된다고 보고 대상화 작용을 비판한다. 노자 『도덕경』에서는 사실 이름 붙이는 것 자체도 조심해야 한다고 했다. 이름을 붙이면 다른 것들과 구별되어 배타성을 띠기 때문이다. 때문에 "도는 항상 이름이 없다."[5)] "나는 그 이름을 알지 못한다. 억지로 글자를 붙여 도라 하고, 억지로 이름을 붙여 크다고 할 뿐이다."[6)] 라고 노자는 강조한다. '도(道)'라는 이름을 붙인 것은 편의상 그렇게 했을 뿐이지, '도' 그 자체와는 거리가 멀다고 할 수 있다(송도선, 2013: 107). 이는 노자 『도덕경』 32장에 구체적으로 드러난다.

> 도는 항상 이름이 없다. 질박함은 보잘 것 없지만, 세상에서 그 누구도 그것을 신하로 삼을 수 없다. 왕후가 그것을 보존할 수 있으면, 만물이 저절로 손님이 될 것이다. 천지가 서로 결합하면 그 때문에 단 이슬이 내리고, 명령하지 않아도 백성들이 저절로 반듯해진다. 처음 제정할 때 이름을 둔다. 이름까지 두고 나면 그칠 줄도 알아야 될 것이다. 그칠 줄 알면 위태롭지 않게 된다.[7)]

---

4) 12: 五色令人目盲, 五音令人耳聾, 五味令人口爽, 馳騁 獵令人心發狂, 難得之貨令人行妨.
5) 32: 道常無名.
6) 25: 吾不知其名, 强字之曰道, 强爲之名曰大.
7) 32: 道常無名, 樸, 雖小, 天下莫能臣也. 侯王若能守之, 萬物將自賓. 天地相合, 以降甘露, 民莫之令

이름을 억지로 붙이거나 강요하지 않고, 분별지의 작용을 제거함으로써, 소박한 본성에 따라 행위하면 어떤 사람도 그를 신하로 삼을 수 없다. 지욕(知浴)의 작용을 제거하면 소박한 상태를 간직한 질박함[樸]이 드러난다. 이를 잘 나타낸 것이 전혀 가공되지 않은 '통나무[抱樸]'이다. 통나무는 인공적 측면이 가해지지 않은 소박한 원목 그 자체이다. 그 어떤 인위와 조작도 가해지기 이전의 순수한 상태, '있는 그대로'를 상징한다. 노자 『도덕경』 28장에는 온갖 다양한 그릇이 만들어지기 이전, 원형으로서 질박한 통나무를 말하고 있다.

> 그 영화를 알면서도 욕된 처지를 지킨다면, 천하의 골짜기가 된다. 천하의 골짜기가 되면 늘 그러한 덕이 이에 넉넉해져 질박함으로 복귀한다. 질박함이 분산되면, 가지각색의 그릇이 되는데, 성인이 분산된 것 때문에 사람들을 위해 장관을 세운다. 그러므로 위대한 다스림은 분할하지 않는다.8)

질박함[樸]은 어떤 형태의 사물로 분화되기 이전의 '근원의 상태'를 뜻한다. 통나무가 이것저것으로 잘려지면서 그릇들이 만들어지고, 이러한 그릇들은 용도에 따라 이름이 붙여지게 된다(우버들, 2017: 45). 그릇이 특정한 이름과 용도로 분별되면, 그 무궁한 다양성은 일정한 체계와 질서 속에 제한되고 한정된다. 분별지로 선악미추(善惡美醜)의 구분을 짓지 않아야, 만물이 저절로 그러한 본연의 모습으로 살 수 있고, 다양성을 지닌 박(樸)을 회복한 세계가 될 수 있다. 따라서 "위대한 다스림은 분할하지 않는다."라고 한다. 다듬지 않은 통나무 자체가 지닌 질박함을 보존하고 회복하는 것이 중요하다. 이는 노자 『도덕경』 55장의 순수한 상태인 갓난아기의 특성과 밀접한 관련이 있다.

> 덕을 두텁게 품은 자는 갓난아기에 비유된다. 벌이나 전갈이나 살무사가 쏘거나 물지 않고, 맹수가 이빨로 물어뜯거나 발톱으로 공격하지 않고,

---

而自均. 始制有名, 名亦旣有, 夫亦將知止. 知止, 可以不殆.

8) 28: 知其榮, 守其辱, 爲天下谷. 爲天下谷, 常德乃足, 復歸於樸, 樸散則爲器. 聖人用之, 則爲官長. 故大制不割.

> 사나운 새가 부리로 쪼거나 발톱으로 낚아채지 않는다. 뼈나 근육은 유약하나 쥐는 것은 견고하고, 아직 음양화합의 원리를 알지 못하지만 무사히 성장할 수 있으니, 지극한 정기이다. 종일 울어도 목이 쉬지 않으니 지극한 '조화'이다. 조화를 아는 것을 늘 그러함이라고 한다.[9)]

갓난아기는 인위적으로 구별 짓고 차별하는 의식을 갖기 이전 상태를 말한다. 그 경지는 바로 인류가 아직 오염되기 전, 자연의 순박성을 지니며 생명력이 가장 강렬한 상태이다(신진식, 2011: 169). 다시 말하면, 노자가 말하는 갓난아기는 인위적 분별이 생기기 이전의 상태이다. 따라서 갓난아기는 자연 그대로의 다양한 가능성을 가진 상태로 자연과 조화를 이루고 있다. 때문에 짐승들도 아기를 해치지 않는 것이다. 이처럼 노자는 만물이 각기 소박한 본성 그대로 다양성을 지니며, 자연과 합일하여 조화롭게 살아갈 것을 지향한다.

4. 허정(虛靜)과 유약(柔弱)의 추구

노자 『도덕경』에서 포용이 이루어지는 방식은 허정(虛靜)으로 나타난다. 허(虛)는 사람의 마음에 지닌 욕심, 주관, 세속적 분별과 편견, 편애, 선입견, 법도, 형식 등을 모두 버리고 마음을 완전히 비우는 것을 의미한다. 정(靜)은 마음을 고요하게 하고 어지러운 생각들을 가라앉혀 마음에 일어나는 일체의 동요를 잠재우는 일이다(이은영, 2014: 107). 따라서 허정(虛靜)은 마음을 완전히 비우고 고요하게 하는 수양의 방법이라 볼 수 있다. 허정하지 못하여 자신을 본질로 채우고 자신의 주장만 내세우면 다른 것을 배제하게 될 가능성이 크다.

> 텅 빔을 이루면 지극해지고 고요함을 지키면 독실해진다. 만물이 다 함께 흥기할 때 나는 만물이 되돌아가는 것을 살펴 헤아린다. 사물들이 무성하게 뻗어 가지만 제각기 원래의 뿌리로 되돌아간다. 뿌리로 되돌아간 것을 고요함이라 하고, 이것을 일러 명으로 돌아간다고 한다. 명으로 돌

---

9) 55: 含德之厚, 比於赤子. 蜂蠆　蛇不螫, 猛獸不據, 攫鳥不搏. 骨弱筋柔而握固, 未知牝牡之合而全作, 精之至也. 終日號而不애, 和之至也. 知和日常.

> 아가는 것을 늘 그러함이라고 하니, 늘 그러함을 아는 경지를 '밝음'이라 한다. 늘 그러함을 알지 못하면 함부로 움직여서 흉하게 된다. 늘 그러함을 아는 경지가 되면 '포용'하고, 포용하면 공평해지고, 공평하면 왕이 되고, 왕이 되면 하늘처럼 되고, 하늘처럼 되면 도를 체득하게 되고, 도를 체득하면 영원하니, 죽을 때까지 위태롭지 않다.[10]

『도덕경』 16장에서는 '텅 빔을 이루고 고요함을 지키면 결국 만물이 근원으로 되돌아간다.'라고 한다. 허정(虛靜)을 지키면, 세속적 분별지와 이성, 기교, 욕심들이 모두 사라지고 만물이 서로 말미암아 작용한다는 것이다. 여기서 고요한 상태로 되돌아가는 것은 유무가 상생하는 관계론에서 이해해야 한다. 절대적인 어떤 도로 복귀하는 것이 아니라 만물이 순환하는 현상, 즉 세계의 운행법칙이 움직이고 회복되는 늘 그러함[常]의 원리라고 할 수 있다. 이러한 자연의 운행원칙을 알 때 명(明)이 된다. 우주자연의 원리인 늘 그러함을 알게 되면 비로소 포용할 수 있다.

도를 알면 극치에 달한 한쪽만을 절대화하는 것이라 아니라, 양쪽 모두를 포용하게 된다. 포용하면 차별이 없기 때문에 양쪽 모두에게 공평하면서도 공정한 태도를 보인다. 일반적으로 공정함을 잃는 것은 자신의 편견이나 욕망, 또는 특정한 지향점을 견지하고 그것들을 기준으로 사용하여 그 기준에 포섭되어 들어오는 것에만 긍정적인 시선을 보내고 그렇지 않으면 배척하기 때문이다(최진석, 2001: 154). 이렇게 자신의 사욕, 즉 분별지 없이 모든 것을 공평하게 대할 수 있다면, 최고의 지도자인 왕이 될 수 있다. 왕이 포용력을 갖고 또 포용력을 바탕으로 일을 공정하게 처리하는 것이 다름 아닌 왕도(王道)이다. 왕이 하늘처럼 되고, 도를 체득하게 되면 장구(長久)할 수 있다. 이렇게 텅 비고 고요하며 되돌아감을 통해 공평함에 이름을 확인할 수 있다.

이 지점에서 허정(虛靜)의 징검다리로 유약(柔弱)이 상정된다. 이 유약의 상황을 직접적으로 보여주며 실천하는 도에 가까운 최고의 상징이 바로 물[水]이다.

---

10) 16: 致虛極, 守靜篤, 萬物竝作, 吾以觀復. 夫物芸芸, 各復歸其根. 歸根曰靜, 是謂復命. 復命曰常, 知常曰明, 不知常, 妄作凶. 知常容, 容乃公, 公乃王, 王乃天, 天乃道, 道乃久. 沒身不殆.

> 최상의 선은 물의 작용과 같다. 물은 만물을 이롭게 하면서도 다투지 않고, 뭇 사람들이 싫어하는 곳에 머물러 있다. 그러므로 물은 도에 가깝다.[11]

물은 부드럽고 약한 특성을 통해, 유연한 포용의 모습을 보여준다. 물이 어떻게 포용하는지, 그 자세는 『도덕경』 78장에 잘 드러난다.

> 천하에 물보다 유약한 것은 없다. 그러나 견강한 것을 공격하는 데 그보다 나은 것은 없다. 그러니 물을 사용한다면 어떤 것으로도 대신할 수 없다. 약한 것이 강한 것을 이기고, 부드러운 것이 강한 것을 이기는 것은, 천하에서 어느 누구도 알지 못함이 없지만, 아무도 행하지 못한다.[12]

강물 또는 바다가 폐쇄적으로 다른 물들을 받아들이지 않는다면, 스스로의 존립이 어려워지거나 아예 존재하지 못했을 수도 있다. 물은 자신을 낮춰 다른 것들을 조건 없이 받아들이는 개방적인 성질로 인하여, 거꾸로 자신의 존재를 더욱 굳건히 하고 강한 것을 이길 수 있다. 물은 깨끗하거나 더럽혀진 것이나 막론하고 강물과 바다로 흘러들어 모든 것을 받아들인다. 그만큼 유연하고 열린 자세로 개방성을 보여준다(우버들, 2017: 38). 이렇게 물은 부드러운 특성으로 다른 이를 감싸줄 수 있고, 유연하기 때문에 아집 없이 다른 이들을 받아들일 수 있다. 주관적 편견 없이 물처럼 유연할 때 사람은 진정으로 다른 사람을 포용할 수 있다.

---

11) 8: 上善若水. 水善利萬物而不爭, 處衆人之所惡, 故幾於道.
12) 78: 天下莫柔弱於水. 而攻堅强者 莫之能勝, 以其無以易之. 弱之勝强 柔之勝剛, 天下莫不知 莫能行.

Ⅲ. '포용교육'의 가능성 모색

1. 포용교육의 정의

포용교육(包容敎育, Inclusive Education)에 대한 논의는 1994년 살라만카 세계회의에서 장애인 특수교육에 대한 기존의 관점을 전환하면서 등장하였다. 학교가 "아동의 신체적, 지적, 사회적, 정서적, 언어적, 기타 조건과 관계없이 모든 아동"을 받아들여야 하며, 여기에는 "장애아동이나 영재아동, 거리 아동이나 노동하는 아동, 외딴 지역의 아동이나 유목민의 아동, 언어적, 민족적, 문화적 소수자인 아동, 그 밖에 불이익을 당하거나 소외된 지역이나 집단에 속한 아동" 등이 모두 포함된다(김지혜, 2016: 158). 또한, 국립 연구보고서에 따르면, 포용교육은 장애를 가진 학생을 포함하여 모든 학생들에게 균등한 교육기회를 제공하는 일이며, 나이와 거주지에 상관없이 효과적인 교육을 위해 필요한 모든 지원을 받을 수 있는 교육환경을 구성하는 일이라고 정의하고 있다(황은영, 2010: 39).

그리고 2006년 유네스코에서 발간한 『다양성의 포용』에서는 "모든 어린이들이 동등하게 참여하고 대우받는 학습 환경을 만드는 일"을 목표로 "학습 과정에 대한 참여 증진과 교육에 대한 배제 감소를 통해 모든 학습자의 다양한 필요를 인지하고 이에 대응하는 과정"이라 밝히고 있다(이주옥, 2010: 122). 2008년 유네스코에서 주최한 제48차 국제교육회의에서 포용교육은 기초교육의 필요와 풍요로운 삶을 충족시키는 양질의 교육에 대한 모든 학습자의 권리에 기초하며, 취약 및 소외 집단을 포함한 모든 개인의 잠재력을 개발하는 데 목적을 두고 있다.

이러한 논의들을 종합하면, 포용교육은 '모두의 교육받을 권리'를 목표로 사회적 약자 및 소수 사람들을 포함하여, 문화, 민족, 지역, 종교, 성적 취향, 언어, 성별 등의 다양성을 인정하고 편견과 차별 없이 사회의 구성원으로 활동할 수 있도록 교육하는 일로 정의할 수 있다. 이러한 포용교육을 노자 『도덕경』의 사유를 빌리면 어떻게 해석하고 적용할 수 있을까?

2. 상생(相生)을 통한 통일교육

노자 『도덕경』의 '유(有)－무(無)'를 교육현장에 적용해 본다면, '자기－타인', '선배－후배', '교사－학생', '학부모－자녀' 등 다양한 관계로 해석이 가능하다. 하지만 교육 현실에서 이러한 유무의 관계는 상생을 제대로 이루어 내지 못하는 듯하다. 친구를 경쟁관계로만 인식하거나 친구 사이에 또는 선후배 사이에 학교폭력 및 집단 괴롭힘이 심심치 않게 발생하고 있는 상황이 그것을 반증한다. 교사와 학생, 학부모와 자녀의 관계도 권위적이고 가부장적인 분위기에서 일방적으로 지시하는 상의하달 방식이 존재하기에 상생과는 거리가 멀다. 교사가 학생을 체벌을 했다고 학생이 경찰에 신고하거나 학생이 교사를 무시하고 수업 시간에 취침을 하는 경우도 적지 않다.

이러한 교육현장의 문제는 서로를 존중하지 못하고 자신만을 내세우는 극단으로 치닫기 때문에 발생한다. 인간사회에서 일어나는 갈등 구조에서 상호 공존하고 지속가능하기 위해서는 상생으로 나아가야 함을 이미 노자 『도덕경』에서 확인했다. 자기－타인, 선배－후배, 교사－학생, 학부모－자녀 사이는 유무의 관계로 상대편이 존재하기 때문에, 자신이 이미 상호 보완적 관계에 놓여있다. 끊임없는 상호작용을 통해 신뢰를 이루고 서로를 존중해 주어야 공존할 수 있고, 사회구성원 간의 관계가 지속가능해진다.

이를 통일교육에 적용한다면, 한반도에서 남쪽인 대한민국과 북쪽의 조선민주주의인민공화국을 유무의 관계로 인식할 수 있다. 이전의 통일교육은 북한을 적으로 간주하고 정복, 대결, 비난, 멸공, 반공해야 한다는 극복의 대상으로 인식해 왔다. 현재도 북한을 주적, 타도해야 할 대상, 빨갱이 등으로 언급하는 상황을 심심치 않게 목도할 수 있다. 북한의 빈곤 및 기아문제, 남북한 이산가족의 문제 등을 상극(相克)의 관점으로 접근한다면 현재적 실상에 대한 분석과 비판은 수행될 수 있을지 모르지만 근본적 해결책으로는 미흡하다(이종흔, 2005: 367). 남북의 관계를 유무상생의 태도로 인식하고 남북이 상호 공존할 때 그것이 선순환을 일으켜 하나의 대한민국으로 지속가능하다. 유무상생의 통일교육을 통해 남한과 북한이 상호간의 배타성과 이질성을 극복할 수 있다. 노자 『도덕경』의 유무상생은 유무상극으로 통일문제를 바라보던 시각에서, 상호 공존하는 패러다임으로 통일교육에 접근해야 함을 일깨워 준다.

3. 다양성 조화(調和)의 다문화교육

세계사의 흐름을 보면, 중세의 신(神)중심 사회에서 근대의 인간중심 사회로 넘어오면서, 인간은 이성(理性)을 이용해 사회·과학 현상들을 치밀하게 분류하고 분석하기 시작했다. 그에 따라 급속한 과학기술의 발전이 이루어졌고, 사회경제가 부흥하게 되었다. 하지만 모든 일에는 명암(明暗)이 있듯이, 급격한 세계화·도시화로 강대국이 약소국가를 침략하고, 소수 민족의 전통이 파괴되며, 거대 자본에 의한 문화 및 지역의 획일화, 빈부격차의 심화를 가져오는 등 각종 문제가 발생하고 있다.

이러한 사회·경제·문화적 배경으로 인해, 교육은 이성의 잣대로 모든 것을 분별해 놓은 지식을 효과적이고 효율적으로 주입하는 방식으로 행해지곤 했다. 하지만 이러한 교육의 행태는 학생의 본연성(本然性)을 말살시키고, 단일한 기준으로 학생을 획일화하고 평가하도록 만들었다. 노자 『도덕경』의 용어를 빌리면, 우등생과 훌륭하다고 판단하는 학생만을 대상화하여 교육적으로 추구하고, 분별지를 사용해 우등생과 열등생, 좋은 학생과 나쁜 학생 등을 구분지어 왔던 것이다. 하지만 이러한 대상화 작용은 결국 세상을 위태롭게 함을 노자 『도덕경』을 통해 확인했다. 지나친 분별지를 제거해 나가는 포용의 교육은 학생 본연의 개성이나 품성을 잘 보존하고 발현시켜 나가도록 도울 수 있다. 때문에 학생의 개성과 다양성을 존중하고 이를 조화시켜 나가는 포용교육이 요청된다.

이는 다문화교육에도 해당한다. 다문화교육은 주로 다문화가정의 자녀들만 따로 분리해 교육하는 형태로 이루어졌다. 다문화 학생이 자신이 다문화가정 학생임을 밝히는 데 거부감을 갖는 학생들의 입장을 전혀 배려하지 못한 채 그들을 이질적 집단으로 노출시켰고 다문화교육의 내용을 소수자를 대상으로 하는 특별한 교육적 과제로 규정짓는 결과를 초래했다(황은영, 2010: 33). 이는 분별지를 사용해 나와 같고 다름을 구분하여 그들의 다른 점을 배제하고 나와 동일하게 하는, 달리 말해 대상화된 것을 추구하고 교육시키는 억압적 성격의 교육이다. 다문화교육은 분별지로 나와 같고 다름을 구분하는 것이 아니라, 있는 그대로의 다양성을 존중하고 함께 조화를 이루며 살 수 있는 힘을 기르는 교육이 되어야 한다.

4. 공평(公平)과 개방성(開放性)이 담보된 통합교육

산업화시대를 거쳐 현재까지도 교육은 상당수가 효율적으로 노동자를 양성하기 위해 많은 수의 학생들을 적은 수의 교사들이 교육하는 이른바 '공장형(工匠型)' 학교교육으로 진행되고 있다. 이는 주로 암기위주의 지식, 정보, 기술 등을 확보하는 교육이다. 노자의 개념을 빌리면, 가득 차게 하는, '영(盈)'을 염두에 두는 주입식 방식이다. 그런 교육방식은 부드럽게[柔] 이루어지기보다는 딱딱하고 경직된[剛] 경우가 많고, 추구하는 인간상이 약한[弱] 사람보다는 경쟁에서 이길 수 있는 강한[强] 사람으로 키우는 것에 가깝다.

하지만 지능정보화 시대는 많은 양의 지식을 아는 사람보다는 창의적이고 협력하고 소통할 수 있는 인재를 추구한다. 21세기 지식기반 사회에서 살아가기 위한 인간의 핵심역량은 창의성, 협력, 의사소통 능력이 제시된다(OECD, 2010; WEF, 2015; 성태제, 2017). 창의성은 전통적 사고방식을 벗어나 새로운 관계를 창출하거나 비일상적 아이디어를 창출하는 능력(한국교육심리학회, 2000)이다. 이는 틀에 박힌 기존의 지식을 회의하며 비워 나가는 자세를 요청한다. 협력하고 소통하는 능력은 자신을 낮추고 유연한 자세를 갖출 때 가능하다. 이러한 점에서 오늘날 허정(虛靜)과 유약(柔弱)의 자세가 요청되는 것이다.

허정과 유약은 공평성, 개방성과 밀접한 관련이 있음을 노자 『도덕경』 16장과 78장을 통해 확인했다. 학교는 모든 학생들이 동등하게 참여하고 대우받을 수 있는 공정하고 공평한 교실 분위기를 만들어야 한다. 이를 위해서는 어떠한 편견이나 차별 없이 학생들을 감싸 안을 수 있는 포용적 수업분위기와 수업방식, 학생과 선생님의 태도가 중요하다. 또한 포용적 교육문화를 만들기 위해서는 개방적 태도가 필요하다. 자신을 낮추고 다른 이의 말을 들어주며 유연하고 부드러운 방식의 교육이 이루어져야 한다. 다시 말해, 교육 현장에서 전통적 지식을 '채움'에서 '비움'으로, '더하기나 보탬'에서 '빼기나 덜어냄'으로, '강함'에서 '부드러움'으로 나아가야 학생들이 창의적인 생각을 하고, 다른 사람에게 공평하고 개방적 자세로 다가설 수 있다.

특히, 통합교육에서 이러한 허정과 유약의 자세가 필요하다. 장애인을 사회적으로 배제시키는 것이 아니라 그들을 공평하게 대하고, 개방적 교육체제 안에서 통합하는 형태로 교육이 이루어져야 한다. 학교현장에서조차 장애인을 부정적 시선으로 바라보고 차별하는 인식이 암암리에 지배했고, 그들을 열등한 존재로 보는 경향이 컸다. 그들의 자질이 생물학적 손상 또는 기능과 관련이 없음에도 불구하고, 그들이 부족하고 무능력하며, 노동시장에 부적응할 것이라는 잘못된 편견과 고정관념으로 그들을 단절시켰던 것이다(신유리 외, 2013: 6). 이러한 사회적 배제는 그들을 더욱 소외시키고 억압하게 만들었다. 따라서 통합교육으로 장애인이 당당한 사회구성원으로서 그들의 권리를 주장할 수 있도록 공평하게 대하는 사회적 분위기가 요청된다. 이는 비장애인 학생들에게도 마찬가지로 그들의 사회적 참여를 위해 포용하는 개방적 열린 자세를 취할 수 있게 교육해야 한다는 의미다.

Ⅳ. 결어

지금까지 노자 『도덕경』의 사유에 드러난 유무상생의 유기체, 분별지 부정, 허정과 유약의 추구 등 다양한 포용적 특성들을 교육의 차원에서 살펴보았다. 포용은 계층 사이의 격차, 젠더 사이의 갈등, 세대 간 차이, 지역 간 격차 등 사회적 분열이 심화되는 현대사회의 통합을 위해 대두되는 개념이다. 하지만 전통적으로 엄마가 뱃속에서 아기를 사랑으로 품는 것처럼 다른 사안을 받아들이고 끌어안는 행위를 뜻한다. 이런 차원에서 두 가지 측면의 논의를 진척할 수 있었다.

하나는 노자 『도덕경』에 담겨 있는 포용적 사유의 정돈이다. 그것은 첫째, 유무상생의 관계를 통해 모든 만물은 상대편을 자신의 존재 근거로 삼아

호혜적으로 이루어진다. 이렇게 유무가 서로를 보완해 주고 생명력을 부여하는 관계를 통해 만물이 공존하고 지속가능할 수 있다. 둘째, 분별지를 통해 지나치게 대상화를 진행하면 세상이 본연의 존재방식을 왜곡하고 갈등이 발생하게 된다. 이러한 분별지를 부정함으로써 사물들의 다양성을 존중하고 보존할 수 있으며 조화로운 사회가 될 수 있다. 셋째, 허정과 유약을 통해 포용을 고려하였다. 마음을 비우고 고요하게 하면 공평함에 도달하고, 유연한 사고와 자신을 낮추는 겸손의 자세를 갖출 수 있어, 개방적 태도를 취할 수 있다.

▌표1 노자 『도덕경』에서 탐구한 포용교육 모색

노자 『도덕경』에 나타난 포용		포용교육의 실천
유무상생(有無相生)	⇒	공존, 지속가능성 추구 예) 통일교육
분별지(分別智) 부정	⇒	다양성, 조화 지향 예) 다문화교육
허정(虛靜)과 유약(柔弱)	⇒	공평성, 개방성 중시 예) 통합교육

다른 하나는 노자 『도덕경』에 나타난 포용적 양상들을 통해 교육현장에서의 적용가능성 모색이다. 이는 포용적 사유를 정돈하고 그것을 바탕으로 하였다. 첫째, 상극에서 유무상생의 교육으로 나아갈 필요성이다. 그것은 통일교육의 사례로 고민하였다. 지금까지의 통일교육은 북한을 타도하고 배제해야 할 주적으로 보았다. 그러나 포용교육을 통해 남한과 북한이 공존하고 상호 선한 영향을 줄 때 선순환을 일으켜 함께 지속가능할 수 있다. 둘째, 교육현장에서 자행되는 과도한 분별지를 제거함으로써 학생 본연의 모습을 존중하고 조화를 이룰 수 있다. 이는 다문화교육에서 고려하였다. 같고 다름, 다수와 소수 등을 구별하여 다문화가정의 학생들을 한국에 동화시키는 방식이 아닌, 다양성을 존중하고 조화를 추구하는 다문화교육이 이루어질 필요가 있다. 셋째, 채움에서 비움으로, 강함에서 유함으로 나아가는 허정과 유약의 자세를 교육현장에서 어떻게 적용할 수 있는지 고민하였다. 이는 통합교육에서 찾아보았다. 통합교육은 장애인을 공평하게 대하고 개방적 교육체제 안으로 포용

하는 형태로 이루어져야 한다.

노자 『도덕경』의 사유를 통해 포용교육의 방향을 모색한 결과, 다음과 같은 의의를 부여할 수 있다. 기존의 '포용'이나 '포용교육'은 국가 사회정책의 주요 용어로 사용되거나 통합교육, 다문화교육에서 다루었다. 노자 『도덕경』은 그것을 넘어 교육철학적 시각에서 검토하여 포용의 개념이나 양상, 특징을 보다 구체화 하고, 포용교육의 방향을 모색하는 데 시사점을 줄 수 있다. 그러나 이는 교육현장에서 포용을 하지 못해 생겼던 문제들을 극복하는 차원에서 포용교육이 지향해야 할 큰 방향을 제시한 측면이지, 구체적인 교육 내용이나 방법을 서술한 차원은 아니다. 교육현장에 포용교육이 실질적으로 어떻게 적용되고 실천될 수 있을지는 보다 심층적인 탐색과 시대정신을 고려한 연구를 통해 구체화해 나갈 필요가 있다.

2장

‘실천’교육

— ‘명(明)’의 구조와 실천중심교육 —

2장의 글은 「『도덕경』의 '명(明)'에 담긴 교육적 함의」(한국교육철학학회, 『교육철학연구』 41-4, 2019. 12)를 수정·보완한 것이다.

I. 서언

과학기술의 발달과 경제성장은 현대인들의 일상을 완전히 뒤바꿔 놓고 있다. 과학기술 문명은 편리하고 신속한 서비스 제공을 현실화 시켰고, 경제성장으로 인한 윤택함과 풍요로움은 과거에는 꿈도 꾸지 못했던 일들을 실현되도록 사회를 이끌어 간다. 그만큼 많은 사람들이 물질문명을 효과적으로 활용하고 즐길 수 있게 되었다. 이러한 현대 문명사회는 지식을 바탕으로 발전하였기에, 지식의 힘은 점점 더 강력하게 되었고, 지식중심의 교육이 확고한 위치를 차지하게 되었다.

그러나 지식중심으로 이루어지는 교육이 과연 옳은지에 대해서는 끊임없이 문제가 제기되고 있다. 왜냐하면 조화롭고 만족스런 삶을 가꾸어나가는 데 지식의 확장이 오히려 많은 걸림돌을 만들어내고 있기 때문이다. 자신의 지식을 이용하여 사사로운 이익을 추구하는 모습, 남을 비판하고 배제하는 데 몰두하는 행태, 물질을 중시하며 가치를 외면해버리는 상황이 늘어나면서, 결과적으로 지식중심 교육이 한국사회를 차별과 소외, 경쟁과 억압의 구조로 몰아가고 있다는 비판을 피할 수가 없게 된 것이다.

이러한 문제는 학교교육에서도 고스란히 드러난다. 기술발달과 경제성장이 학습의 외적 여건을 비약적으로 향상시켰음에도 불구하고, 학습의 내적 여건이라 할 수 있는 학생들의 흥미와 만족도는 그다지 높지 않다. OECD가 국제학업성취도(PISA)의 일환으로 72개국 15세 학생 54만 명을 대상으로 한 '학생 삶 만족도' 조사에서 한국은 10점 만점 중 6.36점으로 최하위인 터키(6.12)에 이어 가장 낮은 점수를 받았다(박영석, 2017). OECD 평균이 7.31임을 고려하면, 한국의 수치는 무척 낮은 편이며, 학생들의 삶이 그만큼 질적으로 형편없음을 의미한다. 학과목에서 높은 성적을 받았다 해도, 이는 삶의 중요한 가치들을 희생하면서 얻은 결과일 뿐, 본인이 진정으로 원하고 행복을 느끼는 가운데 얻어낸 결과는 아니다. 한국의 교육현실은 지식습득을 위한, 또는 경쟁에서 이기기 위한, 지식암기만을 학생들에게 강조하면서 그 결과에만 초점을 맞출 뿐이다. 따라서 학생들의 삶은 '어떤 교육을 해야 하는가?'라는 질문보다 '얼마나 성공에 도움이 되는가?'라는 기준에 의해, 모든 것이 결정되어 버리는 실정이다.

이런 현실상황을 직시하고 그 타개책을 모색하기 위해서는 지식에 대해 비판적 입장을 지녔던 노자(老子)에 주목할 필요가 있다. 그는 "지혜가 나오자 커다란 속임수가 있게 되었다."[1]라 하였고, "배움을 끊으면 근심이 없다."[2]라고 말하면서, 지식에 대한 강한 거부감을 표출하였다. 지식의 해악(害惡)에 대해 노자가 던지는 이러한 경고는 현재 한국교육에 적용하더라도 무리가 없어 보일 정도다. 물론, 현재의 학교교육에서 생겨나는 문제들 가운데는 '분별지(分別智)' 중심의 지식교육에서 기인한 것뿐만 아니라 교육현장에서의 미흡한 운용방식으로 인해 발생한 사안도 있다.

그러나 본고는 분별지 중심의 교육에 대한 비판에 초점을 맞추어, 노자가 말하는 '진정한 앎' 또는 '진지(眞知)'를 논의하려고 한다. 즉 '명(明)'이라는 개념이 이러한 지식중심에서 벗어나 실천적 방향으로 나아갈 필요성을 제기하고 있음을 살펴보려는 것이다.

노자의 '명' 개념을 주제로 다루는 저서나 논문은 상대적으로 많지 않다. 박용모(2002)의 경우 「노자의 '지식'에 대한 기본 관점」에서 '명(明)'을 의미하는 '진지(眞知)'의 가능성에 대해 다루었고, 허도학(2008)은 「노자의 지식학습관이 평생학습에 지니는 교육학적 의의」라는 논문에서 '명'의 인식관을 평생교육의 관점에서 논의하였다. 김민재(2011)는 「『도덕경』의 '명(明)' 개념이 지니는 세계 시민교육적 의의」라는 연구에서 '명' 개념을 주도적으로 다루면서 세계 시민교육적 의미를 발견하였다. 또 윤지원(2019)은 「도가와 지식권력」

---

1) 18: 慧智出 有大僞..

2) 20: 絕學無憂.

이라는 논문에서 장자를 중심으로 '진지(眞知)'에 대해 설명하고 있다. 그밖에 여러 연구자들이 '명(明)' 개념을 다루고 있지만, 대체로 간략하거나 제한적으로 서술할 뿐이다.

이 지점에서 논자는 최고의 인식단계를 의미하는 '명'을 구체적으로 살펴보는 것이 의미 있다고 본다. 특히, '명(明)'이 도(道)에 대한 직관뿐만 아니라, 도(道)가 현실에서 그 원리를 드러내는 덕(德), 그리고 실천의 의미를 내포하는 무위(無爲)까지 포괄한다고 보는 통합적 해석이 교육의 실천적 성격과 밀접히 연결된다는 점을 드러내고자 한다. 이를 통해 참다운 지식과 실천은 본래 분리되지 않으며, 교육에서 실천이 지니는 가치에 다시 주목해야 할 필요성이 있음을 확인하게 될 것이다.

II. 지식의 출현과 『도덕경』의 분별지

1. 서구의 지식관

'명(明)' 개념을 본격적으로 논의하기에 앞서, 서구의 지식관을 검토하고 노자의 분별지와 비교해보는 작업이 유익하다. 왜냐하면 오늘날 한국의 교육 현장은 서구적 지식관과 문물을 모델로 형성되었기 때문이다. 서구사회는 전통적으로 인간의 이성(理性)을 중시했으며, 인간을 다른 동물들과 확실하게 구분시켜주는 이성은 자연스럽게 지식과 연결되었다.

플라톤의 『테아이테토스』는 이러한 지식을 이해할 수 있는 중요한 단서를 제공한다. 테아이테토스가 소크라테스와 대화하면서 "그[어떤 사람]는 설명을 동반한 참된 판단이 앎이며, 설명이 없는 것은 앎에서 배제된다고 말했습니다. 그리고 설명이 없는 것들은, (그가 이름을 부르는 방식으로는) 알려질 수 있는 것들이 아니고 설명을 지니고 있는 것들은 알려질 수 있는 것들이라고 했습니다."(Plato/정준영 역, 2013: 198－199)라고 말했다. 이는 지식이 합리적 설명[정당화]을 갖고 있어야 하고, 옳은 것이어야 하며, 믿음[판단]이 있어야 함을 강조한다. 다시 말해, 만약 어떤 것을 지식이라 주장하더라도 정당화할 수 있는 합리적 설명을 제시하지 못하거나, 옳지 않거나, 믿음이 없다면, 그것은 지식으로 성립될 수가 없다. 예를 들어, '바나나는 열대지방의 과일이다.'라는 말은 정당화할 수 있고 옳은 믿음이기 때문에 지식이 된다. 그러나 '바나나는 북극에서도 생산된다.'라는 말은 정당화될 수도 없고 그른 명제이기 때문에 지식이 될 수 없다. 이처럼 이성은 지식을 생산하기 위해 인간에게 꼭 필요한 것이었고, 또 그 기능이 충분히 발휘되어야만 했다.

근대의 시작을 알렸던 데카르트는 사유하는 존재의 확실성[Cogito, ergo sum]을 통한 정초주의에 기초하여, 확실한 판단이 가능하기 위해서는 명석하고도 판명한 인지가 필요하다고 하였다. 데카르트는 우리가 명석판명(明晳判明)하게 알고 있는 사실에만 동의한다면, 거짓을 참이라 인정하지 않을 것이라고 보았다. 그리고 우리의 인지능력이 거짓으로 향하지 않도록 신이 보증해 줄 것이고, 명석하게 알려진 사실이라면 우리의 판단능력도 실수하지 않을 것이며, 이러한 사실들이 마음에 깊이 새겨져 있어 명석하게 이해될 때마다 우리가 동의하게 된다고 여겼다(Descartes/소두영 역, 2009: 202－203).

또한, 베이컨은 귀납법을 통해 개념과 공리를 얻을 수 있게 되고 이를 통해 어리석음에서 벗어날 수 있는 지식을 얻을 수 있다고 보았다. 베이컨의 유명한 말인 '아는 것이 힘이다.'를 시작으로 하여, 서양은 인간이 갖는 가치와 인격 문제로부터 탈피해 나갔다. 그러면서 자연을 정복하고 인간의 힘을 증진시키는 데 기여한 정도에 따라, 진리성이 보장된다고 보았다. 명석판명한 기준에 따라 확실성을 확보하는 작업이 진리가 된다고 보았던 것이다(최진석, 2010: 139). '참된 지식인 진리가 존재하며 무지(無知)는 바로 그 참된 지식이 결여되어 있음을 의미한다.'는 그의 주장은 지식과 무지에 대한 담론형성에 큰 영향을 끼쳤다(김종길, 2016: 123).

데카르트의 명석판명함과 베이컨의 참된 지식에 대한 추구는 지식에 명확함을 더해 주었고, 결과적으로 이성의 영역이 확장될 수 있는 길을 열었다. 그러나 인간의 이성이 중시되면서 이성 이외의 영역, 즉 육체적·정서적 측면이 상대적으로 무시되거나 외면당하게 되었다. 이것은 이성을 지나치게 부각시켰다는 데 그치지 않고, 인간의 삶을 지식 영역 안으로 축소시켜버렸다는 점에서 보다 큰 문제가 있다.

결국, 서구의 근대적 지식관은 삶과 지식을 분리시킴으로써 삶에 영향을 주지 못하는 '지식을 위한 지식'을 만들어냈다. 물론, '과학적 지식을 통해 문명기술이 발달하였고, 이것이 삶에 커다란 편의성을 가져다주지 않았느냐?'고 반문할 수 있다. 그러나 이처럼 풍요로운 자본주의 사회의 번영은 오히려 인간을 소외시켜버리는 문제를 낳았다(김남희, 2002: 322). 그 결과, 습득한 지식을 개인의 이익이나 특정집단의 이익을 위해 악용하는 사람들에 대한 언론의 보도사례가 여전히 끊이지 않고, 심지어 교육현장에서는 학업성적에 따른 인격적 차별마저 일어나고 있다(홍윤기, 2013: 342). 이는 서구의 지식관에 기초하여 형성된 현재의 교육체제가 한계점에 이르렀음을 알려준다. 때문에 서구적 지식관이 지닌 한계를 절감하며, 삶과 유리된 지식이 아니라 삶과 연결된 지식을 추구하려는 움직임이 등장하였다. 폴라니와 파커 파머가 대표적인 지성이다.

지식을 객관적인 것으로만 간주하려는 흐름과 달리, 폴라니(Polayni/김정래 역, 2017: 50)는 객관성만으로는 지식을 설명할 수 없다고 보았다. 과학이론은 어렴풋하게 파악된 것을 이전 경험과 연결시켜 고도의 집중력을 발휘하게 하는 암묵적 지식이 있어야 비로소 이론으로 가능하다. 또한, 지식은 그것을 지니고 있는 사람의 인격적 측면이 반영되어 있고 어떤 의미에서는 고독한 측면마저 포함하고 있다(Polayni/김정래 역, 2017: 55). 이를 바탕으로 그가 제시한 것이 바로 '인격적 지식(personal knowledge)'이다. 이 '인격적 지식'은 표현하기 어려운 암묵적 차원이 있음을 의미한다. 이런 측면에서 지식의 엄밀성을 추구하려는 자세는 오히려 지식이 지닌 보이지 않는 차원을 놓치게 만들었다고 비판받는다. 파커 파머(Parker Palmer/이종태 역, 2018: 52−57) 또한 이와 유사한 주장을 한다. 파머는 객관주의적 인식론의 입장에서 지식을 받아들일 경우, 호기심과 지배욕에 의해 죽음으로 이끄는 교육이 되기 쉽다고 말한다. 이와 반대로 인격적이고 공동체적이며 상호적인 지식이 형성될 수 있어야 비로소 올바른 지식이 생겨날 수 있다고 강조한다.

폴라니와 파머 모두 객관적 형태의 지식 추구가 지닌 문제점을 강조한다. 동시에 보이지 않는 차원, 즉 인격적이고 상호적인 차원의 지식을 갖고 있는 것이 중요하다는 점을 지적하고 있다. 이처럼 서구의 지식관이 놓쳤던 관점, 즉 객관적 지식만으로는 온전한 교육이 이루어질 수 없으며, 그것을 넘어설 수 있는 보다 높은 차원의 포괄적이고 통합적인 앎이 필요하다는 견해가 대두되었던 것이다.

2. 『도덕경』의 지식관

서구의 지식관이 드러낸 한계점은 노자도 진지하게 다루고 있다. 노자는 『도덕경』에서 서구적 지식의 형태와 유사한 '분별지'를 말한다. '사물을 나누고 구별하여 알게 되는 지식'을 뜻하는 분별지는, 노자의 입장에서 볼 때, 결코 참된 앎이 아니다. 흔히, 지식이라는 것은 외부대상을 인식하는 감각(感覺)에서 시작된다. 감각을 통해 어떤 사물이나 현상을 인식하기 시작하면, 그것을 대상화하여 분류하고 구분하는 작업으로 나아간다.

그러나 인간이 지닌 감각은 본래 불안정하고 기만당하기 쉽다. 때문에 이러한 감각이 인간을 올바르게 인도해줄 것이라고 믿는다면, 그것은 커다란 착각에 지나지 않는다. 그런 인식이 노자의 언표에 깃들어 있다. 노자는 사람들이 감각을 통해 보고 들을 수 있는 대상에만 집중하려 하고, 감각을 통해 알게 되는 것이 세상의 전부라고 쉽게 믿어버리는 것을 어리석게 여겼다. 이에 "여러 가지 화려한 색깔은 인간의 눈을 멀게 하고, 여러 가지 화려한 소리는 인간의 귀를 어둡게 만들며, 여러 가지 화려한 음식은 인간의 입맛을 해친다."[3]라고 비판했다.

노자의 시각에서 본다면, 이러한 대상화 작업을 통해 지식을 많이 획득한 사람들은 사회를 어지럽게 하는 자들이고 백성의 삶을 힘들게 하는 자들이다. 이들이 자신의 지식을 활용하여 재산을 축적하고 권력을 휘두르니 백성은 이들을 두려워하였고, 나아가 백성도 그들을 모방하여 욕심을 내기 시작했다. 노자가 지향하는 인간상은 지식을 통해 예리한 분별력을 지니게 되어 자꾸만 머릿속에 무엇인가를 담으려고 하는 사람이 아니라 오히려 비우는 사람이었다. 머릿속에 지식을 가득 채운 사람이 아니라 질박한 사람이었다. 사람은 지식을 갖게 될수록 그 근본을 따지고 분류하게 되지만, 지식이 없어 순박하다

3) 12: 五色令人目盲, 五音令人耳聾, 五味令人口爽.

면 굳이 구분할 필요가 없고, 더 채우려고 욕심내지도 않는다. 세상 사람들은 지식이 힘과 재물을 가져다주는 좋은 것이라 생각하고, 방대한 지식을 얻기 위해 많은 노력을 기울인다. 하지만 노자의 프리즘으로 볼 때, 이는 참으로 위험하고 어리석은 생각에 불과하다.

지식에 대한 노자의 부정적 입장은 "배움을 끊으면 근심이 없다."[4]라는 말에서 명확하게 드러난다(윤지원, 2019: 244). 유가(儒家)에서는 '배움[學]'을 중시하였지만, 노자는 지식을 얻기 위한 배움에 대해 부정적이었다. 그가 이토록 지식에 대해 부정적이었던 이유는 두 가지 측면에서 고려할 수 있다.

첫째, 노자는 당시 지식인들의 그릇된 태도를 위선적이라고 보았다. 노자 당대의 수많은 지식인들은 대체로 언어를 통해 갖가지 술수를 구사하면서 자신의 지식을 과시했다. 또한, 언어를 통해 궤변을 주장하거나 악담을 통해 혼란을 유도하는 경우가 많았다(류성태, 2004: 284). 그래서 노자는 "아는 사람은 말하지 않고, 말하는 사람은 알지 못한다."[5]라고 주장했다. 진정으로 아는 사람은 자신이 지식이 있다 해도, 그 지식을 드러낼 때 감당해야 하는 문제점을 알고 있기 때문에 굳이 드러내지 않는다는 것이다.

둘째, 노자는 지식 습득이 사람들에게 도움이 되기보다는 그들을 망친다고 보았다. 지식은 특정한 부분만을 드러내어 대상화시키는데, 사람들은 이 대상화를 통해 자신의 분별지를 날카롭게 만들어 결과적으로 자기 이익을 추구하게 된다고 본 것이다. 그래서 그는 "아는 사람은 박식하지 않고, 박식한 사람은 알지 못한다."[6]라고 말했다. 지식은 진정한 앎이 아닐뿐만 아니라, 둘 사이에는 큰 괴리가 존재한다는 점을 드러낸 것이다.

---

4) 20: 絕學無憂.
5) 56: 知者不言, 言者不知.
6) 81: 知者不博, 博者不知.

Ⅲ. ‘앎’에 대한 관점의 전환: ‘명(明)’의 재해석

1. ‘명(明)’의 인식적 측면: 도(道)

노자 『도덕경』은 ‘도덕(道德)’경이 아니라 ‘도(道)’와 ‘덕(德)’을 나누면서도 유기체적으로 관계를 형성해나가는 양식으로 구성되어 있다. 즉 『도덕경』은 「도경(道經)」과 「덕경(德經)」으로 이루어져 있고, 「도경」에서는 우주 만물이 어떻게 존재하고 운행하는가를 드러내는 데 치중하고 있다면, 「덕경」에서는 그 도가 현실 속에서 어떻게 드러나고 운용되는지를 보여주고 있다(최진석, 2005: 306). 도가 본질이라면 덕은 그 작용이다(남만성, 2015: 7).

『도덕경』은 먼저 ‘도(道)’에 대한 언급으로 시작된다. 즉 “도를 도라고 할 수 있으면 진정한 도가 아니고, 이름을 이름이라고 할 수 있으면 진정한 이름이 아니다.”[7]라고 하면서, ‘도(道)’를 언어로 설명하는 순간 더 이상 도가 될 수 없다는 역설적 의미를 천명한다. ‘도’는 물아일체(物我一體)의 상태로 대상화될 수 없다. 그런데 이것을 ‘도’라고 이름 붙여 대상화시켜버리면 바로 그 순간 ‘도’가 아니다. ‘도’는 말로 대상화하여 표현할 수가 없기에, “도는 항상 이름이 없다.”[8]라고 노자는 강조했다. 그럼에도 불구하고, 도에 관해 말하려고 한다면, 어떤 식으로건 이를 가리킬 수 있어야 하므로, ‘도’에 어떤 이름을 붙이지 않을 수 없는 노릇이다. 그래서 노자는 “그것에 도라고 별명을 붙이고, 억지로 ‘크다’고 이름 붙였다.”[9]

『도덕경』에서는 도를 가리켜 “뒤섞여 이루어진 것이 있는데 천지가 생겨난 것보다 앞서 있고, 적막하고 쓸쓸하게 홀로 있어도 변화하지 않으며, 두루 운행하지만 위태롭지 않아 천하의 어미가 될 수 있다.”[10]라고 묘사한다. 왕필(王弼, 226－249)에 따르면, ‘적막하고 쓸쓸하다는 것’은 형체가 없다는 의미다.[11] 이는 위에서 확인한 것처럼, 도는 어떻게 말로 표현할 수 없는 것이라

---

7) 1: 道可道 非常道, 名可名 非常名.
8) 32: 道常無名.
9) 25: 字之曰道, 强爲之名曰大.
10) 25: 有物混成, 先天地生. 寂兮寥兮, 獨立不改. 周行而不殆, 可以爲天下母.
11) 25: 王弼注. 寂寥, 無形體也.

는 내용과 일맥상통한다. 결국, 도라는 것은 인간의 언어로 표현하기 어려우며, 대상화될 수 있는 것이 아니다. 하지만 도를 설명하기 위한 최소한의 방편으로 그렇게 이름 붙일 수밖에 없다. 그러므로 도는 어떤 고정된 존재를 의미하는 것이 아니라, 우주만물을 존재하게 만드는 원리로서, '변화법칙'이자 '운동법칙'이라 말할 수 있다(안외순, 1998: 399).

도는 인간이 분별지를 통해 알 수 있는 것이 결코 아니다. 또한, 분별지는 사람을 밝고 맑게 해주는 것이 아니라, 오히려 탁하고 어둡게 만든다는 점에서 온전한 앎이라 할 수 없다. 사람들의 분별능력과 대상화 능력은 지식의 축적과 더불어 강해지지만, 동시에 그들이 지닌 욕심도 늘어나기 때문이다. 그래서 노자는 "사람들이 기교와 솜씨가 많아지면 기이한 일들이 점점 생겨난다."[12]고 하였다. 노자에게서 진정한 앎은 최고의 인식인 '명(明)'이었고, 이것만이 온전한 앎을 의미했다. 많은 학자들 또한 노자의 '명'을 분별지와 대비하여 절대지 또는 최고의 인식으로 이해하는 데는 대체로 의견이 일치하는 편이다.

송도선(2013: 108)의 경우, '명'이란 "명지(明知)로서 대상에 대한 앎[즉 분별지나 상대지]이 아니라, 자연의 이치에 대한 깊은 통찰력, 전체적 이해력[또는 절대지]을 의미하는 것"이라 한다. 최진석(2005: 235)은 "어떤 하나의 관점을 통해 세상을 보는 인식 능력이 아니라, 세계의 전체 면목을 파악하는 인식 능력"이라 하였고, 임헌규(2005: 327)는 "지(知)의 궁극으로서 절대지(絕對知)를 의미"한다고 보았다. 류성태(2004: 281)는 "자연의 도(道)에 동화되는 것"이라 하였고, 박용모(2002: 22)는 "순전히 개인(個人)의 수양공부(修養工夫)에서 획득한 진성(眞性)이 나타난 것이기에 고(故)로 '명도(明道)'는 이성(理性)의 인지(認知)가 아니고 '도(道)'가 진성(眞性)을 관조(觀照)하는 중에 그 자신에 나타내는 것"이라고 말한다. 또한, '명'은 상대적인 것을 포용하고 자신을 아는 것이라는 점에서 '상위의 경지'라 보기도 한다(김민재: 2011: 164-166).

이상의 견해들을 종합해 본다면, '명'은 우주만물의 전체를 담고 있는 궁극적 원리이자 법칙인 '무형(無形)'의 '도'를 아는 작업과 밀접하게 연관된다. 엄밀히 보면, '지(知)'는 낮은 수준의 인식활동으로서 대상을 피상적으로 다룰

---

12) 57: 人多伎巧, 奇物滋起.

뿐이기에 만물 속으로 침잠해 들어가는 성숙도나 통찰력은 키워주지 못한다. 이에 반해 '명'은 저절로 그러한 이치에 대한 통찰과 이해력을 가져다준다(송도선, 2013: 108). 물론, '지(知)[분별지]와 '명(明)[진지]은 둘 다 인식활동이지만 양자 사이에는 커다란 차이가 있기 때문에 단순히 수준이 높은가 낮은가를 기준으로 이해하는 것은 적합하지 않다. 따라서 '명(明)'을 목표로 하더라도, 배움의 시작은 분별지에서부터 이루어져야 한다는 주장(김민재, 2007: 168)은 분별지가 과연 어떤 단계에서 어떤 과정을 거치면서 '명(明)'으로 변화되는가에 대한 추가설명이 필요하다는 점에서 난관에 부딪치게 된다.

'명(明)'은 분별지(分別智)와는 다른 '직관(直觀)으로서의 앎'이다. '명'이 분별지와 달리 '도'를 직관하는 것이라는 데는 대부분의 학자들이 동의한다. 하지만 '도'를 직관한다는 것이 어떤 의미인지에 대해서는 그 설명이 충분하지 않다. 직관이란 무엇일까? 그것은 "차별적·분석적·추론적 방법으로서가 아니라 무차별적·즉각적·직접적인 통찰을 통한 순수한 자기의식의 열림"(장기수, 2004: 94)을 의미한다. 분별지와 달리 통찰로서의 접근법인 직관은 '구별 없이 온전히 파악하는 방법'이 되는 것이다. 그러므로 '명'은 세상의 움직임을 곧바로 파악해내는 능력이지만(강봉수, 2013: 108), 지성과 달리 피아(彼我)의 구별이 사라지는 내적 체험이기 때문에(장기수, 2004: 84), 세계의 진면목을 통틀어 파악하는 인식능력이면서도 반대쪽 입장에 있는 사람을 스승이나 거울로 삼을 수 있는 내적 자세의 의미도 포함되어 있다(최진석, 2005: 236). 이는 '명'을 단순히 인식능력의 차원으로만 이해하려는 것은 바람직하지 않다는 점을 말해준다.

특히, 노자의 사유를 이어받은 장자(莊子, B.C. 369－B.C. 289경)는 직관을 통한 진정한 앎, 이른바 진지(眞知)의 획득이 가능하다고 본다. 감각적 인식을 거치지 않고서도 도(道)의 체험이 가능한 지인(至人)의 인식 방법을 높이 평가한다. 그렇다면 '명'은 분별지를 초월한 것이기 때문에 단순비교의 대상이 될 수 없다고 보아야 한다. 따라서 도를 직관한다는 것은 도를 체험하여 체득한다는 일이며, 무엇보다 몸과 마음, 사물과 나를 나누지 않음으로써 '도' 또는 우주와 섞이는 가운데 조화를 이루어 하나가 되는 일이다(리우샤오간, 1998: 201－203). '명'에 대한 이러한 이해는 우리에게 무엇을 말해 주는가?

첫째, 노자가 "남을 아는 사람은 지혜가 있지만, 자신을 아는 사람은 밝다."[13]고 말한 것에서 알 수 있듯이, 자신에 대한 진정한 인식이 필요하고 중요하다는 점이다. 즉 남을 안다는 것은 자신의 체계를 가지고 판단하는 것을 의미하는 데 반해, 자신을 아는 것은 체계의 틀로써 판단하는 것과 달리 보다 근본적인 것이라고 보았기에 노자가 '명'이라고 한 것이다.

둘째, '명(明)'은 인식적 차원보다 훨씬 높은 조화와 일치의 의미를 그 속에 담고 있다. 노자는 '조화와 균형의 의미를 담고 있는 '화(和)'가 영원히 늘 그러하다는 법칙인 '상(常)'을 의미하고, 이러한 '상(常)'을 아는 것은 곧 '명(明)'을 의미한다고 하였다.[14] 그런데 여기서 노자가 말하는 '앎'이 분별지가 아닌 최고의 인식인 '명(明)'을 말하는 것이라면, '화(和)'를 안다는 것은 단순히 분별지와 같은 지식적 차원의 앎과는 다른 차원의 앎이며, 보다 근본에 다가서 있는 앎이라고 볼 수 있다. 그렇다면 '명'은 '상(常)'을 매개로 하여 조화와 균형을 의미하는 '화(和)'와 밀접하게 연결된다. 나아가 '명'을 체득한 사람은 사물의 상대적인 관점을 충분히 이해하고 자신의 시각으로만 사태를 고집하지 않기에 분쟁을 일으키지 않으며 포용력까지 발휘하게 된다(김민재, 2011: 165).

이와 같은 '명'에 대한 이해는 교육과 관련하여 새로운 전환점을 제시해준다. 즉 교육은 외부 대상에 대한 지식을 쌓아 분별지를 높이기보다는 '명'의 상태로 나아갈 수 있도록 도와주는 데 의미가 있다는 것이다. 아울러 도에 대한 직관은 체득을 바탕으로 한 조화와 일치의 구현이라는 교육 실천적 의미를 그 속에 담고 있기도 하다.

2. '명(明)'의 체득적 측면: 덕(德)

앞에서 언급한 대로, '명'은 분별을 넘어 우주 만물의 이치를 밝게 아는 것뿐만 아니라 그 이치를 체득(體得)했을 때 얻게 되는 것으로, 최고의 인식단계를 의미하면서 동시에 체득을 통해 이루어진다는 실천적 의미도 지니고 있

13) 33장. 知人者智, 自知者明.
14) 55: 和之至也, 知和曰常, 知常曰明.

다. 여기서 체득이라는 것은 무엇을 의미하는가? 참된 지식[眞知]인 '명'이 지닌 체득의 의미는 다음과 같이 설명되기도 한다.

> 노자의 『도덕경』에서 얘기하는 지식은 크게 두 종류로 나눌 수 있는데, 한 종류는 외재 객관 사물을 대상으로 하는 것으로 감관의 지각을 통해 혹은 이성의 추리로써 획득한 지식이며, 또 다른 종류는 '도'를 인지 대상으로 한 것으로 수양공부를 통하여 실천을 하면 비로소 체오하는 것이다. 전자는 외재 사물이 표면성 · 국한성 · 상대성을 구비하고 있기에 상대적 지식에 속한다. 일반 속인들이 이 종류의 지식을 지식의 유일한 대상으로 여기기 때문에 '속지'라고 하기도 한다. 후자는 '도'가 만유생화의 최종 근원이기 때문이고, 또한 현상계의 영원 불변의 준칙이기도 하며 그 자체는 절대적인 것이므로 그래서 '절대적 지식'에 속한다. 이것은 '도'에 대한 체오에 달려있기에 '진지'라고 하기도 한다(박용모, 2002: 4).

그렇다고 해서 '명' 안에서 인식과 체득이 따로 존재하는 것은 아니다. '명'은 최고의 인식이면서 동시에 체득의 특성을 지니고 있다. 노자가 "높은 단계의 선비는 도를 들으면, 부지런히 그것을 실천한다."[15]고 말한 언표는 도를 아는 것과 실천하는 일이 다르지 않음을 말해준다. 그러므로 '명'의 직관력은 어느 순간 한 번에 완성되는 것이 아니라 조금씩 넓혀져 가는 것이다(강봉수, 2013: 115).

장자 또한 "진인(眞人)이 있고서야 참된 지식이 있다."[16]라고 강조했다. 리우샤오간(1998: 205)은 이를 두고 "도의 경지에 오른다는 것은 득도가 형상화된 묘사로서, 사실은 도를 체득한다는 것이다. 도의 체득은 곧 참된 지식이고 참된 지식은 조건이 있는데, 완벽한 부동심을 갖는 진인의 경지까지 수양이 되어야만 도를 직관하고 체험할 수 있다."는 의미로 해석한다. 결국, 도의 직관과 체득은 동전의 양면과 같은 속성을 지닌다.

노자의 '명'에 대한 이러한 통합적 해석이 필요한 이유는 기본적으로 서

---

15) 41: 上士聞道, 勤而行之.

16) 『莊子』「大宗師」. 且有眞人而後有眞知.

양과 동양의 지식관이 차이를 지니고 있기 때문이다. 서양의 경우, 인식론에 초점이 맞춰져 있지만, 동양의 경우, 수양론에 보다 초점이 맞춰져 있다. 즉 동서양의 지식론이 진리, 감각, 지각의 인식을 결여한 것은 아니지만, 각 문화권의 독특한 차이로 인해, 서양에서는 '합리적 인식론'이 주된 흐름을 형성했고, 동양에서는 '실천적 수양론'이 보다 부각되었다(류성태, 2004: 270). 동양철학의 거대한 흐름 가운데 하나인 노자의 사상 또한 실천적 측면을 강조하는 동양의 지식관과 별개로 있는 것이 아니기에, '앎'에 대한 노자의 입장도 이런 커다란 틀 안에서 이해하는 것이 보다 합당하다고 볼 수 있다.

노자의 사상이 지닌 실천적 측면에 주목해야 하는 것은 『도덕경』에서도 충분히 드러난다. 앞서 언급했듯이, 노자는 16장에서 '상'을 아는 것이 '명'[知常日明]이고 '상을 알면 포용하게 된다'[知常容]라고 하여, '명(明)'이 '상(常)'을 매개로 포용하는 성격을 지니고 있다고 밝힌다. 또한 22장에서는 '부자현고명(不自見, 故明)', 즉 '스스로 드러내지 않으므로 밝다'라고 하였다. 여기서 '현(見)'이라는 글자를 '보다'라는 의미의 '견(見)'으로 해석할 것인지, 또는 '드러내다'의 '현(見)'으로 해석할 것인지에 따라 학자들의 의견이 갈린다. 최진석(2005: 199)의 경우, "자신의 관점으로 보지 않기 때문에 최고의 인식에 도달"하는 것으로 해석하면서 '보다'의 의미로 이해하지만, 스스로 드러내지 않기 때문에 밝은 것이라고 해석하여 '드러나다'의 의미로 보는 경우도 있다(김학목, 2014: 118; 김학주, 2007: 215). 여기서는 '명'이 인식의 측면보다 실천적 측면을 말하고 있는 것이라면, '드러내다'는 뜻으로 해석하는 것이 '명'의 의미에 보다 부합한다. 따라서 '명'이 '진정한 앎' 곧 '진지'를 의미한다면, 그것은 교만이나 타인을 수단화시켜버리는 태도가 아니라 겸손과 존중의 자세로 나타나게 된다.

특히, '습명(襲明)'과 '견소왈명(見小日明)'에 대한 이해는 '명'을 보다 깊이 바라보도록 도와준다. 감산(憨山, 1546-1623)의 경우, '습'을 '잇는다'는 의미로 보아 '본래 있던 밝음을 이음으로써 덮어 있던 것을 통하도록 하는 것이 습명'이라고 본다. 하지만 하상공(河上公) 주(注)에서는 '습'과 '명' 모두를 동사로 보고 '대도'를 목적어로 받는다고 해석하기 때문에 '습'이 지닌 '(옷을) 껴입다'라는 본래의 의미를 살려 이를 '(대도를) 체득하다'라는 의미로 풀이될 수 있으므로, '습명'은 '(대도)를 체득하여 밝게 아는 것'이라고 말할 수 있다(이석명, 2005: 189). '습명'이라는 것이 '도'의 체득과 함께 결부되어 나타나는 것이라면, '명'은 높은 수준의 인식을 의미하는 데서 보다 나아가 체득의 측면까지 내포한다고 볼 수 있기 때문이다. 김민재(2007: 171)도 '습명' 속에 실천의 의미가 담겨있다고 보면서 '명'을 보다 포괄적으로 이해하고 있다.

또한, '견소왈명'(見小日明)에 대한 해석에서도 '소'(小)의 의미에 주목할 필요가 있다. 노자는 "만물이 도에 의지하여 생겨났지만 말하지 않고, 공이 이루어져도 가지려고 이름을 내세우지 않으며, 만물을 입히고 길러주어도 주인이 되려하지 않으니, 늘 하고자 하는 것이 없어 작다고 이름 붙여야 한다."[17] 라고 하면서 '도'가 무욕하기 때문에 작은 것이라고 부를 수 있다고 말한다. 이는 '도'가 지닌 '무욕(無欲)'의 마음을 드러낸 것이다. 이 '무욕'의 마음을 갖고 있으면 외부 대상들이 내 마음을 어지럽게 하려고 해도 결코 흔들리지 않을 것이다(김경수, 2009: 627). 그러므로 작은 것을 본다는 말은 '무욕'의 마음을 본다는 것이고, 나아가 그 '무욕'을 자신의 내면에 지니고 있다는 점에서 체득과 밀접한 연관성을 지닌다.

결국, '도'의 이치를 안다는 것은 실천을 통해 이를 체화한 상태와 결코 분리하여 이해할 수 없다. 분별지를 가리키는 '상대지(相對知)' 또는 '속지(俗知)'와는 반대로 '명(明)'을 '절대지(絕對知)' 또는 '진지(眞知)'라고 보는 것은 바로 이런 의미가 담겨 있기 때문이다. 이와 같이 '명'을 이해한다면, 이제 노자의 『도덕경』을 실천적 관점으로 바라보는 데서도 커다란 전환점이 마련된다. 즉 '명'을 단순히 인식의 단계로만 이해하게 되면 실천적 측면과는 괴리감이 존재할 수밖에 없지만, 최고의 인식이자 실천적 체득으로서 이해하면 노자의 '앎'은 오늘날의 교육이 놓치고 있는 실천이라는 문제를 다시 바라볼 수 있도록 도와주기 때문이다.

현재의 교육이 지식을 최대한 쌓아서 냉철하게 분석하며 경쟁에 초점을 둔 지식중심, '앎 중심'의 교육이라면, '명(明)'을 구현하는 교육은 '실천중심'의 교육이라 할 수 있다. 자신을 아는 일이나 자신을 드러내지 않는 것, 또 조화를 추구하는 작업 등은 단순히 지식을 쌓는 차원과는 거리가 멀다. 또한 상

17) 34: 萬物恃之而生而不辭, 功成不名有, 衣養萬物而不爲主. 常無欲, 可名於小.

당히 높은 지식의 경지에 도달했다는 사실이 필연적으로 자기 정체성이나 삶의 의미에 대한 깨달음으로 이어지는 것도 아니다. 노자는 바로 이 점을 정확하게 알고 있었기에, 지식의 수준만을 높여가는 일은 의미가 없다고 보고, 직관을 통한 앎에 기초하여 실천적인 소박함과 비움을 강조했던 것이다.

이 '마음 비움'은 『도덕경』 전체를 관통하는 핵심 개념으로 사람들이 '도'의 경지에 도달하여 머물도록 도와준다. 사람들이 지식을 갖고 있어도 이 비움의 자세를 유지하고 있다면, 지식은 더 이상 분별과 구별의 색깔을 드러내지 않는다. 색깔이 드러나는 순간 즉시 그것을 비워버릴 것이기 때문이다. 지식을 갖고 있더라도 '명'을 유지하고 있다면, '도'를 직관하고 있을 뿐만 아니라 '마음 비움'도 갖추고 있는 것이기에 지식으로 인해 혼란스럽게 되지 않을 것이다.

이때 덕은 '도'라는 법칙이자 원리가 현실에서 구현되는 것이다. 이것은 덜어내고 또 덜어내는 비움을 통해서 가능하게 되며(신진식, 2011: 175), 그 기원이 되는 '도'의 규정을 받아 체득하여 실천하는 것을 의미한다(안외순, 1998: 398). 특히, 노자에게는 모든 덕이 똑같지 않다는 점을 기억해야 한다. 노자는 '덕'을 가리켜 "최고의 덕은 덕을 덕으로 여기지 않아 이로 인해 덕이 있고, 낮은 덕은 덕을 잃지 않으려고 하니 이로 인해 덕이 없게 된다."[18]라고 하면서 덕에 차등을 두었다.

노자가 최고로 여기는 덕은 상덕(上德), 곧 덕을 덕으로 여기지 않는 것인데, '상덕'은 도의 원리를 그대로 체화한 것이기에 특정 의미로 개념화시키거나 정의내리는 것이 불가능하다(최진석, 2005: 306). 왕필은 최상의 덕을 지닌 사람을 가리켜 "오직 도만을 사용할 뿐이고, 자신의 덕을 덕으로 여기지 않기에 덕에 집착하지 않고 덕을 사용하지도 않는다."[19]라고 한다. 다시 말해, 최상의 덕을 가진 자는 굳이 집착하지 않기 때문에 마음을 비운 상태에서 덕을 행하게 되는데, 이렇게 마음을 비워 집착 없이 행하는 것은 곧 도의 작용이라는 것이다. 그러므로 최상의 덕이 존재하는 경지는 곧 도의 경지와 다르지 않게 된다. 그러나 인(仁)·의(義)·예(禮)와 같은 하급의 덕들은 인위적

18) 3: 上德不德, 是以有德, 下德不失德, 是以無德.
19) 38: 王弼注. 上德之人, 唯道是用, 不德其德, 無執無用.

시행이 있다는 점으로 인해 상덕보다 못한 것으로 생각되었다.

도는 우주 만물의 원리이고, 개별 존재자에게서 덕으로 드러난다. 고대 중국에서 '얻는다'는 의미의 '득(得)'은 '덕(德)'과 통용되었다. 이렇게 본다면 덕은 도에서 얻은 것이고 도가 하나의 개체에 내재하여 나타난 것이라 볼 수 있다. 그러므로 덕을 회복하게 된다면, 우주만물의 근원인 '도'와 두루 통할 수 있게 된다(이강수, 1999: 131). 결과적으로 우주만물은 각각 독특한 존재로서 다양한 모습을 갖고 있지만, 모두가 도의 본성을 나누어 갖고 있기에, 만물의 덕은 도를 떠나서 존재할 수 없고, 덕은 도에서 왔지만 다시 도로 돌아간다. 따라서 도와 덕은 결코 다른 것이 아니다(김태훈, 2007: 4; 김학주, 2007: 167). 이처럼 도와 덕을 통합적으로 바라보는 것이 중요하다면, '명' 또한 통합적으로 이해할 필요가 있다. 『도덕경』 전체를 꿰뚫는 핵심개념 가운데 하나가 '비움'이고, 이 '비움'을 기준으로 덕을 상덕(上德)과 하덕(下德)으로 나눈다면, '비움'은 이제 덕의 차원에서 머물지 않고 비워서 행하는 '무위'의 차원으로 연결된다.

3. '명'(明)의 행위적 측면: 무위(無爲)

노자 『도덕경』에서 '무위(無爲)'가 중요한 이유는 '도'가 기본적으로 '무위(無爲)'를 지니고 있고, 동시에 '덕'도 '무위(無爲)'의 특징을 지니고 있기 때문이다. "도는 언제나 시행함이 없지만, 시행하지 않는 일이 없다."[20]라는 표현은 도의 '무위'를 말해주고, "덜고 또 덜어서 무위에 도달하니, 시행함이 없지만 하지 못함이 없다."[21]라는 표현은 덜어내고 또 덜어내는 비움의 덕을 통해 '무위'에 도달해야 함을 역설한다.

여기서 '무위'는 '일체 아무 것도 행하지 않는다.'라는 문자 그대로의 의미가 아니다. "덕을 완전히 체득했을 때, 곧 마음을 완전히 비웠을 때, 나오는 행위"라는 의미이다(김학목, 2003: 198). 즉 '무엇인가를 인위적으로 하지 않고 마음을 비워서 행해야 한다.'라는 뜻이다. 그것은 억지로 하는 일이 아니라

20) 37: 道常無爲, 而無不爲.
21) 48: 損之又損, 以至於無爲, 無爲而無不爲.

힘들이지 않고 하는 행위이며 자연스런 행위로서, 인간의 행위 또한 우주만물을 움직이는 법칙에 따라 행해야 한다는 것을 지시한다(펑유란, 2010: 154). '무위'는 마음을 비워 행하는 것으로 '마음 비움'을 바탕으로 하는 '실천'을 의미한다. '무위' 안에는 무형인 도와 비움의 덕이 모두 녹아들어 있으며, 이것이 마음을 비운 실천을 통해 구현된다. 따라서 '무위'는 두 가지 측면에서 살펴볼 수 있다.

첫째, '무위'의 '마음 비움'은 대상화를 하지 않는 내적 상태를 의미한다. 이런 점에서 노자가 말하는 '마음 비움'은 유가에서 말하는 '마음 비움'과는 차이가 있다. 노자의 입장에서 '마음 비움'은 대개 대상화 작용을 없애는 것이기 때문이다(김학목, 2014, 163). 마음을 비우면 지성을 통한 대상화 작용을 없앨 수 있고, 바로 그런 상태에서 나오게 되는 것은 어떤 의도를 담고 있거나 인위적으로 행하는 것이 아니기 때문에 저절로 그러하면서 동시에 억지로 행하지 않음이 된다(김학목, 2000: 63). 즉 '무위자연(無爲自然)'인 것이다. 그러나 비우지 않은 상태에서 대상화 작용이 이루어지면 물아일체의 상태는 깨지게 되고, 분별과 구분이 발생하게 된다. 노자가 "세상 사람들 모두가 아름다운 것을 아름답다고 여기게 되는 것은 추한 것이 있기 때문이고, 세상 사람들 모두가 선한 것을 선하다고 여기게 되는 것은 선하지 않은 것이 있기 때문이다."[22]라고 말한 것은 바로 물아일체 상태가 깨졌을 때 사람들이 어떻게 대상화시켜서 인식하는지 보여주고 있다. 즉 사람들은 어느 한 쪽만을 대상화시켜 인식하기 때문에, 아름다움이나 선함의 인식이 가능한 이유가 바로 추함과 선하지 않음이 있기 때문이라는 것을 잘 모른다(김학목, 2014: 48).

둘째, '무위'는 실천의 성격도 함께 지니고 있다. 『도덕경』 38장에서 '상덕무위(上德無爲)' 다음에 이어지는 '무이위(無以爲)'라는 말은 '마음 비움[無]'으로 행위를 한다는 뜻이고, '하덕위지(下德爲之)' 다음에 이어지는 '유이위(有以爲)'라는 말은 '마음을 비우지 못한 상태[有]'로써 행위를 한다는 의미이다(김학목, 2003: 198). '무위'는 단순히 어떤 선언적 의미를 갖는 데 그치는 것이 아니라, '마음 비움'에 기초하여 이를 적극적으로 구현하는 것을 가리킨다. 요컨대, '무위'의 핵심은 바로 '마음 비움'과 '실천', 이 두 가지에 있음을 알

22) 2: 天下皆知美之爲美, 斯惡已, 皆知善之爲善, 斯不善已.

수 있다.

'명'은 덕과 관련하여 비움의 체득적 측면을 갖고 있듯이, 이제 '무위'와 관련해서는 체득한 비움을 행한다는 행위적 측면과 연관된다. 덜고 덜어서 이 '무위'의 상태에 이르게 되면, 모든 것을 자연에 따라 행하게 된다. '명'이 최고의 인식이자, 덕의 체득이라는 점에서는 비교적 쉽게 이해가 되더라도, 이러한 행위적 측면과 관련해서는 낯설게 생각될 수 있다. 그러나 성인(聖人)을 연상한다면, 이 부분은 의외로 쉽게 이해될 수 있다. 이미종(2013: 148)은 '무위'가 주로 성인과 함께 언급이 되기 때문에 외부에서 주어지는 강제가 제거된 상태이면서 동시에 성인의 경지에서 나올 수 있는 행위로 보고 있다. 노자에게서 성인이 도를 온전히 터득하고 덕을 완전히 실현하고 있는 존재라면(김학주, 2007: 180), 성인은 '명'의 단계에 도달해 있는 존재로 간주되어야 한다. 이러한 성인의 특징을 다음과 같이 정리할 수 있다.

> 첫째, 성인은 세계의 운행이 도의 항상성에 기반하고 있다는 사실을 깨닫는 존재이다. 둘째, 성인은 특정한 상태에 고착되지 않고, 유연하고 순박한 갓난아이와 같은 상태를 유지함으로써 도를 구하는 존재이다. 셋째, 수양을 통해 성인은 도의 속성과 유사한 정신적 경지에 도달하게 되고 생명활동 과정을 추진하는 능력을 얻는 존재이다. 넷째, 성인은 이러한 자신의 능력을 과시하지 않아서 스스로를 보전하는 존재이다(이유정 · 신창호(2012: 94).

여기에서 성인의 첫 번째 특징은 '명'이 갖고 있는 특징인 '도'에 대한 인식이고, 두 번째 특징과 세 번째 특징에서 '정신적 경지 도달'은 '덕'에 대한 체득으로 연결된다. 그리고 성인의 세 번째와 네 번째 특징으로 제시되는 '생명활동 과정의 추진력과 인위를 배제한 자기겸양'은 바로 '무위'와 연결되는 특징이다. 이때 '생명활동'은 움직임이 지극해져서 고요하게 되고 고요함이 지극해져서 움직이게 되는 것을 의미한다(진고응, 2008: 174). 비우면 고요하게 되고 고요하게 되면 다시 움직임이 시작되니, 이것이 바로 비움이 실천적 행위로 드러나는 '무위'라고 말할 수 있다. 노자에게서 '명(明)'이란 '도'를 따르는 것을 의미하고, 이는 '무위(無爲)'를 통해 이루어진다(김태훈, 2007: 7). 따라서 '무위'는 가능성과 실행성을 그 가운데 모두 담고 있다.

이상의 논의를 종합해본다면, '명'은 우주만물의 근본원리이자 무형(無形)인 '도'를 알고 있다는 점에서 최고의 인식이라 말할 수 있다. 그 도를 비움을 통해 상덕으로 구현하고 있다는 점에서 완전한 체득이다. 현실 안에서 마음을 비워 행하기 때문에 완벽한 행위이다. 이처럼 '명'은 도와 덕, 무위가 모두 녹아들어 있는 개념으로서, 최고의 인식일 뿐만 아니라 그 실천적 측면까지 여실히 담고 있음을 알 수 있다.

Ⅳ. 교육에서 '명(明)'의 실천적 함의

1. 교육의 실천적 측면

델포이의 아폴로 신전에는 '너 자신을 알라'는 글귀가 새겨져 있었다. 소크라테스가 알키비아데스와 나눴던 대화는, 피상적으로 인지하기 쉬운 이 글귀가 사실 상당히 깊은 의미를 지니고 있음을 알려준다. 소크라테스는 알키비아데스에게 "그러니 자신을 알라고 명하는 자는 우리에게 혼을 알라고 시키는 걸세 …… 혼도 자신을 알려면, 혼을 들여다봐야 하고, 무엇보다도 혼의 훌륭함, 즉 지혜가 나타나는 혼의 이 영역을 들여다봐야 하며, 또 이와 닮은 다른 것을 들여다봐야 하네."(Plato, 2007: 130e/133b)라고 말한다.

'우리가 자신의 깊은 내면을 들여다보고 대면해야 한다'는 점에 대한 소크라테스의 강조는, 노자가 "자기를 아는 사람은 밝다[自知者明]"라고 했던 말을 자연스럽게 떠올리게 한다. 자기를 안다는 것은 단지 지식의 차원으로 접근해서 파악할 수 있는 문제가 아니다. 소크라테스가 '지식'과 '덕'을 동일한 것이라 보면서 '지덕동일설(知德同一說)'을 탄생시킨 것도 '지(知)'와 '실천'이 다른 사안이 아니고, 상호 불가분의 관계임을 의미한다(조무남, 2013: 315). 마찬가지로 '자신을 안다'는 의미의 '명' 또한 인식으로서의 '앎'뿐만 아니라 체득의 의미나 행위의 의미까지 담겨 있다는 통합적이고 실천적인 해석이 필요하다. 특히, 이론적이고 주지주의적인 영향이 강하여 실천의 영역과는 상당한 괴리를 갖게 된 오늘날의 교육 현실에 '명'은 의미 있는 성찰의 주제를 던져준다.

그렇다고 해서 지식을 배워나가는 일은 중요하지 않고, 오직 실천만이 의미가 있다고 말하려는 것은 결코 아니다. 언제 어디서건 자연스럽게 지식을 접하게 되는 현재의 상황 속에서 애써 배움을 거부하는 자세도 바람직하다고만 볼 수는 없기 때문이다. 중요한 것은 '위학(爲學)'과 '위도(爲道)' 가운데 어느 하나만을 선택해야 하는 문제가 아니라, 두 가지 가운데 어디에 무게중심을 두고 나아가느냐이다. 배움이 자연스럽게 이루어진다면 그 또한 '저절로 그러하게[自然]' 놓아두되, 지식에 얽매이거나 이를 고집하지 않음으로써 흘러가는 물과 같은 자세를 지니는 것이 필요하다는 뜻이다.

"최상의 덕은 덕을 덕으로 여기지 않기 때문에 덕이 있다."[23]라는 말처럼, 덕에도 매이지 않으려는 비움의 자세, '무위의 유익함을 알고 행하는 자세'[24], '만족하고 그칠 줄 아는 내적 자세'[25]의 중요성을 학생들이 인식하고 익혀나간다면, 지식의 위험성을 최소화할 수 있을 뿐만 아니라 자신의 삶을 조화롭게 살아갈 수 있는 능력도 얻을 수 있다. 이것이 바로 '명'이 함축하고 있는 교육적 의미다. 덕이 무엇인지 이해하고서 자기 인생의 구체적 맥락 안에서 이를 실현시켜 나간다면, 결과적으로 덕에게 속성을 준 '도'와 한 몸이 될 수 있게 된다(이진용, 2016: 119).

실천중심의 교육이 지식중심의 교육을 완전히 대체해야 한다거나 모든 사람이 마음을 비우고 욕심을 버려야 한다는 식의 발상은 분명히 현실적으로 가능하지 않을 것이다. 다만, '명'이 내포하고 있는 실천적 의미를 고찰하는 이유는 지식에만 매몰되어버린 현재의 교육상황을 개선하여 학생들이 지식위주의 교육에 의해 좌지우지 되지 않고 자신을 알고 남을 배려하며 현실의 제한된 틀을 뛰어넘어야 할 필요성을 제기하려는 의도이고, 그 과정에서 '명'이 매우 중요한 역할을 할 수 있음을 강조하려는 것이다.

---

23) 38장. 上德不德 是以有德.
24) 43장. 吾是以知無爲之有益.
25) 44장. 知足不辱, 知止不殆.

달리 말하면, 현재의 교육이 분별지를 중심으로 하기 때문에 학생들에게 지식에 매달리게 만들고, 자기에게 이익이 되는 것에만 관심을 갖게 하면서 동료 학생들마저 경쟁자로 간주하도록 만든다는 점에서 문제라는 뜻이다. 그 결과, 지식중심의 교육은 학생들을 지극히 편협한 세계관 속에 가두어버린다. 이런 상황에서는 자기 삶에 대한 깊은 성찰이 존재할 수 없고, 지식은 그저 눈앞에 놓인 이익을 취하기 위한 도구로 간주될 뿐이다(홍은숙, 2003: 270). 그러나 교사와 학생들이 자신의 욕망과 욕심의 위험성을 깨달아 이를 멀리해 나간다면, 노자가 말하는 진정한 앎, 곧 '명(明)'에 기초한 실천중심 교육을 통해 지식중심의 교육이 지닌 부작용을 최소화할 수 있을 뿐만 아니라 조화로운 삶을 정립해나가는 것도 가능하게 된다. 이 지점에 '명'이 지닌 교육적 의미가 자리한다.

2. '명(明)'이 실천중심 교육에 주는 의미

'명'이 도, 덕, 무위와 관련하여 인식적·체득적·행위적 측면을 지니고 있다는 점을 앞에서 살펴보았다. 이 세 가지 측면으로부터 '명'이 교육에 대해 지니는 실천적 의미가 나온다.

먼저, 도에 대한 직관적 인식의 측면에 대해서 고려해보자. '도'를 안다는 것은 분별지를 통해 아는 것이 아니다. 이를 초월하는 직관적 앎이다. 세상을 살아가기 위해 분별지는 여전히 필요할지 모른다. 그러나 적어도 이에 매몰되지 않고, 분별지가 보여주는 지식이라는 것이 얼마나 우리를 편견과 오만 속에 가둘 수 있는지도 알아야 한다. 그런 의미에서 "있음과 없음은 서로 낳는다. 어려움과 쉬움은 서로 이루게 해준다. 길고 짧음은 서로 비교한다. 높고 낮음은 서로 차이가 난다. 가락과 소리는 서로 조화한다. 앞과 뒤는 서로 따른다."[26]라는 노자의 말을 되새겨볼 필요가 있다. 왜냐하면 이것은 드러나는 세계[有]와 드러나지 않는 세계[無]를 전체적으로 보아야 함을 강조하고 있기 때문이다. 사실, 드러나는 세계에 대해서는 많은 탐구가 이루어졌고, 또 현재도 이루어지고 있다. 하지만 드러나지 않는 세계에 대해서는 상대적으로

26) 2: 有無相生, 難易相成, 長短相較, 高下相傾, 音聲相和, 前後相隨.

관심이 적고, 심지어 알 수 없는 것이라는 이유로 거부당하기도 한다.

그러나 보지 못했고 알지 못했던 어떤 것이 항상 그 이면에 자리하고 있음을 뒤늦게 깨닫는 경우가 비일비재하다. 보이지 않는 세계에 대한 열린 자세, 다양한 현상을 심도 있게 살펴보려는 자세를 갖도록 도와주는 것이 그 어느 때보다 교육에 필요한 시점이다. 모든 것이 익숙하고 다 알고 있는 사실이라고 생각한다면, 더 이상 새로울 것도 없고 발견도 무의미하다. 중요한 것은 열린 자세와 통합적 시각을 갖도록 교육과정을 운영하는 일이다. 그러므로 하나하나 따져가며 보이는 것을 분별하는 인식이 아니라, 전체를 직관적으로 파악하되 틀을 넘어서서 이면의 것까지 파악하려고 노력하는 자세가 실천중심 교육에서 매우 중요하게 된다.

덕이 지닌 비움의 특성 또한 실천적 측면과 직접적으로 연결되며, 두 가지로 나누어 살펴볼 수 있다. 하나는 '마음 비움'이고, 다른 하나는 '질박함'이다. 노자는 '비어 있음'이 어떻게 쓰임이 있는가를 보여주기 위해 "천지의 사이는 풀무와 피리 같구나! 비어 있지만 다하지 않고 움직일수록 더욱 내놓는다."[27]라는 한 가지 예를 제시한다. 풀무와 피리가 빈 공간에 무엇인가로 채워지게 된다면, 그 역할을 제대로 발휘하지 못할 것이다. 이와 반대로, 분별하여 대상화시키지 않되 소박한 마음을 갖고 무엇인가를 인위적으로 행하지 않는다면, 그것은 마음 비움을 잘 행하는 것이고 저절로 그렇게 흘러가도록 함으로써 도의 상태에 머물 수 있게 된다. 지식에 대한 지나친 강조나 욕심 때문에 무엇을 인위적으로 시행하려는 것은 바람직하지 않다. 현재의 교육이 많은 변화를 거치며 다양한 비전을 제시하려고 하지만, 근본적으로 바뀌지 못하는 이유는, 학생들이 자신을 이해하고 욕심을 버리도록 도와주지 못했기 때문이다. 특히, 아이들에게 '마음 비움'을 가르치기에 앞서 부모와 교사가 먼저 '마음 비움'을 갖춰야 한다. 어른들도 행할 수 없는 것을 아이들이 행하기를 기대한다면, 그것은 자기모순이자 위선일 수밖에 없기 때문이다.

이러한 '마음 비움'은 구체적으로 두 가지 차원으로 실천해 나갈 수 있다. 먼저, 자신의 마음 안에서 욕심을 없애는 일이다. 경쟁에서 이기려는 마음, 보다 많은 것을 얻으려는 욕심, 보다 높은 자리에 오르려는 마음이 생겨

---

27) 5: 天地之間, 其猶橐籥乎. 虛而不屈, 動而愈出.

날 때마다, 이것이 나 자신을 잘 이해하는 데 도움이 되는지, 내가 조화로운 삶을 살아가는 데 도움이 되는지 스스로에게 질문을 던질 수 있어야 한다. 자기 스스로를 돌아볼 수 있도록 도와주는 명상(冥想)은 이에 대한 좋은 실천적 사례가 될 수 있다. 장승희(2015: 134)는 초등 예비교사들을 대상으로 실시한 명상 강좌 설문조사를 통해, 명상의 교육적 적용 가능성에 대해 긍정적인 결과를 제시하였다. 명상을 실시하면서 두 차례에 걸쳐 설문조사를 한 결과, '삶의 태도에 긍정적 변화가 있었다.'라는 질문에 '보통'이라고 응답한 비율이 1차에서 51.30%였으나 2차에서 24.78%로 줄어들었고, '매우 그렇다'와 '그렇다'라는 긍정적인 대답의 비율은 36.32%에서 71.68%로 대폭 증가하였다고 밝히고 있다. 명상은 학생들이 짧게라도 자기를 돌아볼 수 있는 시간을 제공해준다는 점에서 분명히 의미가 있다. 나아가 명상 프로그램을 방과 후 활동의 하나로 제공하는 것 또한 의미 있는 시도라고 여겨진다.

뿐만 아니라, '마음 비움'이라는 것은 내가 가진 능력을 누군가와 공유하는 자세도 포함한다. 내가 갖고 있는 재능을 타인과 나누는 것은 자기중심적 가치관에서 벗어나도록 도와주기 때문이다. 이런 점에서 교육이 개인의 경력을 쌓아가기 위한 수단으로 전락해서는 안 된다. 특히, 마음 비움을 실천할 때, 이 자체가 하나의 절대적 가치로 추구되지 않도록 늘 경계해야 한다(김학목, 2014: 227). 그것은 비움이 아니라 또 다른 채움에 불과하기 때문이다. 그저 마음 비움을 시도하고 이를 어느 정도 이루게 된다면, 마음 비움을 의식하게 되는 일은 저절로 잦아든다. 이는 자동차를 운전하는 것과 흡사하다. 초보 운전자에게 긴장하지 말고 사이드미러를 잘 보면서 운전하라고 아무리 강조해도 본인이 직접 해보지 않으면 무슨 의미인지 도저히 이해하지 못한다. 직접 경험해 보아야만 비로소 그 말이 무슨 뜻인지 감을 잡을 수 있는 것과 같은 이치다.

덕이 지닌 비움의 특성과 관련된 두 번째 측면은 '질박함'에 머무는 것이다. 노자는 "질박함은 보잘 것 없지만, 세상에서 누구도 그것을 신하로 삼을 수 없다. 왕과 제후가 그것을 보존할 수 있다면, 만물은 저절로 복종할 것"[28]이라고 말했다. 질박함은 '단순함'과 '소박함'을 의미한다. 왕필은 도를 터득

---

28) 32: 樸, 雖小, 天下莫能臣也. 侯王若能守之, 萬物將自賓.

하기 위해, 이 질박함만 한 것이 없다고 하였다. 이를 지니고 있으면 지혜로운 사람이 지닌 능력을 활용할 수 있고, 용맹한 사람이 무용을 쓰게 할 수 있으며, 솜씨 좋은 기술자는 일을 시키고, 힘센 사람은 무거운 것을 지게 할 수 있다. 치우치는 일이 없기 때문에 아무 것도 없는 것에 가깝다고 본 것이다.[29] 질박함은 치우치지 않으니, 조화를 이루면서 다른 것들을 다스릴 수 있다. 노자는 "질박하고 참됨은 이랬다저랬다 하는 듯하다."[30]라고 말했다. 질박함이 이랬다저랬다 하는 모습을 보이는 이유는 스스로 내세우지 않기 때문이다. 내세우지 않기 때문에 붙잡는 것이 없고, 또 중심 없이 흔들리는 것 같지만 사실은 이미 지극한 조화를 그 안에 담고 있다.

이처럼 조화를 이루는 질박함은 교육을 하나의 고정된 틀로 바라보며 어떠한 변화도 허용하지 않는 자세가 지닌 한계를 깨닫게 해준다. 왜냐하면 교육을 통해 근본적으로 실현하려는 것은 인간의 성장이지, 인간을 어떤 틀 속에 가두려는 것이 아니기 때문이다. 질박함은 조화와 포용으로 쉽게 나아갈 수 있다는 점에서 큰 장점을 지니고 있다. 다양한 능력이 형성될 수 있는 심원한 뿌리로서 이를 교육하는 것은 매우 바람직하다. 그 결과, 질박함은 다양한 변화를 담아내면서도 조화를 놓치지 않는 든든한 토대의 역할을 해줄 수 있게 된다.

이제 마지막으로 '무위'와 관련된 실천적 측면을 살펴보자. '무위'란 덕을 완전히 체득했을 때, 곧 마음을 완전히 비웠을 때 나오는 행위이고 그 안에 '가능성'과 '실행성'을 모두 담고 있다고 앞에서 언급하였다. 무위는 비움을 바탕으로 나오는 것이기에 도를 거스르지 않고 자연스럽게 따라가면서 있는 그대로 사는 것을 의미한다(조현규, 2006: 162). 따라서 마음을 비우면 사욕이 없어 행위가 자연스럽게 이루어진다는 뜻에서 실천적이라고 말할 수 있다.

무위의 실천적 측면도 두 가지로 나누어 살펴볼 수 있다. 하나는 '욕망에 대한 경계'이고 다른 하나는 '포용성'이다. 현대교육은 이미 지식중심으로 편성되어 있고, 현재의 세상에서는 지식을 충분히 습득해야 한다는 논리가 확실

29) 32: 王弼注. 故將得道, 莫若守樸. 夫智者, 可以能臣也, 勇者, 可以武使也. 巧者, 可以事役也. 力者, 可以重任也. 樸之爲物, 憒然不偏, 近於無有.

30) 41: 質眞若渝.

히 설득력 있다. 그러나 역설적으로 지식습득이 중요한 시대가 되었기 때문에 지식에 얽매이지 않는 내적 태도를 갖추어, 때로 멈출 줄 아는 일도 그만큼 중요해졌다. 아는 만큼 세상을 바라볼 수 있는 힘도 커지게 되지만, 반대로 채우기만 하는 앎에 종속되어 버릴 위험성도 높아졌기 때문이다. 자신이 지니고 있는 특정 지식에 매몰되어 일방적 가치만을 신봉하게 된다면, 그것이야말로 노자가 경계하는 일이다(송도선, 2013: 108－109).

또한, 충분한 지식(知識)과 지욕(知慾)은 다르다는 점을 구분해야 한다. 충분한 지식은 삶을 위해 불가피한 것이지만, 지욕은 분별지를 더욱 쌓으려는 허영심에 불과할 뿐이다. 특정 지식에 매몰되지 않으면서 지나친 지욕을 추구하지 않는 자세가 중요한 것이다. 어떤 학생이 열심히 노력하여 좋은 결과를 얻었다면, 본인이 얻은 결과와 자기만족을 통해 이미 최고의 보상을 받은 셈이다. 이때 필요 이상의 우대로 학생들 사이에서 우월감과 탐욕을 부추길 필요는 없다. 노자가 최상의 선은 물과 같아서 만물을 이롭게 하면서도 낮은 곳에 머물기 때문에 도에 가깝다고 본 것은 사람들이 싫어하는 곳에 거처하는 것이 도의 모습이고, 또 그렇게 낮은 곳을 향해 가는 실천이 중요함을 지적한 것이다.[31] 무엇보다 부모와 교사가 욕망에 휘둘리지 않고 살아가는 모습은 그 자체로 학생들에게 가장 좋은 모범이 되며 삶의 가르침이 될 수 있다는 점을 유념해야 한다.

'무위'가 지닌 또 다른 실천적 측면은 포용성이다. 도는 선한 사람과 선하지 못한 사람을 구별하지 않고, 선하지 못한 사람도 품어준다는 측면에서 포용성을 지니고 있다. 노자는 "도는 만물의 흐릿함이니, 선한 사람의 보배이고, 선하지 않은 사람도 보존하는 것이다. 멋진 말은 가치가 있고 훌륭한 행동은 사람들에게 영향을 주지만, 사람이 선하지 않다고 해서 어찌 그를 버릴 수 있겠는가!"[32]라고 하였다. 그러나 지식에 기초한 현대교육은 사람에 대한 포용보다는 통제와 차별에 익숙하다. 교육이 사람을 위해 등장했음에도 오히려 사람 위에 군림하게 된 것이다.

학교교육에서 학생들을 성적으로 평가하고 이를 사실상 차별의 근거로

31) 8: 上善若水. 水善利萬物而不爭, 處衆人之所惡, 故幾於道.
32) 62: 道者, 萬物之奧, 善人之寶, 不善人之所保. 美言可以市, 尊行可以加人. 人之不善, 何棄之有.

삼는 일이 종종 발생한다. 최근 등장하는 용어 가운데 '소셜믹스(Social Mix)'라는 말이 있다. 이 말은 부자(富者)와 빈자(貧者)가 함께 어우러져 산다는 긍정적인 의미를 갖고 있지만, 현실에서는 전혀 그렇지 않고 오히려 계층화와 차별화로 이어지고 있다. 한국에서는 임대아파트에 대한 인식을 바꾸기 위해 임대아파트와 분양아파트를 섞어서 건축한 뒤 분양하지만, 건축회사나 분양을 받은 사람들이 임대아파트와 분양아파트를 구분하여 구획을 정해 담을 쌓아버리거나 아파트 내 각종 시설 이용에 제한을 가하는 등의 갖가지 차별이 벌어지고 있다. 이것은 분명 사회적 이슈이지만, 고스란히 교육현장으로 들어온다는 점에서 보다 큰 문가 된다. 아이들은 차별하고 구별하는 행위를 별다른 생각 없이 고스란히 습득해버리기 때문에, 어디에 거주하느냐에 따라 친구를 구별하고 놀리거나 심지어 배제하는 행위마저 스스럼없이 하게 되는 것이다. 이를 막기 위해서는 교육에서 보다 적극적으로 포용을 가르쳐야 하며, 이러한 구분과 차별이 때로는 직접적으로 때로는 간접적으로 보이지 않게 우리 사회를 구분하고 재단하는 위험요소가 될 수 있음을 명심해야 한다. 특히, 교육에서 포용을 가르치는 데서 끝나지 말고, 학교와 교사를 비롯하여 사회 전체가 어떤 역할을 하고 있는지 깊이 돌아봐야 한다. 바로 이 부분에서 교사는 매우 중요한 역할을 할 수 있기 때문에, 교사 스스로 실천중심 교육을 구현하는 사람이 되어야 함을 잊지 말아야 한다.

V. 결어

지금까지 노자 『도덕경』의 '명(明)'을 재해석하는 과정을 통해, 그 속에 담겨 있는 교육에 대한 실천적 함의를 짚어보았다. 아울러 한국교육이 기반하고 있는 서구적 지식관은 이성을 중심으로 형성된 것으로, 분별지를 바탕으로 했기 때문에 실천이 배제된 채 판단하고 구별 짓는 일에 치중해왔음을 지적하였다. 그러나 이러한 서구적 지식관은 많은 문제와 모순을 드러내게 되었고, 급기야 서구에서도 분별지만으로는 온전한 앎이 불가능하다는 인식이 생기면서 인격적 지식을 강조하는 등의 변화가 생겨나고 있다. 그런데 이런 문제의식은 이미 수천 년 전 인물인 노자에게서도 발견된다. 노자는 분별지가 사람을 기만할 뿐 진정한 앎이 아니라고 보았다. 노자는 '도(道)'를 직관하는 진지(眞知), 곧 '명(明)'을 통해서만 진정한 앎이 가능하다고 보았다.

'명'은 크게 '인식'과 '체득', 그리고 '행위'의 세 측면으로 나누어진다. 첫째로 '명'은 '도'를 직관하는 최고의 인식 단계를 의미한다. 이는 드러나는 세계에 대한 제한적인 앎을 의미하는 분별지 또는 '상대지'와는 다른 것으로, 보이는 세계[有]와 보이지 않는 세계[無]를 통찰하여 파악할 수 있는 진정한 앎이다. 그러나 '명'의 의미는 여기에 그치지 않는다. '도'가 현실에서 드러나는 것은 '덕'이기에 '도'와 '덕'은 결국 다른 것이 아니다. '도'를 직관하여 파악하는 '명'은 비움의 체득을 통해 덕으로 드러나게 된다. 특히, 진정한 앎은 이러한 체득을 통해 비움을 온전히 구축한 '성인(聖人)'에게서 드러난다. 성인은 덜어내고 또 덜어내는 과정을 통해, 인위적으로 시행함이 없는 '무위'에 도달하게 된다. 이를 통해 '명'의 마지막 측면인 '무위'가 가능하게 된다. '무위'는 결코 아무 것도 하지 않는 것이 아니고, 마음을 비워서 하는 것이기에 어떤 인위적인 것도 그 안에는 존재하지 않는다. 결과적으로 '명'의 이러한 속성들은 교육에서 실천적 측면의 중요성을 재인식하도록 만들어준다.

따라서 '명'은 교육에 대해 다음과 같은 함축적 의미를 갖는다. 첫째, '도'를 인식하는 직관은 우리에게 드러나는 분별지의 세계를 초월하여 보이지 않는 세계까지 아우르는 노력이 필요하다는 것을 말해준다. 둘째, 비움의 덕이 알려주는 두 가지 특징인 '마음 비움'과 '질박함'을 구현해야 한다. 이는 덕이 지니고 있는 특성상 교육에서도 실천이 중요하다는 사실을 일러준다. 마지막으로 '무위'는 우리가 욕망을 경계하며 교만해지지 않음으로써 다른 이들을 포용하는 것이 중요하다는 사실을 일깨워준다. 실천으로 이어지지 않는 지식은 지식을 위한 지식에 불과하고 위선일 수밖에 없기 때문이다.

분별지가 앎과 실천을 분리하는 것과 달리, 노자의 '명'은 양자를 분리하지 않고 통합하고 있다는 점에서 우리의 교육에 새로운 방향성을 제시해주는 의의를 지니고 있다. 현재 한국의 교육에서는 여러 가지 이유로 인해 앎과 실천이 분리되어 있을 뿐만 아니라, 국가적 발전과 번영에 큰 의미를 부여한 탓에 빠른 지식습득만을 강조하는 세태가 만연해 있다. 결과적으로 사회는 화려한 옷을 입고 그 위상을 뽐내고 있어도, 각 개인의 일상에서는 타인에 대한 배척과 외면이 일어나고 자기 이익만을 앞세우는 일이 빈번하게 발생한다. 이제 그 한계를 인식하고 지식에 대한 무한신뢰에서 탈피하여 지식중심 교육이 낳은 문제점들을 조금씩 개선해나가는 흐름이 나타나고 있음은 반가운 일이다. 물론, '명'이 구체적이고 실천적 행동양식을 제공하기보다는 이상적 지향점을 제시해준다는 면에서 그 실행가능성에 의문이 제기될 수도 있다. 하지만, 비움의 과정과 이를 바탕으로 이루어지는 무위의 자세는 개선과 변화의 흐름에 촉진제 역할을 할 수 있고, 그 안에서 변화 또한 자연스럽게 생겨날 수 있다.

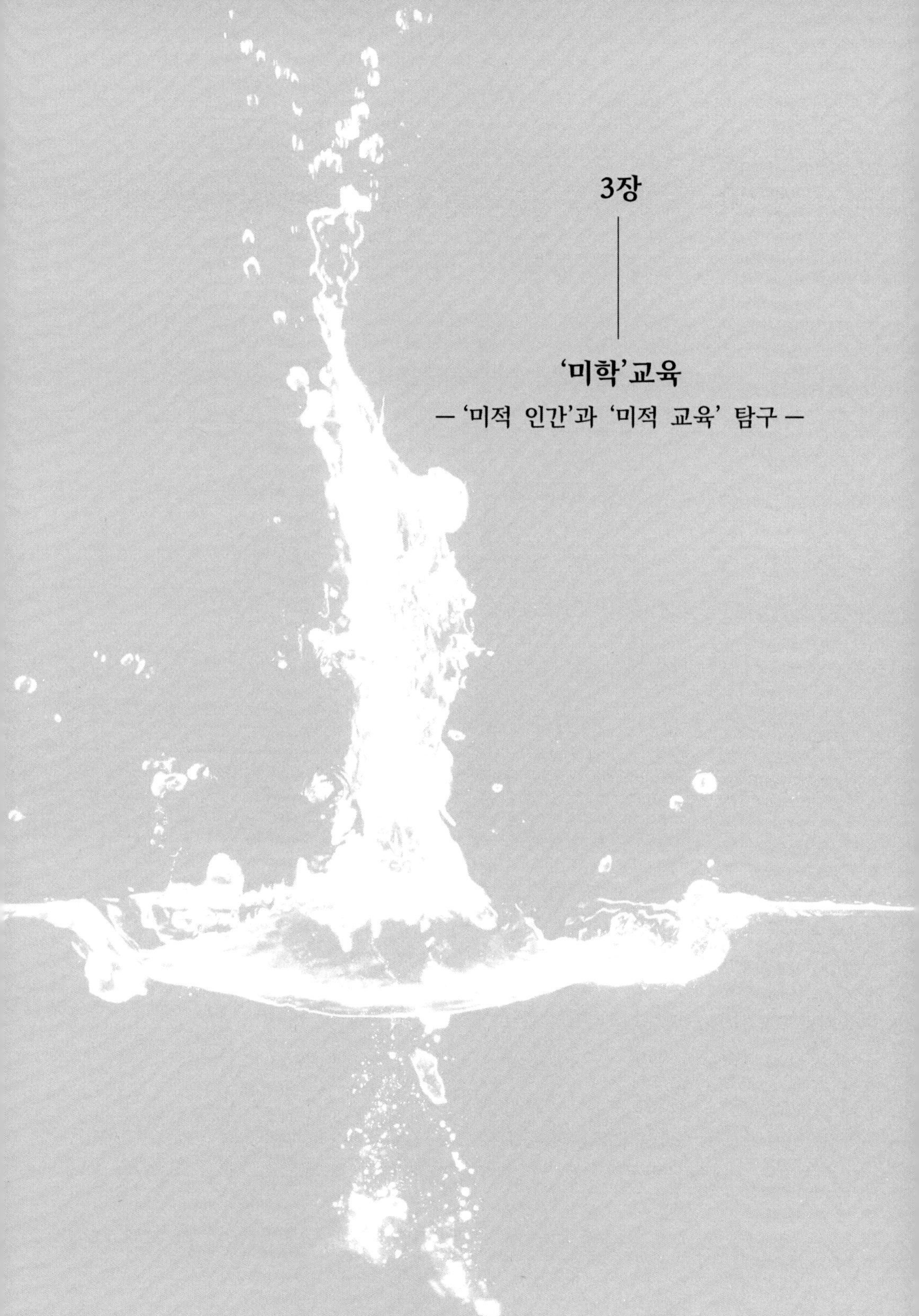

3장

'미학'교육

— '미적 인간'과 '미적 교육' 탐구 —

I. 서언

현대사회는 새로운 정보와 지식이 날마다 넘쳐나고 과거에 경험하지 못한 문명이 창출된다. 사람들은 자신의 지능(知能)을 기계(機械)와 다퉈야 하는 시대에 살고 있다. 그것도 인공지능(人工知能, AI)이라는 첨단문명과 마주하며, 한편으로는 편리하면서도 다른 한편으로 힘겹게 느끼며 삶을 이어가기도 한다. 급변하는 현실을 쫓아가지 못할까 두려운 마음으로 심적 안정과 탈출구를 요청하기도 한다. 이러한 현상들은 근대화 이후 서구문명이 가져다준 풍족하면서도 공허한 현대적 삶의 불편한 이면이다. 인위적 문명세계에 경종을 울린 오래된 사유가 있다. 그것도 동서고금을 막론하고 아주 큰 울림으로 소리를 높이고 있는 경전으로 노자의 『도덕경』이 자리한다.

교육적으로 볼 때, 물질기계 문명은 지식의 축적과 취업을 위한 기능교육, 즉 현대의 인위적 교육이 만들어낸 결과이기도 하다. 그런 기술적·물질적 측면에 치우친 교육에 대해, 노자 『도덕경』을 텍스트로 문제를 제기한 연구는 이미 20세기 중반에 이루어졌다. 김재만(1966)의 「노자 도덕의 교육개념」이 그것이다. 이후, 노자 『도덕경』은 무위자연(無爲自然)의 교육 측면에서 간간이 다루어졌다. 특히, 송도선(2013)은 채움의 전문성에 문제를 제기하고, 도의 '무규정성'에서 교육의 '가능태'를 제시하여, 노자의 교육관을 아동의 '잠재가능성'의 의미로 해석하기도 하였다.

교육은 삶의 질을 향상하는 데 불가피한 제도적 장치다. 하지만 지식의 축적과 이성적 사유의 발달 이면에는 감성(感性)의 결여에서 비롯되는 심리적 불안이 잠재한다. 이 지점에서 감성의 문제가 신중하게 대두하며, 감성과 이성의 조화가 요청된다. 이성과 감성이 조화를 이룬 인간은 어쩌면 이상적 인간이다. 이상적 인간상은 다름 아닌 '미적 조화'를 이룬 '미적 인간'이다. 때문에 이상적 인간상을 미학적 용어로는 '미적 인간(美的 人間)'이라 한다.

현재 한국의 학계에서 미적 인간에 관한 연구는 독일의 미학사상가인 실러(Schiller, Friedrich, 1759－1805)를 중심으로 연구되고 있다. 실러의 교육미학과 관련한 연구는 20세기 후반 장상용(1981)의 박사논문인 「Schiller 사상의 기본구조 : Stuttgart 시대의 작품을 중심으로」를 비롯하여 김광명(1986)의 「Schiller미학에 있어서 "인간학적 평가"의 의미」, 장상용(1994)의 「실러의 '유희충동'」 등이 있다. 21세기에 들어서서는 이홍우(2000)의 「예술과 교육」, 신춘호(2007)의 「칸트－실러 논쟁에 관한 한 해석」, 장주희(2007)의 「교육의 형이상학적 차원과 예술적 차원」, 최준호(2007)의 「미학적 인간과 조화로운 삶」, 임태평(2010)의 「실러의 미학과 인간성의 미적인 교육」, 곽진숙(2011)의 「Schiller의 『미적 교육』에 관한 선행연구의 한계와 새로운 접근」, 김상섭(2011)의 「실러의 미적 경험의 도덕교육적 함의」, 김주휘(2018)의 「실러의 칸트 수용과 '아름다운 영혼' 그리고 샤프츠베리」와 「실러에게서 자유의 이념과 미」 등이 있는데, 교육학계에서의 '미적 교육' 도는 '미학 교육'에 관한 연구는 상대적으로 활발하지 않은 실정이다.

'미적 인간'이라는 개념은 칸트의 미학을 계승한 실러에 의해 제기된 것으로, '미적 교육' 또는 '교육미학'에서 교육목표로 설정한 이상적 인간상이다. 미적 인간은 고대 그리스에서 귀족자제를 조화적 인간상, 즉 미적 인간으로 교육시키기 위해 제기된 칼로카가티아(καλοκαγαθίᾱ)의 이념에서 비롯되었다(竹內敏雄/안영길 외 옮김, 2003: 639－640). 동양에서 미적 인간을 구체적으로 구명하는 경전을 쉽게 발견하기는 힘들지만, 예술의 경우, 도가(道家) 계열 사유에서 도출되는 경우가 많다. 특히 노자와 장자의 사유에서 이상적 인간은 성인(聖人)이나 진인(眞人)과 같은 형태로 언급되기도 한다.

이런 점을 염두에 두고, 본고는 미적 인간과 그에 따른 미적 교육을 노자의 사유에서 탐색하려는 시도이다. 기존의 여러 연구에서 노자의 도(道)와 무위자연(無爲自然)은 노자 사상의 핵심이론으로 지목된다. 그러나 미학이나 교육의 영역에서, 특히, 미적 교육이나 교육미학의 관점에서 노자를 연구한 논문은 매우 드물다. 김동구(2005)는 『교육미학 연구』에서 노자의 교육미학을 '가치관', '이상적 인간상', '교육'의 세 측면에서 조명하였다. 그러나 엄밀히 말하면 이 연구는 미학적 측면에서 검토하였다기보다 서양교육의 관점에서 노자의 교육관을 모색한 것이다. 이상적 인간상을 고찰하였기 때문에, 교육미학이라는 제목을 붙였을 뿐이다. 노자의 미학과 관련한 국내논문으로는 박소정(2006)의 「노자 철학의 음(音)·성(聲) 개념 연구」, 정석도(2014)의 「노자 미학의 사유형식과 은유, 은폐의 논리」, 장민(2017)의 「노자 자연 관념의 미학적 의미」 등이 있다. 음악 분야에서는 주로 『도덕경』에서 언급된 '대음희성(大音希聲)', '음성상화(音聲相和)' 개념을 중심으로 연구되고 있다. 중국의 경우, 해마다 여러 편의 노자 미학 관련 논문이 발표되고 있지만, 노자의 교육관을 미학적 측면에서 다룬 연구는 매우 적다.

본고는 기존 연구에서 제시한 노자의 이상적 인간상을 미적 측면에서 재검토하려고 한다. 이를 위해 노자의 사유에서 무위자연(無爲自然)의 도(道)가 어떻게 규명되었는지를 살펴보고, 그에 따른 미적 인간과 미적 교육의 특성을 고찰할 것이다. 첫 번째 부분에서는 도의 개념을 살펴봄으로써 무위자연의 원리에 대한 이해를 도모한다. 다음으로는 노자가 제시한 이상적 인간상으로서 세 가지 성품, 즉 '소박한 통나무', '부드러운 물', '아기와 같은 순수한 성품'을 가진 미적 인간의 교육적·미적 특징을 고찰함으로써, 노자의 미적 교육 또는 교육미학에 대해 조명한다. 세 번째는 무위자연의 원리와 미적 인간에서 비롯된 교육의 원리를 살펴본다. 교육의 원리는 무위자연의 도와 세 가지 성품의 이상적 인간형을 근거로 하는, 자연스럽게 성장하는 소극적 교육, 언어적 한계를 넘어선 말없는 교육, 관조를 통한 개성에 대한 자각과 인격실현의 교육에 대해 고찰한다.

II. 무위자연의 미적(美的) 특성

노자가 『도덕경』에서 제기한 '도(道)'는 '무위자연(無爲自然)'의 원리에 근거한다. 무위자연(無爲自然)의 '무위(無爲)'는 『도덕경』 37장에 "도는 항상 아무것도 하는 일이 없지만, 하지 않는 일이 없다."[1]라는 구절에 보인다. 왕필에 의하면, 무위는 "저절로 그렇게 됨을 따르는 일이다."[2]라고 하였다. '무위(無爲)'의 개념은 유가(儒家)에서 말하는 경세치용(經世致用)의 실천적 사유, 또는 효율을 따지는 현대인의 사유로는 이해하기 힘들다. 왜냐하면 지식에 근거하여 세상을 이롭게 하는 인간의 실천적 행위는 '유위(有爲)'이고, 노자의 '무위(無爲)'는 '유위'에 반대되는 입장이기 때문이다. '무위'는 문자 그대로 이해하면, 막연하게 아무것도 하지 말아야 하는, 자연 그대로의 무엇인가를 상정하고 있는 것처럼 보인다. 따라서 노자 『도덕경』은 기존의 전통적인 유가의 사유나 현실적 사유를 벗어나 노자 자신이 설정한 논리를 따라 고찰해야만 설명이 가능하다.

물론, 무위자연에서 '자연'은 도의 속성으로, 개개의 사물이 자신의 본성을 이루도록 한다는 의미에서, 도의 작용을 '무위'로 규정한다고 해석할 수 있다(원영호, 2007: 230). 그러나 노자가 말하는 논리적 틀을 이해하기 위해서는 도에 대한 여러 설명을 살펴볼 필요가 있다. 『도덕경』에서 노자는 자연생성의 원리 측면에서, 그 존재를 부각시키기 위해 '도(道)'를 다양한 이름으로 명명(命名)하고 있다. 즉 도의 이름을 '①도(道) · 대(大)', '②무(無) · 유(有) · 현(玄)', '③이(夷) · 희(希) · 미(微) · 일(一)'이라고 하였다. 노자는 도라는 이름을 먼저 설정하고, 세 가지 측면에서 다양한 이름을 붙임으로써 도의 특징을 설명하였다. ①의 경우, 만물이 생겨나기 이전의 도는 천지보다 먼저 태어났기에 '도'라고 하였는데, 도는 추상적이어서 알 수 없으므로 '위대한 무엇[大]'이라고 하였다.[3] ②의 경우, 자연생성의 원리 측면에서, 도는 만물을 낳는 어미이기에 만물이 생겨나면 오관으로 인지하지 못하던 도를 오관으로 인지할 수 있으므로 '있는 무엇[有]'이라고 하였다. 만물이 생겨나기 이전에 천지가 가장 먼저 생겨났기 때문에, 만물이 생겨나기 이전, 즉 천지의 시작으로서 도를 '없는 무엇[無]'이라고 하였다. 그런데 '있는 무엇'과 '없는 무엇'은 모두 도의 차원에서는 '같은 무엇'이다. 결국 이름을 달리하였으므로 '있는 무엇'과

1) 37: 道常無爲而無不爲.
2) 37: 王弼注: 順自然也.
3) 25: 有物混成, 先天地生, 寂兮寥兮, 獨立不改, 周行而不殆, 可以爲天下母. 吾不知其名, 字之日道, 强爲之名日大.

'없는 무엇'이 공통으로 가지는 도의 성격을 '현묘한 무엇[玄]'이라고 하였다.[4] 이같이 도는 '위대한 무엇', '없는 무엇' '있는 무엇' '현묘한 무엇'인데, 그 공식적인 이름은 '도'이다. 도에서 만물이 생겨났으나 '있는 무엇'으로 도의 다양한 측면을 설명할 수는 없었다. 그러므로 ③의 경우, '도는 눈으로 보이지 않는다.'라고 하여, '보이지 않는 무엇[夷]', 귀로 들을 수 없다고 하여 '들리지 않는 무엇[希]', 손에 잡히지 않는다고 하여 '미세한 무엇[微]'이라고 했다. 이 세 가지는 인지적 측면에서는 다르지만, 도의 차원에서는 모두 같다. 때문에 '통합된 무엇으로서의 하나[一]'라고 했다.[5] 특히, '이(夷)'의 경우, 하상공은 색이 없는 것을 '이(夷)'라 하였고, 고형은 '이'는 무형(無形)의 형용사라고 하였다(高亨, 2004: 279).

노자는 도의 작용에 대해, 만물을 생성하는 위대함의 속성이라 규정했다. 있는 듯 없는 듯한 현묘함, 눈이나 귀나 손으로 인지 불가능한 '통합된 무엇으로서의 하나'로 규명한 것이다. 그러기에 "도는 항상 아무것도 하는 일이 없지만, 하지 않는 일이 없다. 제후가 그것을 지킬 수 있다면, 만물이 저절로 감화될 것이다."[6] 결국, 여기서 노자가 제기한 명제는 "도는 항상 아무것도 하는 일이 없지만, 하지 않는 일이 없다"는 사실이다. 도는 인간의 인지능력으로 인식이 불가능하여 '무위'인 것 같지만, '작용이 없는 것은 아닌' 자연생성의 원리이다. 그것을 형용하여 말하기 어려우므로 다양한 명칭으로 표현했을 뿐이다.

저연생성의 원리는 『도덕경』 42장에서 구체적으로 등장한다. "도에서 하나가 나오고, 하나에서 둘이 나오고, 둘에서 셋이 나오고, 셋에서 만물이 나온다."[7]라고 하였는데, 여기서 말하는 '만물'은 자연의 사물로서 만물이 아니라 자연생성의 원리인 도를 설명하는 언표이다. 42장에서 사물은 무(無)에 대해 설명하려고 하면 할수록 유로 변화된 무가 무수히 나오게 되는 의미에서의 만물이다(김학목, 2002: 183). 자연생성의 원리 가운데, 도에 가장 근접한 명칭

4) 1: 無, 名天地之始, 有, 名萬物之母. 故常無欲, 以觀其妙, 常有欲, 以觀其徼. 此兩者, 同出而異名, 同謂之玄.
5) 14: 視之不見, 名曰夷, 聽之不聞, 名曰希, 搏之不得, 名曰微. 此三者, 不可致詰, 故混而爲一.
6) 37: 道常無爲而無不爲, 侯王若能守之, 萬物將自化.
7) 42: 道生一, 一生二, 二生三, 三生萬物.

은 '하나[一]'다. 만물은 '통합된 무엇으로서의 하나[一]'를 얻으면서 탄생한다.

> 하늘은 하나를 얻어 맑은 하늘이 되었다. 땅은 하나를 얻어 편안한 안식처가 되었다. 신령은 하나를 얻어 영험해졌다. 골짜기는 하나를 얻어 빈 골짜기를 생물로 가득 채울 수 있었다. 만물은 하나를 얻어 태어난다.[8]

모든 사물은 '통합된 무엇으로서의 하나[一]'를 얻어야만 그 개체성이 확보된다. 노자는 '도'의 작용을 다양한 명칭으로 규명함으로써 우주와 사물 생성의 원리를 설명하고, 이로써 인간의 삶을 미적으로 해석하려고 하였다.

Ⅲ. 미적 인간(美的 人間)에 대한 은유

그렇다면, 무위자연의 원리에서 비롯된 이상적 인간은 과연 '미적 인간'이라 할 수 있는가? 미적 인간이라는 개념은 실러가 확립한 '미적 교육'이 제시하는 이상적 인간상에서 찾아볼 수 있다. 미적 인간은 주로 인간의 미적 능력의 함양, 즉 이성과 감성 능력의 조화를 통해 미적 덕성을 완성한 인간이다. 넓은 의미로는 도덕교육에서 지향하는 이상적 인간상을 말한다. 실러는 도덕적 인격을 실현한 인간을 '아름다운 영혼'이라 하였다. 실러의 이론체계에서 이러한 이상적 인간은 이성과 감성, 의무와 경향성(Neigung)이 조화를 이루는 경지에 이른 인격완성으로 설명된다(竹內敏雄/안영길 외 옮김, 2003: 639－641).

미적 인간과 유사한 개념으로는 유가에서 공자가 인(仁)을 실현한 존재로 제시한 '군자(君子)'를 들 수 있다. 그러나 노자가 제기하는 미적 인간은 이와 상당히 다르다. 군자는 인위적으로 도덕을 체득하여 갖추고, 일상에서 그것을 구현하는 도덕군자(道德君子)이다. 이런 군자는 자연스럽게 탄생하기보다는 인위적으로 길러진다. 노자가 제기한 미적 인간은 이런 군자가 아니라 무위자연의 원리에 근거하는 인간이다. 통나무와 같이 자연 그대로의 소박함

---

8) 39: 昔之得一者, 天得一以淸, 地得一以寧, 神得一以靈, 谷得一以盈, 萬物得一以生.

을 지니고, 물과 같이 부드러우며, 아기같이 천진난만한 존재다.

1. 소박한 인간 : 통나무의 은유

노자는 “덕성이 항상 넉넉해지려면 통나무의 본성으로 돌아가야 한다.”[9] 라고 말한다. 그것이 노자에게서는 아름다운 사람, 미적 인간이다. 자연 미인이라고 해도 상통할 것이다. 노자는 말한다.

> 내가 무위하니 백성이 저절로 교화된다. 내가 조용히 무언을 좋아하니 백성들이 저절로 바르게 된다. 내가 일을 만들지 않으니 백성들이 저절로 부유해진다. 내가 욕심냄이 없으니 백성들이 저절로 소박해졌다.[10]

노자는 무위자연의 원리가 백성을 다스리는 정치에 적용되었을 때, 그 결과 백성들이 순박한 인성을 회복하였다고 보았다. ‘통나무의 본성으로 돌아가라!’는 외침은 곧 소박한 본성을 그대로 유지하고 있는 통나무의 모습을 보고 배우라는 말과 같다. 노자는 “통나무의 본성이 흩어지면 그릇이 된다.”[11] 라고 말한다. 그릇을 만드는 행위는 통나무가 본래 지니고 있는 소박한 성품을 없애는 행위라는 뜻이다.

당시의 사람들은 다양한 재료를 가지고 그릇을 만들었다. 『논어』에서는 자공이 ‘절차탁마(切磋琢磨)’[12]라는 『시경』의 구절을 인용하여 인격을 함양하는 방법에 대해 설명했다. 『논어』에서 강조하는 인격함양의 의도는 간단하다. 인간은 사회에 유용하고 훌륭한 그릇이 되기 위해 지식을 배우고, 배운 내용을 구체적으로 실천함으로써 자아를 실현한다! 공자는 이런 취지에서 자공을 높이 칭찬했다. 하지만 노자는 다르게 반응한다. 인위적 ‘절차탁마’가 인격함양의 올바른 방법은 아니라고 생각했다. 노자가 제시한 인간은 장인(匠人) 정

---

9) 28: 常德乃足, 復歸於樸.

10) 57: 聖人云, 我無爲而民自化, 我好靜而民自正, 我無事而民自富, 我無欲而民自樸.

11) 28: 常德乃足, 復歸於樸, 樸散則爲器.

12) 『論語』「學而」: 子貢日, 貧而無諂, 富而無驕, 何如. 子日, 可也. 未若貧而樂, 富而好禮者也. 子貢日, 詩云, 如切如磋, 如琢如磨, 其斯之謂與. 子日, 賜也, 始可與言詩已矣. 告諸往而知來者.

신으로 '자르고[切]' '갈고[磋]' '쪼고[琢]' '문지르는[磨]', 정교하게 다듬어 만들어지는 그릇과 같은 존재가 아니다. 전혀 가공되지 않은, 자연 그대로의 통나무와 같은 소박한 성품의 소유자다.

노자는 '통나무의 본성으로 돌아가기' 위한 수련 방법으로 '무위(無爲)', '무언(無言)', '무사(無事)', '무욕(無欲)'을 제안한다. 이 방법은 통나무로 그릇을 만들기 위해 자르고 갈고 쪼고 문지르지 않음으로써, 통나무의 본성을 그대로 유지하는 작업이다. 교육적 차원으로 볼 때, 가르치는 자는 인위적 행위인 특정한 일이나 언어, 욕망 등을 개입하지 않거나 최소화하고, 배우는 자는 주체로서의 의도를 충분히 존중받고 자신의 의지대로 성장하는 교육방식이다.

배우는 자로서 주체는 자신의 자연스런 의지에 따라 본래의 모습대로 성장하기 위해, 외부의 요인에 이끌리지 말아야 한다. 그런 환경의 조성은 『장자』가 언급한 내용을 참고할 만하다. 장자는 말한다. "물오리 다리가 짧다고 그것을 (길게) 이어 주면 괴로워하고, 두루미의 다리가 길다고 그것을 (짧게) 잘라 주면 슬퍼한다!"[13] 이 언표에서 확인할 수 있듯이, 모든 사람이 각자 자신의 본모습을 인식하고, 그 모습이 존중받는 사회적 분위기가 요청된다. 획일적인 모범생을 내세워 개인의 개성이 폄하되지 않고, 그 자체로 아름답게 여기는 인식의 전환이 절실히 필요한 것이다. 노자가 말하는 '통나무의 은유'는 바로 이러한 이치를 설명하고 있다.

노자는 당시의 사람들이 인의(仁義)를 배우면서 문제가 생겼다고 인식한다. '착하게 살아야 한다!', '효자가 되어야 한다!'는 등 인간사회가 인위적으로 설정한 통념에 사로잡혀, 자신의 본모습에서 마땅히 고양되어야 할 정신을 제대로 자각하지 못했다. 인간은 그런 교육을 받기 이전에, 이미 착하게 살고 효도와 사랑을 할 줄 알았다! 이런 자연성은 인간에 본래 내재되어 있다! 노자의 호소는 이에 다름 아니다. 이러한 관점은 『도덕경』 19장에도 보인다.

> '성인의 지혜를 끊으면' 백성의 이익이 백배가 된다. '기존의 행위규범인 인의를 버리면' 백성은 효와 사랑을 회복한다. '일에서 요령부리기를 끊으면' 도적이 없어지게 된다. 그러나 성인을 끊고 인의를 버리며 일을 끊

13) 『莊子』「駢拇」: 鳧脛雖短, 續之則憂; 鶴脛雖長, 斷之則悲.

> 는 이 세 가지는 글로 설명하기 어렵다. 그러므로 백성의 이익이 백배이고, 백성은 효와 사랑을 회복하며, 도적이 없어지게 된다는 말을 이어서 적음으로써, 소박한 성품을 드러내고 통나무와 같은 성품을 포용하도록 하여 사사로운 욕심이 적어지고 욕망이 줄어들기를 바란다.[14]

다시 말하면, 노자의 강조는 '백성의 이익을 위해 성인의 지혜를 배우지 말라!' '효와 사랑을 회복하기 위해 인의를 가르치지 말라!' '도적이 없어지기를 바란다면, 요령을 부리거나 이익을 따르지 말라!'에 집중되어 있다. 유가의 입장에서 보면, 성인의 지혜나 인의의 실천 등 인간사회에 이로운 일을 적극적으로 도모하고 실천하는 것이 정상이다. 이런 점에서 노자는 단호하다. 기존의 질서를 해체하거나 파괴하는 것 같은 인상을 지울 수 없다. 그러나 이 세 가지 소극적인 교육의 방법은 소박한 성품을 드러내고 통나무와 같은 원초적 본래성을 포용할 수 있게 하는 아량을 키워준다. 그렇게 되었을 때, 사사로운 욕심이 줄어들고 욕망이 적어진다.

노자는 이 소박한 성품을 '도(道)의 현시(顯示)', 즉 '이름 없는 통나무'라고 한다. 통나무와 같은 성품은 모든 욕망의 근원인 만물을 잠재울 수 있고, 세상이 저절로 안정될 수 있도록 기여한다.[15] 하지만 인간의 삶은 이와 반대의 길로 나아간다. 그것이 세상을 망치는 주범이다. 사람들은 항상 잘 꾸며서 만든 정교한 그릇을 좋아하고, 귀한 물건에 욕심내면서 통나무와 같은 자연스런 특성을 보잘 것 없는 존재로 여긴다. 그런 삶의 자세는 욕망과 경쟁의 신화가 되어 인간의 삶을 피폐하게 만들 수 있다! 그러기에 노자는 이름 없는 통나무, "도는 항상 이름이 없는 특징을 가지므로, 통나무가 아무리 작다고 하더라도 세상에서 아무도 그것을 신하로 삼을 수 없다!"[16]라고 말한다. '신하로 삼을 수 없다'는 말은 통나무의 소박함이 가지는 위상을 높이 평가한 것이다.

---

14) 19: 絕聖棄智, 民利百倍, 絕仁棄義, 民復孝慈, 絕巧棄利, 盜賊無有. 此三者以爲文不足, 故令有所屬, 見素抱樸, 少私寡欲.

15) 37: 道常無爲而無不爲, 侯王若能守之, 萬物將自化. 化而欲作, 吾將鎭之以無名之樸. 無名之樸, 夫亦將無欲. 不欲以靜, 天下將自定.

16) 32: 道常無名, 樸, 雖小, 天下莫能臣也.

이 소박함을 노자는 "빛나되 눈부시지 않다."[17]라는 언표로 은은함을 드러낸다. 통나무에 내재한 소박함의 미적 속성, 달리 말하면, 통나무의 미학을 담아낸 것이다. 사실, 통나무 자체가 아름다운 것은 아니다. 통나무 같은 성품이 인간의 품성으로 체화되었을 때, 아름답게 보인다. 실러는 빛나되 눈부시지 않는 소박한 미의 특징을 한마디로 정돈한다. '그것이 아름다운지를 알아차리지 못할 정도로 자연스럽게 느껴지기 때문이다!' "그렇게 소박한 미는 필연성에서 발생하며, 자연스럽게 이끌어낸 것이라면 그것은 아름답다."(Schiller, Friedrich, 장상용 옮김, 1999: 51). 이러한 소박미는 인위적인 것이 아니라 자연스럽게 타고난 천성과 같을 때의 미적 특성이다.

2. 부드러운 인간 : 물의 은유

거울같이 맑고 고요한 수면을 바라보면, 어떤가? 마음은 고요해지면서 잡념이 일지 않는다. 마음을 비울 수 있다. 이른바 '내 마음은 호수다!' 아무런 잡념도 일어나지 않는 비워진 마음은 '무위(無爲)'의 상태에 비유할 수 있다. 옛날 성현들은 물에 대해 매우 많은 관심을 가졌다. 그들은 항상 물을 바라보면서, 은유를 통해 무궁무진하게 변화하는 인간 삶의 이치를 이해하려고 했다. 『논어』에서는 "지혜로운 자는 물을 좋아한다."[18]라고 하였고, 『순자』에서는 '사물을 살아가게 하는 물의 성품은 덕 있는 사람, 어김없이 낮은 곳으로만 흘러가는 물의 모습은 의로운 사람, 강물의 무궁한 효용은 도를 터득한 사람에 비유'하였다.[19]

노자는 물을 '최고의 선(善)'으로 평가한다. 물의 성품은 오른쪽으로 터주면 오른쪽으로 흐르고 왼쪽으로 터주면 왼쪽으로 흘러 다투지 않으며, 만물에 이로움을 줄 뿐이다. 인간이 높은 권력을 좋아하는 것과 반대로 물은 인간이 싫어하는 낮은 곳으로 내려가는 성품을 가졌다. 그러므로 물은 도에 가깝다.[20] 노자

17) 58: 聖人方而不割, 廉而不劌, 直而不肆, 光而不燿.

18) 『論語』「雍也」: 子日, 知者樂水.

19) 『荀子』「宥坐」: 孔子日, 夫水, 大徧與諸生而無爲也, 似德. 其流也埤下, 裾拘必循其理, 似義. 其洸洸乎不淈盡, 似道.

20) 8: 上善若水. 水善利萬物而不爭, 處衆人之所惡, 故幾於道.

는 『도덕경』 8장에서 물의 은유를 통해 이상적인 인격이 갖추어야할 일곱 가지 성품을 소개했다. 여기에서 미적 인간의 특징을 도출하면 아래 <표>와 같다.

▌표 물에 비유한 미적 인간의 특징

함축 내용	미적 특징
① 낮은 곳에 머무르고[居善地]	겸손한 인간
② 깊은 연못처럼 고요하며[心善淵]	포용과 관용을 베푸는 인간
③ 성품이 어질며[與善仁]	사사로운 욕심이 없는 헌신적 인간
④ 말에는 신의가 있으며[言善信]	신용과 신뢰를 갖춘 인간
⑤ 잘 다스리며[正善治]	타인을 배려하고 협조하는 인간
⑥ 일에 능수능란하며[事善能]	다양한 재능을 지닌 성실한 인간
⑦ 시기를 잘 잡는다[動善時]	시대정신의 순리에 따르는 인간

<표>에서 보이는 미적 인간은 노자의 무위에 의거한 교육적 인간상과도 상통한다. 그 교육적 의미를 유추하면, 다음과 같이 정돈할 수 있겠다. ①의 경우, 항상 낮은 곳으로 흐르는 물의 성품에서 '겸손함'을 배울 수 있다. ②의 경우, 깊은 연못을 보고 많은 생물을 길러주고 포용하는 너그러운 마음을 배울 수 있다. ③의 경우, 모든 생물과 동물을 살려주는 생명력을 부여하며 사사로운 욕심이 없는 헌신 정신을 배울 수 있다. ④의 경우, 말에 신의가 있고 신뢰로 인간의 도리를 다하는 도덕을 배울 수 있다. '한 번 쏟은 물은 다시 그릇에 담을 수 없다.'는 속담도 이런 물의 성품에서 빌려온 지혜이다. ⑤의 경우, 물길을 잘 터주어 물이 순탄하게 흘러가듯이 인간을 이끌어 주는 정치의 양식을 배울 수 있다. ⑥의 경우, 사회생활에서 각자 맡은 역할을 잘 수행할 수 있는 자세를 배울 수 있다. 인간이 자신의 역할을 잘 해내기 위해서는 능력 향상이 필요하다. 물은 다양한 모습으로 변형이 가능하다. 네모난 그릇에 담으면 네모난 모양이 되고 둥근 그릇에 담으면 둥근 모양이 된다. 『논어』에서도 '군자는 그릇처럼 한 가지 모습에 국한되

지 않는다.'[21]라고 했다. 동일하지는 않지만, 이와 유사한 맥락에서 이해할 수 있다. 지혜로운 군자는 하나의 일정한 그릇에 국한되지 않고 모든 상황에 대처 가능한 다양한 재능을 갖춘 인격자로 이해된다. ⑦의 경우, 자연의 순리에 따르는 것이 중요함을 배울 수 있다. 그것은 봄이 오면 곡식을 심고 가을이면 거두어들이면서 계절에 순응하여 때를 놓치지 않는 작업과 상통한다. 학생은 학생으로서 해야 할 공부의 시기를 놓치지 않아야 하고, 장사를 하는 사람은 제때에 필요한 물건을 들여와 팔아야 하며, 외교 정치의 경우 시대정신에 알맞은 적절한 조치를 취해야 한다.

이외에도 물의 은유를 통한 미적 특징은, '부드러움', '맑고 투명함', '비춰주는 속성' 등을 들 수 있다. 물이 지닌 '부드러움'은 조화로운 인간관계를 만들어가는 온유한 성품에 비유할 수 있다. 물의 맑고 투명한 특성은 사사로운 욕심이 없는 맑은 영혼이나 선량한 심성으로 해석할 수 있다. 또한 모든 사물을 비춰주는 물의 속성은 타인의 아름다움을 드러내주고 받쳐주는 미덕으로 풀이할 수 있다. 이처럼 물은 그 속성만큼이나 헤아리기 힘들 정도로, 미적 특성을 드러내며, 부드러운 인간상을 유도한다.

3. 맑은 인간 : 아기의 은유

그러한 '부드러움'은 이제 인간의 세계에 구체적으로 이입된다. 노자는 말한다. "순수한 기운은 아주 부드럽다. 아기의 기운보다 부드러운 것이 있겠는가?"[22] 어른과 아기가 함께 있을 때, 아기가 부드럽다는 사실은 설명할 필요도 없다. 노자는 이 점에 주목했다. 세상사람 가운데 아기의 성품이 가장 부드럽다! 그 부드러움! 유연성은 앞에서 언급한 물의 속성이다. 그래서 물이 인간이 가야하는 도에 가깝고 바로 아기에게 그러한 성품이 있음을 강조했다.

순수한 기운 그대로, 아기는 가장 맑은 모습을 지닌 존재이다. 그것은 '순수 형상'의 상징이다. 이런 아기의 모습을 통해 미적 인간의 모습을 보여주려는 것이 노자의 의도다. 그의 교육적 가능성과 미학이 여기에 녹아 있다.

---

21) 『論語』「爲政」: 子曰, 君子不器.
22) 10: 專氣致柔, 能嬰兒乎.

다듬어져 정교한 그릇이 아닌 자연 그대로의 통나무, 뿐만 아니라 항상 부드럽게 자연에 순응하는 물, 그것은 아직 웃을 줄도 모르는 아기의 모습에 투영되어 있다.[23] 이런 인간의 원초적 미덕에서 노자는 무위자연의 도에 가까운 인격을 제안하였다. 그것이 노자가 생각하는 '선(善)'이자 '미(美)'이다.

『설문해자』에 의하면, '선(善)'과 '미(美)', 그리고 '의(義)'는 그 어원이 같다. 특히, '선'과 '미'는 통용되는 개념이다. 선이 내면으로 파고 든다면 미는 외면으로 표출된다. 그렇다 하더라도 부드러운 곡선이 강렬한 직선보다 더욱 아름답다고 말하기는 곤란하다. 노자는 아름다움의 기준을 형식적인 차원에서 찾지 않는다. 외적인 미에서 아름답고 추함의 차이를 강요하지 말라는 의미다. 노자가 생각하는 아름다움은 외적인 미(美)보다는 내적인 미인 선(善)에 무게중심이 있다. 때문에 노자는 남성과 여성이 구분된 '여인'의 부드러움을 지적하지 않고, 남녀 구분이 없는 '아기'의 부드러움을 지목한 것이다. 노자에게서 '아기의 부드러움'은 '미(美)의 속성'이라기보다 '도(道)의 속성'에 가깝다.

아기의 상태는 인류문명에 아직 오염되지 않은, 순수하면서도 생명력이 가장 강렬한 상태이며, 무위자연의 모습을 상징하는 성인의 인격체이기도 하다(신진식, 2011: 169). 어른들에게는 지식이나 인식체계, 그리고 행위규범까지도 모두 인위적인 것, 고질화된 부분이 많다. 하지만 아기는 태어나서 먹고 자고, 배고프거나 불편하면 울고, 기쁘면 웃고, 알아듣지도 못할 말을 옹알이하면서 논다. 그런 모습은 아무런 목적 없이 실천하는, 그런 행위 자체가 본질이자 목적이다. 그런 어린 아이의 행동이 무위자연의 도에 가깝다.

노자는 아기와 같이 되기 위한 교육적 사실을 다음과 같이 지시한다. "배움을 끊어라! 근심이 없어진다!"[24] 근심이 없는 상태는 마음을 비우는 작업으로 실현가능하다. 근심이 없는 텅 빈 마음! 이런 상태는 오히려 '감각(感覺)'을 일깨워준다. 이것이 노자가 노리며 지향하는 미학의 경지다. 기존의 지식은 고정관념이다. 그런 고리타분하고 딱딱한 관념을 버려라. 그래야만 감각을 살릴 수 있다.

---

23) 20: 如嬰兒之未孩.
24) 20장, "絕學無憂."

감각은 삶을 유연하게 유도하여 정상적인 역할을 할 수 있게 만드는 힘이다. 노자는 강변한다. 인간사회에서 굳어버린 감각을 회복하자! 자연을 있는 그대로 볼 수 있는 기능을 되찾아야 한다! 그것은 욕망의 시선에 의해, 한쪽으로 치우쳐 굳어버린 오관(五官)을 버릴 때 가능하다. 그 방법이 다름 아닌 '관조(觀照)'다. '관조하고 관조하라!'

노자의 외침은 이 지점에서 미의 절정을 보여준다. '관조의 미학'이랄까? 관조는 오관을 통한 피상적 인식이 아니다. 직관을 통해 본질을 관조하는 성찰이다. 가장 본질적이고 미적인 성품을 본받는 작업이다. '소박하고 부드럽고 맑은 인간!' 이 세 가지 비유처럼, 정신을 고상하게 고양시키는 일이 노자 미학에서 도출할 수 있는 미적 인간의 모습이다.

Ⅳ. 미적 교육의 원리

1. 자연스런 성장의 소극적 교육

노자 당시의 교육은, 이전 시대에 축적한 지식, 특히 '예악(禮樂)' 제도의 답습이 중요하게 여겨졌던 시기이다. 공자는 그것에 적극적으로 옹호하였다. 그러나 노자는 그와 다른 길을 재촉했다. '예악을 배워야 한다.'고 말하지 않았다. 뿐만 아니라 반대의 의견을 펼치는 듯하였다. 노자의 학설을 계승한 것으로 알려진 『장자』의 경우, 유가에서 중요하게 여겼던 인의(仁義)에 대해 상당히 경계하였다.[25] 앞에서도 강조했듯이, 노자는 '지혜를 버리고 배움을 끊으면 근심이 없어진다.'라고 했다. 이는 지식을 완전히 부정한 언표라기보다 더욱 초월적이고 지적인 접근을 가능케 하는 방법으로 제안한 것으로 보인다. 기존의 지식에 대한 부정은 기존의 한계를 뛰어넘기 위한 장치이다.

인의를 비롯한 예악도 마찬가지다. 얼핏 보면, 노자는 인의(仁義)의 덕목을 완전히 부정하는 것으로 느껴진다. 하지만 그는 여전히 인의를 인간의 덕목으로 보고 있다. 『도덕경』 18장에서 언급한 발언이 그것을 증명한다. "위대

25) 『莊子』「騈拇」: 多方乎仁義而用之者, 列於五藏哉. 而非道德之正也.

한 도가 없어지자 인의가 있게 되었다."[26] 이 말은 인의를 도에 버금가는 덕목으로 본 것이다. 그런 만큼 노자가 인의의 덕목을 완전히 부정하고, 인류문명을 반대하며 원시적인 삶을 추구한 것으로 보는 관점은 타당해 보이지 않는다. 노자의 유가 비판은 유가의 사덕(四德: 仁義禮智)이라는 인간의 자연적 본성 측면을 간과한 것에서 비롯되었다. 유가적 입장과 노자의 입장은 철학적 출발 자체가 다르고 지향하는 삶 또한 다르다. 때문에 양자를 동일한 기준에서 극단적으로 보면, 이와 같은 문제점이 발생한다(임헌규, 2002: 25).

노자가 지식과 인의에 대해 부정적 발언을 한 이유는 기존의 지식과 인간의 최고 덕목인 인의보다 상위의 덕목인 도(道)를 대안으로 제시하기 위한 것이다. 노자가 이러한 생각을 하게 된 것은 그가 살던 시대적 상황을 통해 이해할 수 있다. 노자는 당시에 문명이 가장 발달한 주(周)나라에서 살았다. 하지만 발달한 문명은 그에 비례할 정도로 행복한 삶을 가져다주지 못했다. 그는 오랫동안의 권력다툼으로 인한 내전과 혼란에 빠진 당시의 상황을 목도했다. 그것은 지성인으로서의 노자가 견딘 힘든 상황이었다. 그는 결국 주나라의 중심부를 멀리 떠나 함곡관(函谷關)으로 가서 은둔하게 된다(高亨, 2004: 239). 함곡관은 진(秦)나라 때 설치한 것으로 알려져 있으나 주나라 때 이미 설치되었다. 주나라 때는 대부 윤희(尹喜)와 관윤자(關尹子)가 수비대장으로 그곳을 지키고 있었다. 윤희가 노자를 이곳에 모셔와 『도덕경』을 지었다고 하여, 함곡관은 도가의 성지가 되었다. 함곡관은 동쪽으로는 효산(崤山)에서 서쪽으로 동진(潼津)에 이르기까지 지형이 가파르다. 때문에 천험(天险)이라 알려져 있다. 노자는 여기서 『도덕경』을 저술하며, 함곡관의 평화로운 삶에서 소국과민(小國寡民)[27]의 아이디어를 얻었으리라. 또 함곡관의 주산인 효산(崤山)의 깊은 골짜기가 어미의 품처럼 만물을 포용하는 모습에서 생명의 활력을 보았으리라.[28]

노자는 깊이 생각했다. 소국[함곡관]은 천자의 나라인 주나라와 비교해 볼 때, 확실하게 다르다! 권력다툼이 없다. 문명과 멀리 떨어져 있다. 이런 곳

---

26) 18: 大道廢有仁義.

27) 80: 小國寡民, 使有什伯之器而不用.

28) 6: 谷神不死, 是謂玄牝, 玄牝之門, 是謂天地根. 綿綿若存, 用之不勤.; 28: 知其榮, 守其辱, 爲天下谷. 爲天下谷, 常德乃足, 復歸於樸, 樸散則爲器.

이야말로 사람이 행복하게 잘 살 수 있는 이상세계다. 노자의 깨달았다. 함곡관의 편안한 골짜기가 자신이 그리던 이상향이었던 것이다. 이러한 노자의 깨달음은, 천자의 나라에서 지성인 행세를 하는 군자들, 성인의 가르침과 전통문화를 계승한 지식인 행세를 하는 인간들, 그들의 권력쟁탈로 인한 국가 파국의 모습을 보면서 생겨난 발상일지도 모른다. 노자는 당시 고대의 예의(禮儀) 지식의 집결지인 주나라에서 도서를 관장하는 일을 맡았다. 요즘으로 국립도서관장에 해당하는 직위다. 그런 만큼 노자는 당대 명망 있는 지식인임에 분명하다. 그런 노자가 함곡관의 자연 그대로의 모습으로 조용히 살면서 느낀 감정은 남달랐을 것이다. 함곡관의 삶을 통해 인간의 참된 가치를 깨닫고 새로운 교육을 구상했음에 분명하다. 다시 말해, 문명사회와 순박한 산골의 삶, 그 체험의 사이 세계가 그의 사유를 크게 바꿔놓았을 것으로 추정된다. 따라서 그는 기존의 지식체계를 벗어나, 자연에서 터득한 진리, 무위자연(無爲自然)의 이치로부터 '불언지교(不言之敎)'의 교육관을 제안하게 된 것이다.

2. 언어적 한계를 초월한 말없는 교육

노자가 말하는 "도는 항상 아무것도 하는 것이 없지만, 하지 않는 것이 없는"29) 무위자연의 원리다. 이를 인간에게 적용하면 최상의 행위가 된다(서경, 2013: 183). 무위자연의 원리는 가르침의 측면에서 교사의 소극적 교육[無爲], 즉 '말 없는 교육'으로 이해할 수 있다. 상대적으로 배움의 측면에서는 학생 스스로의 적극적 인격실현으로 비유할 수 있다. 예컨대, 원예사가 화초를 기를 때, 온실에서 인위적으로 기르는 방식이 아니라 야생에서 저절로 꽃피도록 하는 방식이다.

우리는 자연에서 놀라움을 느끼는 경우가 많다. 단단한 돌 틈 사이를 뚫고 자라는 소나무를 바라보라! 흙 한 줌 보이지 않는 바위틈에 늠름하게 서 있다! 이 설명하기 힘든 순수한 자연의 가치는 정말 위대하다. 그러나 또 다른 차원이 존재한다. 저 소나무가 자연스럽게 자라는 것이 아름답고 경이로운 상황을 연출할지라도 인간은 무위자연의 원리 자체만으로 교육을 구성하지

---

29) 37: 道常無爲而無不爲.

않는다. 왜냐하면 자연의 원리에만 내맡기는 모습은 아이를 가르치지 않고 방치하는 상황으로 오해받기 때문이다. 그런 만큼 교사의 의도와 목적에 의해 이뤄지는 범위에서 인위적 차원의 교육이 허용될 수 있다(서경, 2013: 98). 칸트가 「교육학강의」에서 "인간은 교육을 필요로 하는 유일한 피조물이다"라고 말한 것처럼, 현대인들은 정규교육을 받아야 사회생활이 가능하다고 여긴다. 뿐만 아니라 상당수의 교육은 국가수준의 교육과정을 운영할 정도로 인위적인 것이 현실이다. 이런 측면에서 노자의 순수한 무위자연의 교육방법을 받아들이는 것은 실제적으로 쉽지 않는 일이다.

앞에서 언급한 것처럼, 노자의 교육관은 '무위자연'의 측면에서 적극적인 인위교육이라기보다는 소극적인 자연교육의 형태를 띤다. 그것은 교사의 적극적 개입보다는 학생의 자발성을 우선한다. 학생 스스로가 자신의 품성을 가꾸고 구현하는 방식의, 새로운 차원의 적극적 교육이다. 저절로 성장하는 인격인 만큼, 인간의 본성에 대한 신뢰를 전제로 한다. 그러므로 저절로 자라도록 '길러주는[畜之]' 적극적 인격실현을 꿈꾼다.

그렇다면 노자가 줄기차게 강조하는 '저절로 자라거나 길러나가는 차원'을 교육으로 볼 수 있는가? 이에 대해서는 다양한 차원에서 논의가 필요하다. 자라거나 길러나가는 차원은 노자 『도덕경』 51장에서 일곱 가지 사물의 성장원리로 설명된다.[30] '휵(畜)'·'장(長)'·'육(育)'·'정(亭)'·'독(毒)'·'양(養)'·'복(覆)'으로 상징되는 사물의 성장원리에 관한 것이다. 『설문해자』를 비롯한 여러 사전을 참고해 볼 때, 휵(畜)은 기름진 검은 밭을 상징하므로 양육(養育)을 뜻하고, 장(長)은 시간적으로 오래되어 변한 것으로 성장(成長)을 의미한다. 육(育)은 자식을 착한 아이로 어루만지고 북돋아서 기르는 일로 교육(教育)의 의미에 가깝다. 정(亭)은 백성들이 편안히 머무는 곳이고, 독(毒)은 그 편안함이 무르익는 차원이다. 이에 하상공은 정(亭)을 성(成)으로 독(毒)을 숙(熟)으로 풀이했다.[31] 양(養)은 공양(供養)의 뜻으로 어루만져 기르는 일이고, 부(覆)는 덮어 주는 작업이다.

30) 51: 道生之, 德畜之, 物形之, 勢成之. 是以萬物莫不尊道而貴德. 道之尊, 德之貴, 夫莫之命而常自然. 故道生之, 德畜之, 長之育之, 亭之毒之, 養之覆之, 生而不有, 爲而不恃, 長而不宰, 是謂玄德.

31) 51: 河上公注: 故道生之, 德畜之, 長之育之, 成之熟之, 養之覆之,

다시 강조하면, 노자 『도덕경』 51장에서 노자는 교육을 일곱 가지 차원으로 인식한다. "도는 낳고, 덕은 길러주고 자라게 하며 발육시키고 이뤄주며 무르익게 하고 양성하며 북돋아 준다."라고 했다. 여기서 도와 덕은 서로 독립된 별개의 것이 아니다. 도는 우주 만물의 존재형식에 관한 범주이고 덕은 그런 도가 구체적으로 작용하는 모습이다(우버들, 2017: 9). 도가 사물을 낳으면 덕이 길러주고 자라게 하며 발육시키는 일곱 단계는 인간의 성장을 식물의 일생에 비유한 것이다. 이 일곱 가지 성장과정은 간략하게 '휵(畜)－형(形)－성(成)'의 세 단계로 압축할 수 있다. 즉 사물이 생겨난 이후에 기르고, 기른 이후에 형태를 만들어 주며, 형태를 갖추게 한 후에 완성시킨다. 사물[식물]의 싹이 나온 이후, 수분과 태양의 빛이 길러주고, 또 형태가 드러나고, 열매 맺어 완성되는 논리다. 인간의 경우, 엄마[부모]에게서 태어나고 양육과 교육을 거쳐 점차 품성을 형성해가며 최종적 인격 완성, 즉 인격실현의 단계에 이르는 과정으로 설명할 수 있다. 이는 '인격실현'이라는 결과만을 중시하는 교육에서 볼 때, 교육의 특정한 성과나 효과 부분이 아니라 전체과정에 충실한 과정중심의 교육적 특성을 보여준다.

이런 맥락에서 '말없는 교육'은 중층적 의미를 함축하고 있다. 인간은 말을 통해 자신의 생각과 사상을 표현하며 말을 함으로써 서로 소통한다. 그러나 언어를 통한 소통이 잘못 전달되거나 언어로 표현할 수 없는 것들을 표현해야 하는 문제에 당면하기도 한다. 노자는 언어에 구애받지 않고 언어를 뛰어넘는 그 너머의 의미에 대해 사유할 수 있어야 한다고 본 것이다. 따라서 노자가 제기한 교육은 언어의 부정적 폐단을 줄이기 위한 교육 방법론이다(신창호, 2003: 187). 이런 점에서 노자가 제기한 교육의 본질은 길러주고 자라게 하는, "저절로 그렇게 됨을 따르는"[32] 소극적 교육이면서, 동시에 스스로 뛰어난 사고력을 키워주는 적극적 교육의 원리를 심도 있게 간직하고 있다.

32) 37: 道常無爲, 王弼注: 順自然也.

3. 관조를 통한 개성자각의 인격교육

노자의 교육관이 단순히 소극적 교육의 원리에 머무르지 않을 수 있는 이유는, 무엇보다도 도의 본질을 직관하는 '미적 사유(美的 思惟)'에 있다. 노자는 『도덕경』 54장에서 "그 몸으로써 그 몸을 살피라!"[33]라고 말한다. 또 『도덕경』 10장에서는 '현람(玄覽)'이라는 개념을 선보였는데, 고형(高亨, 2004: 59)은 "현람(玄覽)에서 람(覽)은 감(鑒)과 통용되는 글자이다. 현(玄)은 형이상학적인 차원이고, 감(鑒)은 거울을 말한다. 따라서 현감(玄鑒)은 마음속을 밝게 비추는 형이상학적 거울이다. 때문에 사물을 비추어 살필 수 있으므로 현감(玄鑒)이다."라고 하였다. 즉 현람은 사물의 근본인 도를 비출 수 있는 인간의 현묘한 '직관능력(直觀能力)'이다(이강수, 2002: 49). 이 직관능력이 '미적 사유'와 '미적 관조'에 직결된다.

감각적 직관은 일반적으로 '미적 관조'의 기본적 구성요소에 해당된다(竹內敏雄/안영길 외 옮김, 2003: 231). 그러나 노자는 "오색(五色)은 사람의 눈을 멀게 하고, 오음(五音)은 사람의 귀를 어둡게 하며, 오미(五味)는 사람의 입맛을 해친다."[34]라고 말한다. 이는 눈과 귀, 입과 같은 오관(五官)을 통한 감각세계가 주는 정보가 참인지의 여부에 대한 예리한 지적이다. 칸트는 『판단력비판』에서 미에 대한 판단을 세 가지 측면에서 설명했다. 첫째, 오관으로 느끼는 직접적 만족을 '쾌적함'이라 하고, 둘째, 미는 '무관심한 상태에서 만족을 주는 대상'이라 하며, 셋째, 유용성에 근거를 둔 판단을 '선(善)'이라고 규명하였다(Kant/김상현 옮김, 2005: 27-31). 여기서 칸트는 '무관심한 상태에서 만족을 주는' 취미 판단만을 미적 판단으로 여겼다. 즉 '쾌적함'과 '선'에 관한 판단은 취미 판단에 해당되지 않는다고 보았다. 따라서 노자가 '오색(五色)·오음(五音)·오미(五味)'에 대해 부정적으로 언급한 시선은 곧 칸트의 '오관으로 느끼는 직접적 만족'을 취미 판단으로 취급하지 않았던 칸트의 관점과 일치한다.

노자가 강조한 "그 몸으로써 그 몸을 살피라!"라는 언표는 외적이고 피

---

33) 54: 以身觀身.

34) 12: 五色令人目盲, 五音令人耳聾, 五味令人口爽.

상적 사안에 현혹되지 말고, 그 사물의 본질을 관조(觀照)하라는 의미로 해석된다. 관조의 의미는 자아와 대상 사이에 거리를 두는 데서 성립한다(竹內敏雄/안영길 외 옮김, 2003: 235). 따라서 '그 몸을 그 몸 자체'로 바라보고, 참된 인식을 왜곡시키는 나의 주관이 관여하지 않는 바라봄은 바로 '미적 관조'에 해당한다. 칸트의 '무관심한 관조'다. 이러한 노자는 미적 직관으로 자신의 본질을 파악하고, 자신의 본질에 순응하는 삶을 제시했다. 그것은 인생을 미학적으로 이해하려는 사유다.

노자의 미적 사유는 '직관에서 인격실현의 완성으로 나아가는' 교육의 새로운 길을 열었다. 사물의 본질을 직관하는 방식과 마찬가지로, 사람마다 개성을 직관함으로써 그 개성을 충실히 가꿀 수 있는 방식을 모색하는 창조의 길이다. 무위자연의 이치는 이를 따르는 교육관의 참신한 면모일 것이다.

V. 결어

노자는 도(道)를 '항상 아무것도 하는 것이 없지만 하지 않는 것이 없다.'라는 무위자연의 논리로 설명하였다. 도는 인간의 인지능력으로 인식이 불가능하다. '무위'인 것 같지만, '작용이 없는 것이 아닌', 저절로 그러한 자연의 이치라는 것이다. 이러한 자연의 이치를 따르는 이상적 인간, 즉 미적 인간은 통나무와 물, 그리고 아기라는 세 가지 측면의 은유로 설명된다.

첫째, 통나무의 은유를 통해, 노자는 '통나무와 같은 소박한 본성으로 돌아가라!'라고 말한다. 인간은 장인에 의해 '자르고' '갈고' '쪼고' '문지르는' 방법으로 정교하게 다듬어 만들어진 그릇과 같은 존재가 아니라는 인식에서, 자연 그대로의 통나무와 같은 소박한 성품을 배우라는 제안이다. 노자는 이 소박한 성품은 도(道)의 현시(顯示)이기에 세상에서 그 누구도 자신의 아래에 두는 신하와 같은 인간으로 삼을 수 없는 개성을 가지며, 빛나되 눈부시지 않는 미적 인간이다.

둘째, 물의 은유를 통해, 노자는 '최고의 선은 물과 같다!'고 말한다. 인간은 물의 성품에서 부드럽게 살아나가는 지혜를 배운다. 물의 성품을 닮은 인간의 미적 특성은 맑은 영혼, 선량한 심성으로 해석할 수 있다. 또 모든 사물을 비춰주는 측면에서는 타인의 아름다움을 드러내주고 받쳐주는 미덕으로 인식하기도 한다.

셋째, 아기의 은유를 통해, 노자는 '순수한 기운은 가장 부드러운 차원인데, 아기의 기운보다 부드러운 것이 있겠는가?'라고 되묻는다. 인간은 태어나 아기일 때가 가장 맑고 순수한 모습이다. 노자는 이런 아기의 모습에서 자신의 욕심에 얽매이지 말고 순수한 삶을 살 수 있는 자유를 고민했다. 아기의 성품에서 찾은 삶의 지혜이자 미적 인간을 생각한 것이다.

이러한 미적 인간을 지향하는 교육은 무위자연의 원리에 근거하여, 미학적 차원의 교육을 펼쳐 나간다. 교수자의 경우, 인위적 교육을 최소화하는 소극적 교육을 지향하고, 학습자의 경우 자신의 본성에 따라 스스로 인격을 함양하고 실현해 나가는 적극적 교육을 추구한다. 원예사가 온실에서 화초를 기르는 방식이 아니라, 야생화가 자연에서 저절로 꽃피도록 하는 양식이다. 이런 노자의 교육관은 인간 본성, 이른바 자연성에 대한 신뢰를 전제한다. 때문에 가능한한 저절로 그러한, 무위자연의 원리에 근거해야 한다. 즉 교육은 길러주며 자라게 하고 발육시키며 이뤄주고 무르익게 하며 양성시키고 북돋아주는, 일곱 과정을 거친다. 압축하면, '휵(畜)-형(形)-성(成)'의 세 단계로 정돈할 수도 있다.

정교한 그릇이 아닌 자연 그대로의 통나무, 그리고 항상 부드럽게 자연에 순응하는 물, 그리고 아직 웃을 줄도 모르는 아기의 역동적 움직임 가운데서, 노자는 무위자연의 도에 가까운 아름답고 자유로운 인간의 모습을 보여주었다. 노자가 생각하는 선(善)이자 미(美)는 다름 아닌 '통나무-물-아기'라는 범주를 강력하게 고수한다. 이러한 선·미의 미적 인간을 형성하는 작업이 노자의 미적 교육이자 교육미학의 근간이 된다.

4장

'중도'교육

— 인간·문명에 대한 이중적 관점과 중도적 시각 —

4장의 글은 「인간과 문명에 관한 이중적 관점과 중도적 시각이 주는 교육적 함의: 왕필의 『도덕경』 주석을 중심으로」(한국교육철학학회, 『교육철학연구』 41－3, 2019. 9)를 수정·보완한 것이다.

I. 서언

노자 『도덕경』은 전 세계적으로 성경 다음으로 많이 팔린 책이면서도 역사적으로 저자에 대해 알려진 바가 거의 없는 책이다. 그만큼 노자에 대한 논란은 지금까지도 끊이지 않고 있다. 노자라는 인물에 대한 역사적 논란과 더불어 노자의 사유를 해석하는 측면에서도 학자들 사이에 수많은 이견(異見)이 존재한다.

『도덕경』의 '무위자연(無爲自然)' 사상은 노자가 인간사회의 문명(文明)을 부정하고 자연(自然)으로 돌아갈 것을 주장하는 사유로 이해될 수 있다. 그런만큼 무위자연은 현실과는 괴리된 이상적 세계일 뿐, 현실에서 노자의 주장은 절대적으로 실현 불가능한 사상으로 여겨지기도 한다. 때문에 어떤 학자들은 『도덕경』을 국가공동체를 부정하는 아나키즘(anarchism)으로 이해하거나 현실을 부정하는 탈세속적(脫世俗的) 관점으로 해석하기도 한다(김갑수, 2008; 김성국, 2003). 이런 관점은 유학자들이 도교나 불교를 비판할 때 자주 사용하는 입장이다. 또한 『도덕경』에 나타난 인간문명에 대한 비판을 통해, 노자가 문명세계뿐만 아니라 그것을 가능하게 만드는 교육의 존재에 대해 완전히 부정하는 태도를 보인 것으로 인식할 수도 있다.

『도덕경』을 이해하는 다양한 관점은 혼란하게 느껴지는데, 이는 노자가 드러낸 이중적 태도에서 더욱 두드러진다. 『도덕경』 1장에서 노자는 "말로 표현할 수 있는 도는 영원한 도가 아니다."[1]라고 하면서 끊임없이 도(道)에 대

---

1) 1: 道可道, 非常道.

해 언급하고 있다. 또한 『도덕경』 전체에서 인간의 욕심에 대해 끊임없이 경계하면서 인간 문명에 대해 부정적 입장을 보이는 것 같지만, 한편으로는 자신의 저술을 유통함으로써 문명이 바른 길로 나아가기를 진정으로 욕구하는 것처럼 보이기도 한다. 이는 문명과 그 바탕이 되는 교육적 존재에 대한 그의 '이중적 태도(二重的 態度)'와 맞닿아 있다. 당시의 문명이나 문화를 이끌어 가던 유학의 가르침인 인(仁)·의(義)·예(禮)·지(智) 등의 핵심사상을 속임수라고까지 비판하면서도 인간의 본성에 대해서는 그들과 공감대를 형성하는 측면을 보이기도 한다. 이는 왕필의 주석에서 잘 드러난다. 이러한 노자의 이중적 사유는 『도덕경』의 전반적 분석과 종합적이고 전체적 맥락을 통해 올바르게 이해할 수 있다. 『도덕경』 가운데 부분적 내용을 가지고 노자의 사상을 단정할 경우, 앞에서 언급한 것처럼 노자를 무정부주의(無政府主義者) 또는 허무주의(虛無主義者)와 같은 극단주의(極端主義)로 규정해버릴 위험이 있다.

본고는 이런 점에 유의하여, 먼저 『도덕경』의 내용을 '인간'과 '문명'이라는 범주를 중심으로 고찰한다. 『도덕경』의 중심이 되는 '도(道)'와 '덕(德)'도 결국은 인간과 문명으로 귀결되기 때문이다. 이어서 인간과 문명의 연장선에서 그것을 가능하게 만든 바탕으로 볼 수 있는 교육에 대해 논의한다. 교육적 차원에서는 노자 철학에서 독해할 수 있는 이중적 관점을 중도적 시각을 통해 해석해 본다. 인간의 삶과 문명을 비판하면서도 자신의 저술을 통해 교육적 효과를 의도하였다는 점에서 노자는 자신의 의도가 한쪽으로 치우쳐 해석되기를 바라지 않았을 것으로 추측된다.

『도덕경』에 대한 이해는 왕필의 주석을 주로 참고했다. 그것은 노자의 『도덕경』을 이해하는 데 필수적이라고 평가되어 왔고, 현학(玄學)이라는 장르가 생겨났을 만큼 왕필 주석본 『도덕경』은 해석의 깊이가 더해졌기 때문이다. 물론, 왕필과 노자의 사상적 유사성에 대해서는 학자들 사이에서 이견이 있다(임채우, 1996: 232; 김학목, 2000). 일부에서는 왕필의 주석에는 유학적 관점이 개입되어 있다고 주장한다. 다른 한편에서는 왕필과 노자 사이에 사상적으로 근본적 차이는 없다고도 한다. 본고에서도 이러한 이견을 참고하여 왕필의 주석을 중심으로 노자의 사상을 고찰하되 다르게 해석될 수 있는 부분은 최대한 배제한다. 학자들 사이의 논란에도 불구하고 왕필의 노자 주석은 『도덕경』 해석에 필수적이고 보편적 문헌이라는 데는 공감한다.

II. 인간을 이해하는 이중적 관점

1. 자연에 대한 순응

『도덕경』이 대중들에게 가장 오해받는 측면은 인간에 관한 이해이다. 인간의 본성을 규명할 때, 어떤 학자는 '인간의 본성은 선(善)하다!'라는 입장을 취한다(M. Weber/이상률 역 1990: 268). 또 어떤 학자는 '인간의 본성은 악(惡)하다!'라고도 한다(조현규, 2006: 130). 다른 한편에서는 『도덕경』에서 말하는 인간은 그 본성이 '선하다고 할 수도 악하다고 할 수도 없다!'라고 본다(최진석 2004: 157; 김태훈, 2007: 229; 우버들, 2017: 23). 일반적으로 유가에서 통용되는 성선설과 성악설의 경우, 맹자로 대표되는 성선설은 인간의 본성은 선의 씨앗인 사단(四端: 仁·義·禮·智)이 있으므로 이를 선하게 길러가야 한다는 입장이다. 거기에서 착한 본성의 확충(擴充)이라는 교육 논리가 제시된다. 순자의 성악설은 인간이 본래 이기적 본성을 지니고 태어나기에 후천적으로 예(禮)에 의해 제어되어야 한다는 입장이다. 그런 사유에서 인간의 본성이 악한 방향으로 흘러가는 것을 방지해야 한다는 본성의 교정(矯正) 논리가 강력한 교육적 실천으로 개입한다.

『도덕경』에서 강조하는 존재론적 차원, 즉 유(有)/무(無)의 논의에서 볼 때, "도(道)에서 무(無)가 나오고 무(無)에서 유(有)가 나오며 유(有)에서 만물(萬物)이 나온다."[2] 여기서 인간은 만물에 속한 존재다. 왕필의 주석에 의하면, 만물은 '자연(自然)'이라는 본성, 즉 '자연성(自然性)'을 지닌다. 그러므로 인간도 태어날 때는 자연성을 지닐 수밖에 없다.

2) 42: 道生一, 一生二, 二生三, 三生萬物.; 王弼注: 一可謂無. 已爲之一, 豈得無言乎. 有言有一, 非二如何. 有一有二, 遂生乎三. 從無之有, 數盡乎斯, 過此以往, 非道之流. 故萬物之生, 吾知其主.

(만물을) 다스려서는 안 된다. (만물을) 다스리는 사람은 그르치게 된다.[3) 만물은 저절로 그렇게 됨을 본성으로 삼는다. 그러므로 본성을 따라야 되고 다스려서는 안 된다. 본성을 통하게 해야 되고 붙잡아서는 안 된다. 사물에는 변하지 않는 본성이 있는데 조작해서 다스리므로 반드시 그르치게 된다.[4)]

위에서 인용한 『도덕경』 본문과 왕필의 주석을 보면, 인간을 포함한 만물은 변하지 않는 본성인 자연성을 천부적(天賦的, natural)으로 지닌다. 이를 그대로 따라야지, 누군가 자연성을 인위적으로 조작하려 달려든다면 반드시 과실을 초래하게 된다. 인간이 태어날 때는 자연성을 지니므로 갓난아이는 자연성을 벗어나지 않는다. 갓난아이는 자연의 기운에 따라 지극히 부드러운 조화를 지닌 존재다. 그렇게 자연에 순응하여 성장할 때 인간은 온전해지고, 본성 또한 그대로 지속할 수 있다.[5)] 그런데 왕필의 주석을 보면, 당시 유학에서 주장했던 인의(仁義)에 대해 무조건 반대했던 것은 아니다. 인의(仁義)의 강조가 억지로 행동으로 끌어내려 할 때, 허위가 될 수 있음을 경계했을 뿐이다.[6)] 그러므로 『도덕경』의 맥락을 전체적으로 놓고 보면, 일방적으로 '인간의 타고난 본성이 악하다!'라는 명제는 성립할 수 없다.

『도덕경』에는 갓난아이 이외에도 본성을 따르며 자연에 순응하여 살아가는 인간 유형이 존재한다. 타고난 자연성을 그대로 따르는 인간 유형을 '성인(聖人)'이라고 부르고 있다. 노자의 견해에 의하면, 성인은 무위(無爲)에 머물면서 자연의 이치에 맞게 살아가는 사람이다.

때문에 성인은 무위라는 일에 머물면서 말없는 교화를 행한다. 그러니 만물이 이로부터 일어날지라도 사절하지 않는다. (만물이 이로부터) 나올지라도 공이 있다고 여기지 않는다. 무엇인가 함이 있을지라도 내세우

3) 29: 不可爲也. 爲者敗之, 執者失之.

4) 29: 王弼注: 萬物以自然爲性, 故可因而不可爲也, 可通而不可執也. 物有常性, 而造爲之, 故必敗也.

5) 10: 載營魄抱一, 能無離乎. 專氣致柔, 能兒乎. 王弼注: 言任自然之氣, 致至柔之和, 能若　兒之無所欲乎. 則物全而性得矣.

6) 38: 王弼注: 夫仁義發於內, 爲之猶僞, 況務外飾而可久乎.

지 않는다.[7]

여기서 성인은 결코 '유위(有爲)'에 머물지 않는다. 유위에 속한다는 것은 작위(作爲)가 적극적으로 개입했다는 의미다. 일반적으로 인간은 자연에 속하는 본성을 지니고 태어나지만, 작위로 인해 언제든지 본성에서 멀어질 수 있는 존재다. 무위에 속하는 성인은 도(道)와 자연의 속성을 그대로 실천하는 사람이다. 때문에 도가 만물에 행하는 것과 매우 유사하게 성인이 실천하는 일을 볼 수 있다.

> 만물이 그것[도]에 의지하여 생겨나도 사절하지 않는다. 공이 이루어져도 자기의 소유라고 이름을 내세우지 않는다. 만물을 입혀주고 길러주지만 주인노릇 하지 않는다. 늘 아무것도 하고자 하는 것이 없으므로 하찮은 것이라 이름 붙일 수 있다. 만물이 그것으로 귀의하지만 주인노릇을 하지 않으니 위대한 것이라 이름 붙여야 한다.[8]

이처럼 도는 만물을 만들어 내는 근원이다. 결국에는 만물을 다시 받아들이는 귀의처가 된다. 그러면서도 만물을 소유하지 않고 만물을 자라게 한다. 더욱 중요한 것은 주인처럼 간섭하지 않는다. 도는 없는 듯 존재하면서 만물이 자신의 자리에서 스스로 활동할 수 있도록 도와주는 존재다.[9] 이 지점에서 성인은 도가 움직이는 모습과 매우 유사한 인간으로 자리한다. 그것은 성인이 도와 자연에 속한 인간 유형임을 뜻한다. 따라서 성인은 자연성을 그대로 지닌 인간이라 할 수 있다. 반면, 일반 사람들은 성인과 같이 자연성을 지니고 태어나지만, 후천적으로 유위(有爲)로써 조작하고 작위하면서 살아간다. 그러나 일반 사람들 가운데 성인과 같이 자연성을 그대로 좇으며 살아가는 유형이 있는데, 다름 아닌 '농부(農夫)'다. 노자는 농부야말로 하늘의 뜻,

---

7) 2: 是以聖人處無爲之事, 行不言之教, 萬物作焉而不辭, 生而不有, 爲而不恃,

8) 34: 大道氾兮, 其可左右. 萬物恃之而生而不辭, 功成不名有, 衣養萬物而不爲主. 常無欲, 可名於小, 萬物歸焉, 而不爲主, 可名爲大.

9) 34: 王弼注: 物皆由道而生, 旣生而不知其所由. 故天下常無欲之時, 萬物各得其所, 若道無施於物, 故名於小矣. 萬物皆歸之以生, 而力使不知其所由. 此不爲小.

자연의 이치를 준수하며 살아가는 소박한 사람으로 보았다. 사람을 다스리고 하늘을 섬기는 데는 농부만한 존재가 없다. 농부만이 일찍이 도에 따를 수 있다. 일찍이 이 도에 따라 두텁게 덕을 쌓는다고 한다.[10)]

『도덕경』에서 농부는 자연성을 그대로 이어가는 사람의 대표적 유형이다. 농부가 논밭을 가꾸면서 잡초들을 제거하고, 땅을 고르면서 가지런히 하나로 복귀시키는 것은 바로 자연을 그대로 따르는 행위다. 이러한 행위 작업은 흉년이 들고 병충해가 생기는 자연적 현상에 대해 미리 대비하는 일이면서도 자연을 거스르는 일이 아니다.[11)] 그러나 『도덕경』에 나타난 이상적 농부의 모습은 현대의 농부 모습과는 거리가 있다. 현대적 농부들은 대량생산을 위해 인위적으로 만들어진 기계의 힘을 아끼지 않는다. 적극적으로 이용한다. 이는 뒤에서 논의할 문명을 적극적으로 활용하고 문명을 옹호하는 모습에 보다 부합한다. 노자가 말하는 농부의 이상적 모습은 문명의 힘을 빌리지 않고, 자연의 이치에 순응하여 경작해 나간다. 이러한 농부는 성인과 같은 인간 유형은 그 순수한 차원이 갓난아이와도 유사하다. 타고난 자연적 본성을 잘 보존하여 그대로 살아가는 삶을 일상에서 구가하는 인간이다.

2. 작위를 향한 욕망

그렇다면 자연성을 지니고 태어난 인간이 본성과 멀어지게 되는 이유는 무엇인가? 왜 현실에서 인간은 악행(惡行)을 저지르는가? 『도덕경』은 그것을 적절하게 지시한다. "화는 만족할 줄 모르는 것보다 큰 것이 없다. 허물은 얻기를 욕심내는 것보다 큰 것이 없다."[12)] 『도덕경』은 인간이 만족할 줄 모르고, 끊임없이 욕심내는 것이 화를 부르는 원인이라고 지목한다. 또한 인간의 종류를 세 분류로 나누어 고찰하고 있는데, 그 가운데 살아가면서 죽을 짓을 하는 인간들의 행위 원인을 지나친 욕심으로 본다.[13)] 이 지나친 욕심은 적절

---

10) 59: 治人事天莫若嗇. 夫唯嗇, 是以早服. 早服, 謂之重積德.; 王弼注: 農人之治田, 務去其殊類, 歸於齊一也. 全其自然, 不急其荒病, 除其所以荒病. 上承天命, 下綏百姓, 莫過於此. 早服, 常也. 唯重積德, 不欲銳速, 然後乃能使早服其常. 故日 早服謂之重積德者也.

11) 59: 王弼注: 莫若, 猶莫過也. 嗇, 農夫. 農人之治田, 務去其殊類, 歸於齊一也. 全其自然, 不急其荒病, 除其所以荒病. 上承天命, 下綏百姓, 莫過於此.

12) 46: 禍莫大於不知足, 咎莫大於欲得.

하게 채워지지 않고, 끊임없이 다른 측면으로 미끌어져 나가는 욕망(慾望, desire)에 다름 아니다. 욕망은 채워지기 힘든, 그것을 조절하지 않는 한 채워질 수 없는 사회적 구성물이다. 그런 욕망은 인간에게 큰 화(禍)를 불러오는 핵심 원인이다. 욕망에서 '욕(欲)'의 개념은 엄밀하게 말하면, 부정적 의미뿐만 아니라 중립적 의미로도 사용되었다.14)

> 여러 가지 아름다운 색깔은 사람의 정상적인 눈의 기능을 잃게 한다. 여러 가지 아름다운 소리는 사람의 정상적인 귀의 기능을 잃게 한다. 여러 가지 맛있는 음식은 사람의 정상적인 미각의 기능을 잃게 한다. 말달리고 사냥하는 일은 사람의 정상적인 마음의 기능을 잃게 만든다.15)

인용문은 인간이 본래부터 지닌 순박한 마음을 어지럽게 만드는 내용들을 적시하고 있다. 시각과 청각, 그리고 미각을 자극하는 화려하고 아름다운 대상과 맛있는 음식들이 그것이다. 또한, 말을 달리면서 사냥하는 일과 같이 자극적인 활동도 본성을 어지럽게 만드는 사안이다. 인간이 욕망으로 젖어드는 이유는 무엇보다도 바깥에서 오감을 자극하는 대상들 때문이다. 왕필도 인간이 가진 감각들과 마음이 본래 자연성을 가지고 거기에 따르도록 되어 있지만, 외물에 따르게 되면 자연성을 해친다고 보았다.16)

바깥에 존재하는 오감을 끌어당기는 대상은 '얻기 힘든 재화', 이른바 '난득지화(難得之貨)'라 통칭할 수 있다. 가치 있다고 여기는 재물이나 보화를 접하면, 일반 사람들은 그것을 가지려고 욕심을 내게 마련이다. 그것을 얻기 위해 도둑질까지도 감행한다. 여기서 욕심이라는 것이 사람에게 본래 있었다기보다 사람이 바깥에 있는 얻기 힘든 재화를 접하면서 생겨나는 욕망임을 알 수 있다. 따라서 "위정자는 사람들이 욕망할만한 사안들을 오히려 소중하지

---

13) 50: 取死之道, 全死之極, 亦十分有三耳. 而民生生之厚, 更之無生之地焉. 善攝生者, 無以生爲生, 故無死地也. 器之害者, 莫甚乎戈兵, 獸之害者, 莫甚乎兕虎. 而令兵戈無所容其鋒刃, 虎無所措其爪角, 斯誠不以欲累其身者也, 何死地之有乎.

14) 57: 王弼注: 上之所欲, 民從之速也. 我之所欲唯無欲, 而民亦無欲而自樸也.

15) 12: 五色令人目盲, 五音令人耳聾, 五味令人口爽, 馳騁　獵令人心發狂, 難得之貨令人行妨. 是以聖人爲腹不爲目, 故去彼取此.

16) 12: 王弼注: 夫耳目口心, 皆順其性也. 不以順性命, 反以傷自然.

않게 여겨야, 백성들이 본성에 따르는 안정된 삶을 추구할 수 있다."[17]라고 노자는 인식하였다. 도둑질의 극단적 형태가 '국가 간의 전쟁'이라고 할 때, 전쟁이 일어나는 이유 또한 인간의 욕망 때문임을 『도덕경』은 경고한다. 전쟁에 동원된 어미 군마(軍馬)가 전쟁 중에 새끼를 낳는 비정상적 상황을 일으키는 것은 결국 인간의 탐욕 때문이다.[18]

요컨대, 인간은 자연성을 지니고 태어나지만, 그러한 본성에서 멀어지는 이유는 외부에 존재하는 '난득지화(難得之貨)'와 같은 것들을 얻기 위한 지나친 욕심에 의한 것이다. 따라서 위정자는 오히려 난득지화를 귀중한 것이 아니라는 모습을 보임으로써, 일반 사람들에게 욕심이 생겨나지 않게 해야 한다. 이 욕심은 태어날 때부터 내재된 것이 아니라, 오감(五感)을 자극하는 상황을 접했을 때 후천적으로 생겨나는 사안이다. 그러므로 앞서 언급한 유가의 성선설과 성악설의 맥락에서 본다면, 노자의 인간관은 성선설에 가깝다. 최진석(2004: 157)의 경우, 유가와 비교해 볼 때, 『도덕경』에는 성(性)이라는 개념이 나타나지 않으므로 노자의 인간관을 '비본질적 인간관'이라 칭한다. 즉 보편적 '성(性)'개념을 상정할 수 없으므로 『도덕경』의 인간을 '선하다거나 악하다'로 규정할 수 없다. 하지만 『도덕경』의 전반적 맥락에서 이해하면, 자연성을 인성으로 유추할 수 있기 때문에 『도덕경』의 인간 본성을 성선설로 볼 수도 있다고 생각한다.

이런 점에서 인간은 '자연에 순응'하거나 '작위를 욕망'한다. 자연과 작위라는 존재의 이중성을 원초적으로 담지(擔持)하고 있다. 자연에 순응한 인간의 경우, 자연성을 지니고 태어나는 존재다. 그 자연성을 잘 유지하고 있는 상태가 바로 갓난아기나 농부, 그리고 성인이다. 갓난아기는 자연성이 잘 보존된 상태다. 모든 사람은 이러한 자연성을 지니고 태어나지만, 욕심에 의해 본성에서 점점 멀어지면서 화를 불러오게 된다. 농부와 성인은 각자의 위치에서 자연성에 따라 살아가는 이상적 인간상이다. 이런 측면에서 『도덕경』에 나타난 인간 이해의 이중성을 가로지르는 핵심 개념은 다름 아닌 인간의 욕심이

---

17) 3: 不貴難得之貨, 使民不爲盜, 不見可欲, 使民心不亂.; 王弼注: 貴貨過用, 貪者競趣, 穿窬探篋, 沒命而盜. 故可欲不見, 則心無所亂也.

18) 46: 天下有道, 走馬以糞, 天下無道, 戎馬生於郊. 禍莫大於不知足, 咎莫大於欲得, 故知足之足常足矣.; 王弼注: 貪欲無厭, 不修其內, 各求於外, 故戎馬生於郊也.

다. 특히, 지나친 욕심으로서 '욕망'이다. 욕망에 빠지지 않는다면 인간은 자연성 그대로 살아갈 것이다. 따라서 『도덕경』에서는 마음을 비우는 작업에 대해 그 무엇보다도 강조한다.[19] 지나친 욕심, 욕망과 관련하여 지(智)의 작용 또한 경계한다.

노자가 이와 같이 인간을 이중적으로 드러낸 것은 그가 지향하는 사유의 방향을 지시한다. 그 방향의 지시는 매우 암시적이다. 노자는 그가 처한 현실에서 사람들이 고통 받는 이유를 자연성을 거스르면서까지 인간이 탐욕을 추구하고 있다는 사실에서 찾고, 이를 지양하여 자연성에 따르는 삶을 회복하기를 바랐다. 특히, 그가 위정자들에게 던지는 메시지는 피지배층에게 고통을 주는 원인이 전적으로 그들의 실정(失政)에서 비롯하므로, 먼저 무위(無爲)로 다스림을 행하라는 호소다.[20] 그렇지 않으면, 인간이 이루어 놓은 문명이 결국은 인간의 본성을 말살하여 큰 폐해를 낳을 수 있음을 노자는 예견하고 있었다.

Ⅲ. 문명에 대한 이중적 관점

1. 욕망의 산물

문명(文明, civilization)이란 인류가 이룩한 사회적·물질적 발전을 의미한다. 인류의 문명 발전과정에 대해, 유발 하라리(2016: 18−102)의 『사피엔스』는 의미있는 담론을 제시하고 있다. 사피엔스(sapiens)가 진정한 슬기로움을 드러내기 시작한 사건은 '불의 사용'이다. 불을 이용해 밀이나 쌀 등을 익혀 먹음으로써 소화시간이 절약되고 소화에 필요한 에너지소비를 줄임으로써 커다란 뇌를 소유하게 되었다. 이렇게 불을 길들임으로써 무한한 잠재력을 통제할 수 있었고 먹이사슬 정점에 올라서게 되었다. 사피엔스의 또 다른 슬기

19) 3: 是以聖人之治, 虛其心, 實其腹.

20) 37: 道常無爲而無不爲, 侯王若能守之, 萬物將自化. 化而欲作, 吾將鎭之以無名之樸. 無名之樸, 夫亦將無欲. 不欲以靜, 天下將自定.

로움은 '협업능력(協業能力)'이다. 언어(言語)의 발달은 가상의 실재를 창조하는 능력을 낳았고, 이는 서로 모르는 사람들을 효과적으로 협력시킬 수 있었다. 사피엔스는 협력하는 능력이라는 측면에서 다른 동물을 크게 앞질렀다. 이처럼 사피엔스가 협업을 통해 문화를 창조해나간 측면은 슬기로움의 최고봉을 이룬다. 일상적 행태를 신속하게 바꾸고 새로운 행태를 유전자나 환경의 변화가 없이도 미래세대에 전달하여 문화를 창조해낼 수 있었던 것이다. 이 전달 행위의 중심에 교육이 자리한다. 사피엔스는 불과 10년 내지 20년 만에도 사회구조와 인간관계의 속성, 그리고 경제활동을 비롯한 수많은 행태들을 바꿀 수 있었다. 그럼으로써 자연선택을 극복할 수 있었고, 이것이 사피엔스가 찬란한 문명을 이룩할 수 있었던 핵심 요인이다.

노자가 『도덕경』에서 지적하는 인간의 문명에 대한 견해도 이와 크게 다르지 않다. 유발 하라리는 문명 발달의 핵심적 요인을 '지적 능력'과 '언어'의 발달로 인한 협업능력이라고 지적하였다. 『도덕경』의 맥락을 유추해보면, 인간의 지적 작용과 언어, 또는 개념의 발전을 문명과 연관지어 볼 수 있다. 노자 또한 문명에 대해 매우 부정적인데, 그 부정성의 핵심을 구성하는 문명의 발전과 인간의 지혜[슬기로움], 그리고 교육 등은 다양한 방식으로 상호 연결되어 있다.

> 성스러움을 끊고 지혜로움을 버리면 백성들의 이익이 백배가 된다. 어짊을 끊고 의로움을 버리면 백성들이 효성과 자애를 회복한다. 기술을 끊고 이로움을 버리면 도적이 없어진다. 이 세 가지는 표현[文]으로 삼기에 부족하다고 여겨지기 때문에 따를 것이 있도록 한다. 가공되지 않은 원래의 소박함을 알고 유지하며 사사로운 부분을 적게 하고 욕심을 줄이도록 하라.[21]

위의 인용문은 지혜나 지식, 즉 '지(智)'로 대표되는 인간의 지적 작용과 당시 인의(仁義)로 대표되는 윤리를 위한 교육, 그리고 각종 문명 기술[巧]에

---

21) 19: 絕聖棄智, 民利百倍, 絕仁棄義, 民復孝慈, 絕巧棄利, 盜賊無有. 此三者以爲文不足, 故令有所屬, 見素抱樸, 少私寡欲.

대해 회의적 시각을 보여준다. 성(聖)과 지(智)는 두 가지로 나타나 있다. 하지만, 그 본질은 지(智)에 집중된다. 따라서 '지(智)'라는 상징성이 대표한다. 교(巧)와 리(利) 또한 교(巧)를 인간이 만든 문명 기술로 표현된다. 이 세 가지는 인간의 지적 능력, 윤리 교육, 문명의 이기(利器)를 통칭하는 언표다. 문명이 성립하기 위해서는 인간이 만들어 놓은 지식과 지적 산물들이 교육을 통해 끊임없이 전수되며 사회성을 확보해야 한다. 이에 노자는 문명의 발달에 인간의 지혜와 교육 등이 서로 밀접하게 연관되어 있음을 정확하게 지적하였다. 노자가 문명에 대해 부정적 이유는 사람들이 잘 살기 위해 만들어 놓은 것들이 오히려 사람들의 삶을 피폐하게 만들기 때문이다. 왕필은 주석에는 이런 점이 잘 드러나 있다.

> 백성들이 지혜가 많아지면 교묘한 것과 인위적인 것이 생겨나게 된다. 교묘한 것과 인위적인 것이 생겨나면 나쁜 일들이 발생하게 된다. …… 기구를 편리하게 만든 것은 나라를 강하게 하려는 것이었는데, 나라는 더욱 혼란스럽게 되었다.[22)]

『도덕경』에서 지시하는 문명은 궁극적으로 인위성(人爲性)의 산물이다. 『도덕경』 곳곳에는 문명에 대한 신랄한 비판이 제기된다. 문명을 극대화하여 현실적으로 노출된 산물이 바로 군대(軍隊)이다. 군대는 인간이 사회를 이루고 국가를 이루면서, 나라를 지키거나 침략하기 위해 만들어진 사회체제이다. 노자는 특히 군대에 대한 부정적 의견을 매우 강하게 표현한다.

> 도를 사용하여 임금을 보좌하는 사람은 군대를 이용해서 천하에서 강자 노릇을 하지 않는다. 군대가 주둔한 곳은 잡초가 자라고 대군이 지나간 뒤에는 반드시 흉년이 든다.[23)]

---

22) 57: 王弼注: 民多智慧, 則巧僞生, 巧僞生, 則邪事起..…… 利器欲以强國者也, 而國愈昏多, 皆舍本以治末, 故以致此也.

23) 30: 以道佐人主者, 不以兵强天下...師之所處, 荊棘生焉. 大軍之後, 必有凶年.

왕필은 이에 대해 간략한 해석을 제시한다. 군대는 남을 해치기 위해 존재한다. 그러므로 다른 사람을 구제해주는 일은 전혀 없다![24] 군대에 대한 부정적 의견은 이 밖에도 여러 곳에서 나타난다. 노자가 군대에 대해 이처럼 비판적인 것은 군대가 가진 상징성 때문이다. 노자가 살았던 춘추전국 시기는 패권(覇權)경쟁이 매우 치열했다. 그러므로 강한 군대를 소유하기 위해 나라별로 최고의 정책을 고민했다. 군대의 힘은 곧 패권 국가를 지속하기 위한 동력이었다. 그런 만큼 군대는 인간의 문명이 최고조로 집약된 사회체제이다. 또한, 인간의 삶을 피폐하게 만드는 데 전쟁만큼 영향력이 큰 것이 없다. 그러므로 군대와 전쟁이 인간의 문명에서 갖는 상징성은 매우 크다. 군대의 발전은 강한 나라가 되려고 하거나 방어를 위해서도 필연적으로 생겨날 수밖에 없는 문명의 산물이었다.

2. 최소한의 필요

군대에 대한 이러한 비판에도 불구하고, 노자가 미묘하게 그것의 부득이함에 대해 언급하는 부분이 눈에 띈다. 노자는 다음과 같이 지적한다.

> 훌륭한 군대는 상서롭지 못한 기구이다. 세상 사람들 가운데는 그것을 싫어하는 사람도 있으므로 도를 지닌 사람은 처하지 않는다. …… 군대는 상서롭지 못한 기구이니 군자의 기구가 아니다. 부득이하여 그것을 사용하지만, 깨끗한 마음을 최상으로 여기고 승리해도 불미스럽게 여긴다.[25]

여기에서 볼 때, 군대는 군자가 사용해서는 안 되는 제도다. 그러나 부득이한 경우를 예외로 인정한다. 구체적으로 언급되어 있지는 않지만, 문명에 대한 노자의 입장이 전적으로 부정적인 차원만은 아니라는 부분이 감지된다.

그럼에도 불구하고, 노자가 문명에 대해 부정적 입장을 가지는 이유를

24) 30: 王弼注: 言師凶害之物也. 無有所濟, 必有所傷.
25) 31: 夫佳兵者, 不祥之器. 物或惡之, 故有道者不處. …… 兵者, 不祥之器, 非君子之器. 不得已而用之, 恬淡爲上, 勝而不美.

살펴보면, 이러한 태도에 수긍 가는 지점이 드러난다. 노자는 인간의 지혜를 통한 유위(有爲), 즉 작위(作爲)는 근본적으로 인간의 마음을 어지럽히는 일이 될 가능성이 크다고 보았다. 지혜를 숭상하면 이로 인해 다툼이 생겨나고 욕심이 생겨나는 원인이 된다.

> 현명함을 숭상하지 않음으로써 백성들이 다투지 않게 한다. 얻기 힘든 재화를 귀중하게 여기지 않음으로써 백성들이 도둑이 되지 않도록 한다. 욕심낼 만한 것을 보여주지 않음으로써 백성들의 마음이 어지럽게 되지 않도록 한다.[26]

현명함은 지(知: 智)의 뛰어남이다. 이러한 지를 숭상하는 일은, 앞에서 언급한 '난득지화'를 소중하고 귀중하게 여기는 것과 같이 사람들에게 욕심을 넘어 욕망을 불어 넣는 작업과도 통한다. 지나친 욕심, 즉 욕망을 일그러뜨렸을 때 발생하는 현상이다. 따라서 지는 결국 인간의 자연적 본성을 거스르는 일이 된다. 이런 까닭에 왕필도 지혜는 작위를 일으키는 원동력으로 보고 이를 경계했다.[27] 결국, 노자가 문명에 대해 비판적인 이유는 그것이 인간의 탐욕(貪慾)을 자극하여 본성에서 멀어지게 만들기 때문이다. 이는 다른 관점으로 본다면, 인간의 욕심을 자극하지 않는 최소한의 필요성에 노자 또한 공감한다는 의미다. 이런 이유로 앞에서 언급한 군대에 관해서도 부득이한 경우가 있음을 상정했다고 판단된다. 이 지점에서 문명에 대한 노자의 이중적 관점을 확인할 수 있다.

노자는 인간의 욕심에 의해 문명이 비대하는 것은 적극적으로 부정했다. 그러나 인간의 본성을 따라 자연적으로 형성된 소박한 문명에는 소극적으로 긍정한 것으로 보인다. 그러한 사회의 모습은 소박하고 질박한 의미의 '박(樸)'이라는 개념에 잘 나타난다. 『도덕경』 19장에서는 '가공되지 않은 원래의 소박함을 알고 소박함[樸]을 유지하며 사사로운 부분을 적게 하고 욕심을 줄이도록 하라!'는 권고를 하며, '박(樸)'을 내세운다. 왕필은 '박(樸)'을 '참[眞]'

26) 3: 不尙賢, 使民不爭, 不貴難得之貨, 使民不爲盜, 不見可欲, 使民心不亂.
27) 3: 王弼注: 智者謂知爲也.

으로 해석하였다.[28]

> 도는 항상 아무것도 함이 없지만 하지 않는 것이 없다. 후왕이 그것을 지킬 수 있다면 만물이 저절로 교화될 것이다. 교화하되 조작하려고 한다면 나는 이름 없는 소박함으로 그것을 진압할 것이나 이름 없는 소박함 그것마저도 하고자 함을 없애겠다. 하고자 하지 않음으로써 그대로 놔두면 천하가 저절로 안정될 것이다.[29]

무위(無爲)는 도(道)의 모습이라고 했다. 자연성은 이러한 무위에서 나온다. 그러나 교화(敎化; 敎育)의 목적으로 작위를 고민할 때, 이름 없는 소박함, 즉 '무명지박(無名之樸)'으로 이를 대치하려는 것이 노자의 생각이다. 궁극에는 이런 일마저도 하고자 함을 없애야 진정한 무위라고 본 것이다. 이처럼 노자가 이상적으로 생각하는 문명의 모습은 고도로 발달되고 화려한 모습이 아닌 소박한 세계이다. 굳이 이름 붙이자면 '소박한 문명'이나 '질박한 문화'라고 할 수도 있겠다. 소박한 세계에 사는 이상적 생활 형태는 앞에서 언급한 농부로서의 삶이다. 노자는 농부야말로 자연의 뜻에 따라 살아가는 소박한 인간, 질박한 사람이라고 보았다.[30]

이상으로 볼 때, 노자의 문명에 대한 관점은 전반적으로 부정적 시선을 보인 것이 사실이다. 하지만 인간의 모든 문명에 대해 극단적 관점으로 치우치지는 않는다. 노자가 부정적으로 바라본 문명은 인간의 자연적 본성이 지나친 욕심에 의해 가려져 파멸로 치달을 수 있는 가능성 때문이다. 즉 욕망! 제어되지 않거나 통제되지 않는, 고장난 브레이크를 달고 있는 자동차 같은, 그런 욕망이 문제다.

노자는 인간의 자연성을 그대로 따르기 위해 필요한 최소한의 문명, 그런 질박한 문화생활에 대해서는 인정했다. 이러한 또 다른 사례가 바로, '나라

---

28) 28: 王弼注: 樸眞也.

29) 37: 道常無爲而無不爲, 侯王若能守之, 萬物將自化. 化而欲作, 吾將鎭之以無名之樸. 無名之樸, 夫亦將無欲. 不欲以靜, 天下將自定.

30) 59: 治人事天莫若嗇. 夫唯嗇, 是以早服. 早服, 謂之重積德.; 王弼注: 農人之治田, 務去其殊類, 歸於齊一也. 全其自然, 不急其荒病, 除其所以荒病. 上承天命, 下綏百姓, 莫過於此. 早服, 常也. 唯重積德, 不欲銳速, 然後乃能使早服其常. 故日 早服謂之重積德者也.

의 크기를 적게 하고 백성의 숫자를 줄이는' 차원의 '소국과민(小國寡民)' 사상이다.[31] 문명에 대한 『도덕경』의 이러한 이중적 맥락을 이해하지 못하면, 지나치게 한쪽으로 치우쳐 노자의 사유를 왜곡하기 쉽다. 물론, 고도로 문명화된 세계에 살고 있는 현재의 인간이 노자의 권고를 그대로 받아들이기는 힘들다. 그러나 노자가 당시에 예견한 대로, 인간의 욕심이 본성을 왜곡하는 방향으로, 욕망으로 점철된다면, 삶에 심각한 부작용을 불러올 수밖에 없다.

Ⅳ. 중도적 시각의 필요성

노자의 사유 프리즘에 현재의 교육을 비춰본다면, 이는 인간문명의 극대화를 위한 '더하기(+) 교육'이다. 어쩌면 끊임없이 절대적으로 보태기만 하는, '보태기 교육'의 양태를 보인다. 사용 불가능한 에너지가 더욱 쌓여나가는 '불용(不用)'이나 '무용(無用)'의 교육을 재촉하는 것처럼 느껴진다.

실제로 한국의 초등학생들의 경우, 일반 직장인들의 근무시간보다 훨씬 많은 시간을 교과목 공부에 몰두하고 있다고 한다. 그것이 학생들에게는 무엇보다도 큰일이자 짐이다. 직장인이 하루 8시간씩 주 5일 근무를 한다면, 그들의 작업은 주 40시간에 이른다. 이에 비해, 초등학생들은 학교에서 평균 5시간씩 주 5일 수업을 하고, 방과 후 학교 또는 사교육에 다시 그 이상의 시간을 할애하고 있다(경기신문, 2018. 8. 21.). 이런 모습이야말로 노자가 그렇게 경계하던, 인간의 욕망에 근거한 '더하기 교육, 보태기 교육'이 낳은 전형적 모습이다. '빼기(−)'나 '덜어내기' 교육은 상상조차 힘들다.

노자에 따르면, 더하기 교육에 치중하면 할수록 이러한 문제는 심각해질 수밖에 없다. 남보다 우위에 서기 위한 욕망에 의해 움직이는 교육과 문명은 자연성과 점점 멀어지게 하여 그것을 제어할 수 없기 때문이다. 우리가 살고 있는 21세기 현대사회는 변화가 급격히 일어나며 불확실성이 지배하는 시대다. 예측이 불가능하고 지식의 양은 넘쳐나며, 세상에 존재하는 지식을 모두

31) 80: 小國寡民, 使有什佰之器而不用, 使民重死而不遠徙. 雖有舟輿, 無所乘之, 雖有甲兵, 無所陳之, 使人復結繩而用之. 甘其食, 美其服, 安其居, 樂其俗. 隣國相望, 鷄犬之聲相聞, 民至老死不相往來.

머리에 담을 수도 없다. 과거에는 지식의 양이 한정되어 있었고, 미디어도 발달하지 않아 습득되는 정보의 양이 많지 않았다. 그러나 오늘날은 새로운 정보가 실시간 업데이트되고 있고, 지금의 정보는 대략 20년 후에는 쓸모없는 정보가 되어 있을 가능성이 많다. 이러한 막대한 정보가 홍수처럼 쏟아지는 현대사회에는 학생들에게 모든 지식을 주입하는 것이 불가능하다. 과거에는 인생의 전반부가 배우는 시기였고, 후반부는 일하는 시기로 구분되었다. 하지만, 현재는 그렇지 않다! 교육현장에서는 아직도 과거의 교육방식에 의존하여 학생들에게 정보를 전달하고 주입하고 있다. 이제는 정보 전달이 중요한 것이 아니라 학생 스스로 막대한 정보를 정리하여 이해하고 선별하는 능력이 중요하다. 그럼에도 불구하고 현대의 공교육 모델은 마땅한 대안을 만들어 내지 못하고 있다(유발 하라리/전병근 역, 2019: 388－403).

이런 측면에서 노자의 '덜어내기 교육', '빼기 교육'에 대한 견해는 시사하는 바가 크다. 정보와 지식의 홍수 시대에 교육은 이를 따라가기에 급급하다. 막연하게 따라잡기에 치중한 만큼 '더하기 교육'으로 달려 나가며, 주입식 교육의 양과 시간을 지속적으로 늘려왔다. 이제 이런 교육은 '한계상황'에 직면했다. '보태기 교육' 또는 '더하기 교육'에서 '덜어내기 교육' 또는 '빼기 교육'에로의 방향 전환은 이런 현상에 대한 하나의 대안이 될 수 있다.

노자의 교육에 대해 입장은 단호하다. "배움을 끊으면 근심이 없다!"[32] 거꾸로 말하면, 인간에게 근심이 생기는 이유는 배움에서 비롯되는 사안이 많다는 뜻이다. 왕필의 주석은 이에 대한 사상적 해명을 잘 보여준다.

> 하편[48장]에서 "배움을 행할 경우 날로 보태고, 도를 행할 경우 날로 덜어낸다."라고 하였다. 그렇다면 배운다는 것은 능력을 더하고 그 앎을 진보시키려는 것이다. 그러나 무엇인가 하려는 마음을 없애 만족하게 된다면 무엇 때문에 보태려고 하겠는가? 모르는 가운데 합당하게 된다면 무엇 때문에 진보하려고 하겠는가? 저 참새와 제비는 짝이 있고 비둘기도 짝이 있다. 추운 지방의 사람들은 반드시 털옷을 입을 줄 안다. 저절로 그렇게 됨이 이미 충분한데 더 보태면 우환이 된다.[33]

32) 20: 絕學無憂.

『도덕경』에서는 배움[學]과 도(道)의 질적 차이에 대해 언급하고 있다. 배우는 일, 즉 학문은 지식을 채워가는 행위이다. 도를 행하는 일, 즉 수양은 지식을 비워가는 행위이다. 배움은 '더하기'이고 도는 '빼기'다. 배움은 '보태기'이고 도는 '덜어내기'다. 배우는 일을 교육이라 통칭할 때, 교육은 문명을 유지하는 핵심이다. 앞서 언급하였듯이, 노자는 교육이 문명을 유지하는 수단임을 정확히 인지하고 있었다. 왕필이 지적하듯이, 교육은 능력과 앎을 진보시켜 보다 문명화하려는 노력인 것이다. 반면에 참새나 제비, 추운 지방의 사람들의 사례처럼, 그들은 이미 충분하므로 더 보태려 하지 않는다. 이는 자연성이다. 그럼에도 더 보태려 한다면 자연성을 해치는 우를 범하게 된다.

노자는 여러 곳에서 '빼기' 또는 '덜어내기'에 대해 언급했다. 이는 '더하기'나 '보태기' 교육이 넘쳐나는 현대교육에서 일종의 대안적 사고로 적절하게 적용할 수 있다. "적어지면 얻고, 많아지면 오히려 미혹하게 된다."[34] 이에 대해 왕필은 "저절로 그렇게 되는 나무와 같아 가지가 많아지면 뿌리에서 멀어지듯이 얻는 것이 많아질수록 참됨에서 멀어진다."[35]라고 풀이하였다. 왕필의 설명은 비움에 대해 매우 분명히 하고 있다.

> 어떻게 덕을 극진히 하는가? 비움을 작용으로 삼는다. 비움을 작용으로 삼으면 감당해 내지 못하는 것이 없다. 그러므로 사람들이 마음을 비우면 어느 누구도 같이 되지 않음이 없다. 마음을 비우지 못하면 자신의 목숨을 부지하기도 어렵다. 이 때문에 천지가 넓다 할지라도 비움으로 마음을 삼고, 성왕이 위대할지라도 비움으로 근본을 삼는다.[36]

도를 체득한 것이 덕이라고 할 때, 덕을 극진하게 만드는 것은 바로 비움[無; 虛]의 작용이다. 이는 교육에서 '비우는' 측면에 관한 적극적 옹호다. 노

---

33) 20: 王弼注: 下篇爲學者日益, 爲道者日損. 然則學求益所能, 而進其智者也. 若將無欲而足, 何求於益. 不知而中, 何求於進. 夫燕雀有匹, 鳩鴿有仇, 寒鄕之民, 必知旃裘. 自然已足, 益之則憂.

34) 22: 少則得, 多則惑

35) 22: 王弼注: 自然之道, 亦猶樹也. 轉多轉遠其根, 轉少轉得其本. 多則遠其眞,

36) 38: 王弼注: 德者, 得也. 常得而無喪, 利而無害, 故以德爲名焉. 何以得德, 由乎道也. 何以盡德, 以無爲用. 以無爲用, 則莫不載也. 故物, 無焉, 則無物不經, 有焉, 則不足以免其生. 是以天地雖廣, 以無爲心, 聖王雖大, 以虛爲主

자에게 보태는 교육이나 더하기 교육은 문명을 보다 발전시키려는 인간의 노력을 의미한다. 이에 반해 덜어내는 교육이나 빼기 교육은 마음을 비움으로써 인간의 자연성을 그대로 드러내는 수양을 의미한다. 노자는 배움의 단절을 주장했지만, 실제로는 실현가능성이 없는 극단적 방법이다.

이에 대한 중도적 해석은 보태기만 하는 교육현실에서 덜어내는 교육으로의 지향이다. 덜어내는 교육은 욕망으로 가득 찬 마음을 비우는 교육이다. 더하기나 빼기 가운데 한 방향, 또는 보태기나 덜어내기 가운데 한 방향이 아닌, 양 극단을 배제하고 균형을 고려한다. 더하기나 빼기의 저울질, 그 균형추(均衡錘)를 상황에 따라 고민하려는 노력이다.

이태호(2105)는 『도덕경』을 이해하기 위해서는 '이분법적 사고'를 극복해야 한다고 주장한다. 『도덕경』에서 이를 극복하기 위한 구체적 방법으로 '현동론(玄同論)'과 '상이이론(相已理論)'을 추출해낸다. 현동론은 『도덕경』 1장에서 말한 것처럼, 진정한 '실재(實在)' 세계인 '도(道)는 현(玄)의 입장에서 구분이 없다.'는 뜻이다. 상이이론은 『도덕경』 2장과 같이 상대적으로 대비되는 것은 인위적 구분일 뿐, '우열의 차이가 없다.'는 말이다. 이는 중도적 사고방식과는 다소 차이가 있지만, 이분법적 사고를 해소하는 데 도움을 준다. 물론, 노자의 견해는 실현하기 쉽지 않은 측면이 있다. 그럼에도 불구하고, 현실의 극단적 측면을 고려할 때, 노자의 견해가 중도적 차원에서 해결방안이 될 수 있다고 보는 것이다.

이런 점을 상정한다면, 현재의 교육에서 비움이나 빼기, 덜어내는 교육실천이 구체적으로 가능한지를 살펴볼 수도 있다. 그것이 『도덕경』의 교육적 사유에 관한 중도적 해석을 시도해 보는 이유다. 노자가 말한 '마음을 비운다!'는 구절은 '지나친 욕심, 욕망을 버린다.'는 의미와 함께, '경계를 짓지 않는다.'는 말과도 상통한다. 경계는 인간의 의식작용에 의해 생겨난다. 특히, 대상화 작용을 통해 발생하는 '구분 짓기'다. 어떤 것이 사물로 대상화 된다는 말은 그것의 상대적 이면(裏面)에 의해 성립한다. 어떤 것의 대상화는 언제나 그것이 아닌 이면과의 비교에서 분별되기 때문이다.

왕필은 인간의 의식활동에 의해 대상화된 것을 유(有)로 보고, 그것을 성립하게 만드는 이면을 무(無)로 보았다. 이와 같은 상대적 무는 주관과 객관을 분리하는 이면이라는 점에서 절대적 무와는 구별된다. 절대적 무는 한 사물에서 주관과 객관이 분리되지 않은 상태로 있을 때, 아득하게 대상화 되지 않은 것을 말한다. 이것이 바로 현(玄)의 상태다. 곧 존재물이 전혀 대상화 되지 않은 것에 대한 상태적 개념으로, '물아일체(物我一體)'의 경지이기도 하다(김학목, 1999).

인간사회에서 파생되는 문제의 근원은 바로 이러한 '경계 지음'에서 나온다. 불교에서는 '경계 지음'에 의해, 어떻게 인간의 욕심이 생겨나고 번뇌에 물들게 되는지를 자세하게 논한다. 특히, 『대승기신론』은 중생이 가진 하나의 마음[一心]에서 어떻게 깨달음과 미혹됨이 동시에 존재하는가에 대해 설명하고 있다. 인간의 마음에는 본래적으로 깨달은 마음인 여래장(如來藏)이 존재한다. 하지만 이것이 어리석음[無明]에 의해 물들어 번뇌가 생겨나는 것이다. 생멸문(生滅門)에서는 모든 의식의 기초인 알라야식(ālaya vijñāna)에 깨달은 측면으로서 여래장(如來藏)과 염오(染汚)된 측면으로서의 삼세(三細)가 동시에 자리한다. 삼세는 너무나도 미세하게 염오된 경지이므로 일반사람들은 자각할 수 없다. 인간이 만들어낸 대상 경계는 삼세에 의해 일어나는데, 삼세로 인해 주관과 객관이 분리되어 비로소 경계가 생겨나기 때문이다. 이처럼 알라야식의 삼세로 인해 대상경계가 생겨나면 인간은 그러한 대상 경계에 따라 의식을 내게 되는데, 이것이 바로 육추(六麤)이다. 생각이 이미 거칠어진 상태인 육추에 이르면 인간은 스스로 자신의 생각과 행동을 알 수 있게 된다. 진여심(眞如心)이 무명에 의해 물들어 삼세 육추를 거치는 과정이 염오의 단계라면, 그 반대는 깨달음[覺]의 단계이다(은정희, 2008: 80−88).

욕심이라는 것은 주관과 객관의 구별, 즉 나와 나 아닌 것의 구별에서 파생된다. '나'라는 관념이 생기면, '나의 것'이라는 관념 또한 생기며, 그에 따라 더욱 소유하려는 욕심이 생겨나기 때문이다. 그러한 욕심에 따라 교육과 문명이 발달하면서 사람들은 점점 자연성과 멀어지게 된다. 이처럼 노자는 '경계 지음'이 욕심이 생겨나는 과정과 매우 긴밀하게 연관되어 있음을 통해 마음을 비워내라고 권고한다. 이점은 현재의 교육현실에서 볼 때, '경쟁 지향적' 교육이 어느 지점에서 비롯되었는지에 대한 통찰을 제공하고 있다. 너와 나의 구별이 강해질수록 경쟁은 치열해질 수밖에 없다. 나와 다른 사람은 서로 별개의 존재라는 생각이 교실에서 자리 잡는다면, 상대방은 내가 넘어서야 할 대상 그 이상의 의미를 가지기 힘들다. 학생들은 별다른 죄책감 없이 다른 사람과 경쟁에서 이기기 위해 수단과 방법을 가리지 않는 지경에 이르기도 한다. 반면 '경계 지음'에 대한 자각을 통해, 실질적으로 '경계 없음'을 인식할 수 있다면, 이는 '협력 지향적' 교육을 가능하게 만들 수 있다.

V. 결어

『도덕경』의 사유는 '인간'과 '문명'의 차원에서, 이중적 관점이나 특성을 지니고 있었다. 이런 관점은 자연성의 차원에서 보면 이질적이고, 상대적으로 저편에 자리한다. 때문에 인간사회와 문명을 만들어나가는 수단이나 과정으로 교육을 생각할 때, 인간과 문명을 형성하면서 이룬 이중성을 해소하며 해체하여, 중도적 시각에서 해석할 필요가 있었다. 인간은 '자연에 순응'하거나 '작위를 욕망'하는 존재로의 이중적 특성을 지닌다. 이때 지나친 욕망은 인간을 타락의 길로 인도한다. 또한, 문명도 인위적 산물로 인간의 삶을 피폐하게 만드는 데 결정적으로 기여한다. 하지만 때로는 인간 삶에 필요한 최소한의 조건이기도 하다. 이런 차원에서 노자가 바라본 문명은 전반적으로 부정적인 것이 사실이지만, 모든 인간문명에 대해 극단적 관점으로 치우치기보다 최소한의 필요한 문명의 세계는 인정한다.

인간과 문명에 대한 노자의 이중적 관점은 그것을 실제로 추동하거나 만들어내는 수단이자 방법으로서의 힘인 교육에서 해소될 수 있다. 인간의 문명을 쌓아나가는 데 적극적으로 기여하는 교육은 노자의 시선에서 보면, 인간의 문명을 극대화하기 위한 장치다. 교육에 교육을 거듭하고 문명을 축적해 나가는 보탬의 방식이다. 여기에서 노자의 사유가 빛을 발휘한다. 노자는 '배움을 끊으면 근심이 없다'는 역설을 통해, 교육의 전환을 꾀한다. 그것은 '보태기'나 '더하기' 교육이 아니라 '덜어내기'나 '빼기'의 교육이다. '채움'이 아니라 '비움'의 차원이다. 그 비움은 욕망에 의해 비대해진 인간의 자연성을 제자리로 환원해 놓으려는 '본성회귀'의 교육이자 '인성회복'의 차원이다.

이러한 노자 『도덕경』에 담긴 인간과 문명을 이중적 관점에서 이해하고, 그 중도적 시각을 교육으로 응축해 보려는 시도는 다음과 같은 시사점을 제공한다.

첫째, 인간과 문명에 대한 올바른 이해이다. 어떤 경우에도, 인간세계는 순수하거나 이상적 차원으로만 구성되지 않는다. 인간사회가 누리는 문명 또한 긍정적인 동시에 부정적 요인이 함축되어 있다. 문제는 그런 세계상을 해소하는 방식이다. 교육은 이에 적극적으로 기여하는 방식이어야 한다.

둘째, 교육을 이해하는 방식의 전환이다. 이중적 관점이나 경계 짓기를 통한 구분이 지배적인 경우, 문제를 해결하는 방식은 한쪽을 배제하거나 흡수하기도 하고 둘을 융·복합할 수도 있다. 노자 『도덕경』에 드러난 인간과 문명에 관한 이중적 태도는 반대편에 대한 배제보다는 융·복합적 차원이 강하게 느껴진다. 그것은 중도(中道)라는 방식의 해석을 채택하여, 교육으로 승화할 가능성을 보여준다.

5장

'모순'교육

— 유가(儒家) 비판과 교육적 모순 —

5장의 글은 「노자의 교육적 사유에 관한 재검토: 유가 비판과 교육적 모순을 중심으로」(고려대 교육문제연구소, 『교육문제연구』 32-3, 2019. 8)를 수정·보완한 것이다.

I. 서언

동서고금(東西古今)을 막론하고, 인간은 현실의 부정적 측면에 대해 염증을 느끼며 평화로운 사회를 위해 노력해 왔다. 그것은 과거의 성찰과 창조적 회귀를 통해 미래를 새롭게 열어 가려는 일종의 교육적 열망이다. 서구의 경우, 고대 그리스의 황금시대(黃金時代, Golden Era)에 대한 환상, 계몽주의의 이성 강조에 대한 반발을 토대로 과거 전통에로의 회귀를 강조하였던 18세기 독일의 낭만주의(Romanticism) 사조 등이 그 대표적 사례다. 중국 고대사회에서도 이러한 사상적 흐름을 찾아볼 수 있는데, 노자(老子)의 사유도 그 가운데 하나다. 주지하다시피 노자는 도가(道家) 사상의 핵심에 자리한다. 이는 유가(儒家) 사상의 구심점 역할을 하는 공자(孔子)와 더불어 중국사상의 양대 축을 형성하며, 교육을 비롯한 다방면에 큰 영향을 미쳤다.

기존의 노자사상에 관한 교육학적 접근은 『도덕경(道德經)』 2장에서 강조한 "성인은 무위의 경지에 처하고, 말없는 교화를 실천한다."[1]라는 언급을 중심으로, '무(無)', '무위(無爲)', '자연(自然)' 등의 개념 분석을 통해 진행되어 왔다. 그것은 '말없는 가르침' '직관적 깨달음' '자연주의 교육' '무의도적 교육' '비교육' 등으로 명명되어 노자교육의 특성으로 정돈되었다(고경화, 2001; 신창호, 2004; 오성근, 2005; 황금중, 2005; 조한석, 2007; 강봉수, 2013; 서경, 2014; 배헌국, 2017). 이는 현실에서 '유위(有爲)'나 '인위(人爲)'로 대변되는 교육의 적극적 가치 주장으로 인한 문제점을 비판하고, 그 문제를 해결할 수 있는 원리나 방법을 도출하려는 성향이 짙다. 이러한 연구는 노

1) 2: 聖人, 處無爲之事, 行不言之敎.

자의 사유를 통해 현실에서 발생하는 다양한 교육문제를 보완하려는 시각을 보인다. 때문에 노자의 사유가 현실교육의 대안으로 자리할 수 있다는 입장을 견지하기 쉽다. 이런 논의는 기존의 교육학계에 나름대로 각성의 계기가 되기도 했다. 하지만 노자가 추구하는 교육적 사유의 본질을 규명하는 데는 어느 정도 한계가 있었다.

노자가 활동했던 춘추전국(春秋戰國) 시대는 기존 질서가 흔들리고 전쟁과 기아로 인해 매우 혼란스러운 시기였다. 당시 시급한 시대적 요구는 사회안정을 찾는 데 있었다. 때문에 정치사상으로서 제자백가(諸子百家)는 사회변화의 방향과 새로운 사회 구축을 위한 방법적 논의를 다양하게 전개했다. 『도덕경』을 통해 볼 때, 노자는 유가에서 제시하는 교육양식에 대해 매우 비판적이었다. 유학의 교육내용으로 제시되는 가치들에 대해 회의적 입장을 지니고 있었다. 이는 노자의 교육적 사유에 대한 기존 연구의 재인식을 요청한다. 앞에서 언급한 것처럼, 기존의 노자교육에 관한 연구는 시대를 넘어 21세기 현재교육의 문제점을 해소하는 차원에서 적절한 아이디어를 제공할 수 있다. 그러나 노자가 추구하는 사유의 근본은 유가를 중심으로 제자백가를 비판하면서 새로운 교육적 사유를 지시하는 데 있었다.

이에 본고는 노자의 사유가 유가에서 제시한 사회변화 방법으로서 교육에 대한 비판에 있다는 점을 규명한다. 그리하여 사회와 교육의 관계를 분석하고, 교육적 모순이 의미하는 교육성을 검토해 보려고 한다. 따라서 '교육'의 범위를 현재의 교육, 즉 근대철학이 제시한 이성(理性)과 합리성(合理性)에 기초한 방식의 교육에 한정한다. 이런 개념을 기초로, 먼저 노자를 포함한 제자백가들이 갖는 정치사상의 성격을 살펴보고, 노자의 정치적 지향이 실현 불가능성을 내포하고 있다는 한계점을 밝힌다. 이는 노자의 사유가 시대 문제를 해결하는 '대안'으로만 독해해서는 곤란하다는 점을 일러준다. 다음으로 노자의 유가 비판을 통해 사회변화와 교육의 모순을 고찰한다. 이는 교육과 사회의 관계가 어떠해야 하는지 하나의 시사점을 제공할 수 있다. 교육이 사회변화를 주동적으로 이끌어야 하는지, 그런 인식 자체가 어떤 교육적 모순을 야기하는지, 교육의 사회화 작업에서 고려해야 할 당위와 한계를 노자의 관점을 투영하여 분석해 본다. 이런 작업은 노자의 사유가 유가를 비판하는 그 자체로 교육적 모순을 낳고, 그 모순이 또 다른 교육의 특성을 야기할 가능성이 있음을 보여준다.

II. 사유의 지향과 교육 인식

노자를 포함하여 제자백가가 활동한 '춘추전국'이라는 시대는 주(周)나라의 동천(東遷) 이후 진시황제(秦始皇帝)의 통일까지, 약 550년간을 일컫는다. 당시 주나라는 봉건제(封建制)와 종법제(宗法制)를 기반으로 하는 국가였다. 봉건제는 왕이 직접 다스리는 왕도(王都) 또는 왕기(王畿) 지역을 제외한 넓은 영토를 친지들에게 적당히 나누어주고, 대신 다스리게 하는 제도다. 이처럼 주나라 왕실은 왕이 직접 다스리는 직할 지역인 호경(鎬京)과 낙읍(洛邑)을 제외한 넓은 지역을 수십 개의 작은 제후국으로 나누어 친지들에게 분봉(分封)하여 다스리게 했다. 주나라의 영토는 광대하였으므로 나누어 준 제후국들이 초기에는 1,800여 국에 이르렀다.

여러 제후들의 결속을 확고히 유지하기 위해 주나라 왕실은 혈연(血緣)에 기반을 둔 종법제를 실시하였다. 종법제는 대종(大宗)과 소종(小宗)에 기초한 본가(本家)와 분가(分家)의 관계를 주나라 왕실과 제후국 사이에 적용한 정치 지배질서 제도를 말한다. 대종과 소종은 종친(宗親)간의 상하구별 · 친소(親疏) 구별을 확립하고, 종자(宗子)를 존중하며, 동족의식을 강조하는 종법질서 이념의 근간이 된다. 대종을 제외한 다른 종인들은 소종이 되어 종주(宗主)의 권위와 지시에 복종했으며, 조상의 제일(祭日)에는 종주에게 물심양면으로 협조하고, 전쟁 때는 종주의 통솔 아래 출전하기도 했다. 이런 질서는 주 왕실의 천자에서 제후 · 경(卿) · 대부(大夫) · 사(士)에 이르기까지 그 질서가 정연하게 확립됨으로써 주나라 왕실 일가(一家)의 천하(天下)를 이루게 된다. 이런 봉건과 종법제의 질서를 유지하기 위한 최고의 장치가 다름 아닌 교육이었다. 그것은 주나라의 제도 전반을 종합적으로 정리한 '주례(周禮)'를 근거로 진행되었다. 그런 만큼 『주례』는 당시 교육의 내용과 형식을 통해 매우 구체적이고 체계적으로 담보하고 있었다.

주나라는 왕실을 구심점으로 수많은 제후국이 응집하는 형태로 유지되고 있었다. 그러므로 기원전 771년 이민족인 견융(犬戎)의 침입으로 주나라의 유(幽)왕이 피살되면서 다음 해에 그의 아들 평(平)왕이 즉위하여 일부 제후의 도움을 받아 도읍을 낙읍으로 옮겨 왕조의 명맥을 잇게 되었다. 이것이 주나라의 '동천(東遷)'이다. 이후 수많은 제후국들이 중앙 왕실의 통제력에서 벗어나 약육강식의 전쟁에 휘말려 들게 되었다. 이러한 상황에서 제후들의 관심은 자연스럽게 부국강병(富國强兵)을 지향하였다. 국부(國富)의 증대를 위한 노력은 계속되었고, 실제로 경제적 생산력이 증대되기도 하였으나 전쟁과 더불어 지속되는 정치적 혼란은 백성들의 삶을 오히려 피폐하게 만들어갔다(장승구 외, 2002: 93-94; 김학목, 2013: 7).

당시 폭군이나 부패한 관리들은 정전(井田)의 쟁탈을 일삼음으로써 가장 중요한 경제정책이라고 볼 수 있는 정전제(井田制)를 파괴해 나갔고, 번잡한 법령과 과다한 세금, 그리고 잦은 전쟁은 백성들을 도탄에 빠지게 만들었다. 한편, 사회적으로는 상공업자들의 매관매직으로 인해 귀족계급이 몰락해 가고 있었고 농노 및 상공계급도 해방되어 가고 있었다. 이러한 변화 속에서 제후들은 주나라 왕실의 명령은 무시하고 자기 세력의 확장에 힘을 쏟고 있었다(고재욱, 1999: 299).

혼란과 궁핍이 이어지자 백성들은 이전까지 그들이 믿고 있던 천(天)이나 조상신(祖上神)을 원망하고, 그들이 겪고 있는 고난과 불행을 하늘의 탓으로 돌리는 등, 주나라의 통치 이데올로기에 대한 의심과 반발을 품기 시작하였다. 이는 세계관의 전환과 새로운 사회적 이상을 요청하게 만들었다. 과거의 주술적(呪術的)이고 신정적(神政的) 세계관은 점차 이성적이고 합리적 세계관으로 대체되었다. 이러한 흐름 가운데 제자백가의 사상이 등장하게 되었다(장승구 외, 2002: 95).

야심찬 각 나라의 제후들은 천하통일에 뜻을 두고 능력 있는 학자들을 초청하여 후대하였다. 제자백가의 출현은 바로 여기에서 비롯된다. 이들은 자신의 학문을 바탕으로 붕괴 직전에 있는 주나라 통치제도의 근간인 '주례'에 대해 새롭게 해석하거나 대안을 제시한다. 이 지점에서 주요 제자백가들이 주장하는 사유의 양식의 나눠진다. 유가는 '주례(周禮)'를 수정·보완하여 여전히 통치제도로 존속시켜야 한다는 입장이다. 반면, 법가(法家)와 묵가(墨家)는 '주례' 대신 다른 양식으로 통치제도를 대체해야 한다고 주장한다. 노자를 중심으로 하는 도가(道家)의 경우, '주례'는 물론 다른 어떤 양식도 통치제도로 사용해서는 안 된다는 사유를 제기한다(김학목, 2013: 8).

서로 다른 사유의 양식과 정치 제도를 제기하지만, 유가, 법가, 묵가, 도가 등 제자백가는 당대의 혼란을 바로잡고 사회를 변화시키는 것을 목적으로 하는 정치적 성격을 필연적으로 지니고 있었다. 그러므로 제자백가 사이의 사상적 주장이나 의견 차이는 사회변화의 방법과 그 결과물에 대한 설정에서 비롯되며, 노자의 사상 또한 근본적으로는 이러한 측면에서 다른 사상들과 차이를 보인다. 즉 유가와 법가 및 묵가는 모두 전쟁의 종식과 세상의 평화를 위해 어떠한 형태로든지 통치제도를 인정하고 요청한다. 하지만 노자는 그의 '무위자연(無爲自然)' 사상을 통해, 인간의 지성과 교육의 산물인 사상이나 법과 제도 등으로는 세상의 문제를 해결할 수 없다고 인식한다. 뿐만 아니라 그것이 오히려 세상을 혼란하게 만들기 때문에 이런 것들을 없애고 소박하게 살아야 한다고 주장한다. 그리하여 '소국과민(小國寡民)'이라는 이상사회를 제시하면서, 부(富)와 생산량 증대를 추구하는 인간사회의 모든 발전조차도 중단해야 한다고 역설한다. 노자의 관점에서 보면, 사회발전을 위한 다양한 노력들이 오히려 사회를 망치고 있었던 것이다.

당대의 정치가 왕을 중심으로 이루어지는 일종의 절대군주제(絕對君主制)를 토대로 이루어졌다는 점을 고려할 때, 제자백가 사상은 군주론(君主論) 또는 통치론(統治論)의 성격을 지닌다. 실제로 노자는 『도덕경』을 통해 최상의 군주는 어떤 모습인지, 그리고 백성들을 어떻게 다스려야 하는지를 제시하고 있다. 물론, '다스리다'라는 의미가 '유위(有爲)'를 통한 정치적·교육적 가치를 지향한다는 점에서, 무위(無爲)를 강조하는 노자에게 '다스리다'는 표현은 다소 부적절하게 여겨질 수도 있다. 그러나 노자는 가장 훌륭한 위정자로 '무위(無爲)'와 '자연(自然)'에 따라 백성을 다스리는 존재로 규정하였다.

> 최상의 통치자는 아랫사람들이 그가 있다는 것만 알 뿐이다. 다음 단계의 통치자는 아랫사람들이 가깝게 여기고 따른다. 다음 단계의 통치자는

> 아랫사람들이 두렵게 여긴다. 다음 단계의 통치자는 아랫사람들이 모멸한다. 신의가 부족하니 여기에서 불신이 생긴다. 느긋하게 아무 말도 하지 않고 있으니, 공과 일이 완수되어도 백성들은 모두 '내가 저절로 그렇게 되었다'고 한다.[2)]

노자는 정치의 등급을 넷으로 구분하였다. 그것은 '무치(無治)–덕치(德治)–법치(法治)–포학(暴虐)'으로 정돈할 수 있다(장기근, 2009: 127). 노자가 제시한 최상의 통치자는 하늘과 땅이 말없이 인위적으로 작용하는 일 없이 만물이 생겨나고 자라나게 하듯이 무위자연의 도를 따라 백성을 다스리는 군주다(박일봉, 2005: 56). 그 이외의 통치자들은 유가와 법가 사상가들이 제시한 군주(君主)의 이미지를 연상하게 만든다. 백성들이 가깝게 여기고 따르는 통치자는 인(仁)의 정치를 통해 백성들의 우러름을 받는 유가적 성군(聖君)에 해당한다. 백성들이 두렵게 여기는 통치자는 엄격한 법의 적용을 통해 백성들의 기강을 세우는 법가적 군주에 대응한다. 이처럼 노자를 제외한 제자백가 사상가들이 제시한 정치체제는 주로 군주 개인의 능력에 의존하는 양상을 보인다. 흔히 말하는, 군주의 위엄(威嚴)과 권위(權威)에 의존하는, '권위적 리더십 시스템'이다. 그러한 군주의 능력을 바탕으로 백성들과의 특정한 관계를 맺고, 이를 바탕으로 사회를 구축해나가는 것이다.

그러나 노자가 제시하는 최상의 군주는, 뛰어난 덕이나 정치 능력, 또는 카리스마를 가진 여타의 제자백가 사상이 주장하는 군주의 이미지와는 다르다. 백성들과 어떠한 관계도 맺고 있지 않다. 노자의 이상사회에서 군주는 그저 가만히 존재하기만 할 뿐, 그 능력이 큰 영향력을 갖지 못한다. 군주는 최고의 '무위(無爲)'를 구현하는 사람이다. 물론 '무위'의 정치라는 말이 아무 것도 하지 않고 가만히 존재하기만 하는 것은 결코 아니다. 그만큼 인위적으로 하지 않고 가만히 존재하기만 해도 저절로 다스려질 정도의, 다른 차원의 미덕을 갖추었다.

엄밀하게 말하면, 권력이 집중된 개인의 능력에 의존하는 사회는 '뛰어

---

2) 17: 太上, 下知有之. 其次, 親而譽之. 其次, 畏之. 其次, 侮之. 信不足焉, 有不信焉. 悠兮, 其貴言. 功成事遂, 百姓皆謂我自然.

난 군주의 출현'이라는 요행(僥倖)의 요소를 함축하고 있기에 언제나 위험부담을 안고 있다. 물론, 각 사상들은 이를 보완하기 위한 다양한 해결책을 제시함으로써 사상을 견고하게 만들려고 한다. 그러나 이는 위험부담을 최소화하는 방안일 뿐, 근본적으로 문제를 제거하는 작업은 아니다. 그러므로 노자는 무위(無爲)의 통치자를 제시함으로써, 일시적이거나 일회적 통치자의 출현이 아니라, 사회 전반의 구조적 변화를 통해 자연스럽게 다스려지는 새로운 사회 구축을 갈망하였다.

그런 무위의 정치에서 궁극적으로 이루어진 국가의 모습이 어떠해야 하는지, 노자는 다음과 같이 주장한다.

> 나라를 규모를 작게 하고 백성의 인구를 적게 하라. 훌륭한 재능이 있을지라도 쓰이지 않게 하라. 백성들이 죽음을 두렵게 여기고 멀리 이사하지 않게 한다면, 배가 있을지라도 탈 사람이 없고, 무기가 있을지라도 전쟁할 곳이 없다. 사람들이 다시 새끼를 꼬아서 표시로 사용하고, 자기들의 음식을 달게 먹으며, 자기들의 옷을 아름답게 여기고, 자기들의 거처를 편안하게 여기며, 자기들의 풍속을 아름답게 여기면, 이웃 나라가 서로 바라보여 개 짖고 닭 우는 소리를 서로 들을 수 있을지라도 백성들이 늙어 죽을 때까지 서로 왕래하지 않는다.[3)]

노자의 정치적·교육적 지향은 당시 유가를 비롯한 유위(有爲)를 염원하는 사유와는 상당히 다른 양상을 띤다. 인용문에서 드러나는 것처럼, 노자가 제시하는 사회모순이나 그 해결 방식도 일반적 상황과는 다르게 느껴진다. 그가 가장 관심을 가진 것은 인간의 편안한 생활이다. 문명의 진보도 기계 기술의 발달도 아니다. 문명의 이기(利器)는 인간의 노동을 경감하고 생활을 풍부하고 화려하게 만들 수 있다. 그러나 그것으로 인한 게으름과 낭비, 생명의 쇠퇴 현상, 마음의 천박함이 표출되기도 한다. 특히, 교육을 통한 지식의 진보는 인간을 총명하게 만들지만, 그 총명은 동시에 음험하고 교활한 지혜로 전

---

3) 80: 小國寡民. 使有什伯之器而不用, 使民重死而不遠徒. 雖有舟輿, 無所乘之, 雖有甲兵, 無所陳之. 使人復結繩而用之. 甘其食, 美其服, 安其居, 樂其俗. 隣國相望, 雞犬之聲相聞, 民至老死, 不相往來.

락하여 인간을 파괴하는 데 기여할 수도 있다. 노자가 가장 두려워한 대목이 바로 이 지점이다. 신통치 못한 지식이나 기술의 발달이 인간의 편안한 생활을 침해할 수 있다! 인간의 자연스러운 순수함과 순박성이 문명의 교활한 지혜와 경박함에 의해 파괴될 수 있다(노태준, 1984, 247−248).

노자가 인간의 삶이나 사회 자체를 거부하는 것은 결코 아니다. 하지만 유가나 여타의 제자백가에 비하면, 노자의 대안은 거부에 가까울 정도로 일반적인 인간의 삶이나 사회의 모습을 극단적으로 최소화하는 양식처럼 비춰진다. 사회문제의 해결방식으로 노자가 제시하고 있는 것은 어떤 측면에서는 아주 단순하다. '이미 사용하고 있는 문명의 이기를 없애버림으로써 문제를 해결한다!'가 아니라, '이미 문명의 이기가 있지만 이를 사용하지 않음으로써 문제를 해결한다!'라는 것이다. 이는 근본적으로 인간사회를 살아가는 인간으로서 '자기모순'을 야기한다. 긍정적 요소가 조금이라도 인정된다면 문명의 이기를 더욱 발전시키고, 부정적 요소가 감지되는 경우에는 문명의 이기를 쇠퇴시키는 방식이 일반적 상황에서 인간사회의 모습인데, 노자는 문명의 이기 자체를 '사용하지 않는' 방식을 선택한다.

이러한 사유가 나타내는 의미는 다음의 두 가지 형식으로 정리된다(이규상, 2009: 39). '① 문명의 이기가 있다. 그러나 사용하지 않는다.' '② 문명의 이기가 있다. 그러나 사용하지 않는 사회가 있다.' 먼저 ①의 내용을 살펴보면, 기본적으로 문명의 이기가 있다. 문명의 이기는 사용하기 위해 만든 것이다. 그러나 사용하지 않는다. 그렇다면 '왜 문명을 만들었는가?' 이것은 자기모순이다. 노자가 그려놓은 세상은 문명이 발생하기 이전, 태초의 원시시대나 문명의 여명기와는 전혀 다르다. 그 시대는 문명의 이기가 발명되지 않았기 때문에, 문명의 이기를 사용할 것인지 말 것인지는 선택의 문제가 아니었다. 다음으로 ②의 내용을 살펴보면, 문명의 이기가 있다. 그러나 사용하지 않는 사회가 있다. 그런데 '편리한 문명의 이기가 있는데도 사용하지 않는 사회가 현실 속에 존재하는가?' 이는 비합리적이다. 현실 속에 이러한 사회가 존재했거나 존재할 수 있다고 생각한다면, 그것은 환상일 뿐이다. 여기에서 노자의 사유는 유가를 비롯한 일반적인 유위(有爲)의 상황에서 볼 때, 자기모순이자 비합리성을 담고 있다.

노자는 이성[머리]을 교묘하게 사용하는 법에 대해 알면, 그것을 언제든지 자신이 사용하기 위해 나쁜 곳에 사용할 수 있기 때문에 문명의 개발을 반대한다(김학목, 2013: 21). 그러나 노자 당대의 사람들은 이미 문명의 유용성을 알았고, 문명을 통해 편리하게 살아갈 수 있음을 경험하였다. 때문에 그들이 문명을 자발적으로 멀리하고, 사용하지 않도록 만드는 것은 불가능하다. 그런 점에서 노자가 언급한 '나라의 규모를 작게 하고 백성의 인구수를 적게 한다.'라는 의미의 '소국과민(小國寡民)'은 문명이 유용하지 않다는 '비합리적 믿음'에 기초한다. 이는 유가의 합리성에 비추어볼 때, 적어도 그와 상대편에 있거나 반대의 사유를 함축하고 있다. 교육적 차원도 그렇게 형성된다.

또한, 노자는 '소국과민'을 달성한 이후, 어떠한 변화나 발전의 양상도 제시하지 않는다. 마치 교육 자체가 존재하지 않는 모습이다. 사람들은 태어난 그대로 가만히 놔두어도 이미 충분히 아름답고 선하게 살 수 있도록 태어났다(김학목, 2013: 16). 때문에 그곳에는 그들을 그저 그렇게 두는 것 외에는 사회적 요구가 없다. 그에 따라 인간을 사회화시킬 내용도 없다. 즉 국가이데올로기나 보편적인 예의범절을 주입시킬 교육이나 학습이 의미가 없다는 뜻이다. 그만큼 사회적 조건의 변화는 사회구성원들의 욕구 변화를 야기하므로, 소국과민의 국가에서는 문명의 해로움에 대한 믿음을 통해 일체의 변화가능성을 닫아두어야만 한다. 이는 문화전승을 통한 사회의 진보가 이루어지지 않는다는 의미다. 하지만 동서고금을 막론하고 이러한 사회는 현실적으로 지속 불가능하다. 물론, 이러한 '소국과민'의 사유를 유가의 '대동(大同)'사상과 결부하는 논의가 있기도 하다(안성재, 2012: 604-610). 그러나 노자 『도덕경』의 문법 자체로 보면, 문명을 매우 제한하고 함축하여 설정하는 것은 분명해 보인다.

애초에 유지될 수 없는 사회를 이상으로 내세우는 정치·교육사상은 의미가 없다. 당대의 최고 지식인이었던 노자가 이러한 사유나 사유의 실천 결과를 예측하지 못했을 리 없다. 문제는 노자가 '왜 그런 역설(逆說, paradox)을 통해 시대에 물음을 던졌는가?'이다. 이런 점에서 노자의 사상 자체를, 있는 그대로, 현실적 대안 제시로 받아들여서는 곤란하다. 특히, 교육에서 새로운 방향이나 방법으로 제시되어서는 더욱 안 될 것이다. 왜냐하면 사회에 치

명적 해를 끼치는 교육을 설정하는 것은 무의미하기 때문이다(Durkheim, E./이종각 역, 2019: 70). 노자를 현실교육의 대안이 아닌 비판의 차원에 한정하여 독해하려는 이유가 여기에 있다.

Ⅲ. 유가교육 비판과 교육적 모순의 교육성

어떤 사상이건 비판적 성격을 띠고 있다면, 비판의 대상이 존재하기 마련이다. 노자의 사상도 마찬가지다. 노자가 비판하는 대상도 분명히 존재한다. 『도덕경』 전반에 나타나는 노자의 어조를 통해 볼 때, 그 대상은 공자로 대표되는 유가(儒家)임을 쉽게 예측할 수 있다. 왜냐하면 『도덕경』은 유가에서 강조하는 가치들을 부정적 시선으로 서술하기 때문이다. 대표적인 사안이 다음에 기술한 내용이다.

> 배우고 그것을 때에 맞춰 익히면 기쁘지 않겠는가![4)]
> 제자들이 집에 들어와서는 효도하고 밖에 나아가서는 공손하며, 조심스럽게 행동하고 성실하게 처신하며, 널리 대중을 사랑할지라도 어진 사람을 가깝게 해야 한다. 이런 것들을 시행하고도 여유가 있으면 글을 배워야 한다.[5)]

인용문은 교육과 관련하여 잘 알려져 있는, 사회적 관계 속에서 자신의 착한 덕성과 능력을 개발해야 됨을 강조하는 교육적 언표이다. 그런데 노자는 이에 대해 정면으로 비판한다.

> 배움을 시행하면 날마다 보태고, 도를 시행하면 날마다 덜어낸다. 덜어내고 또 덜어내서 아무것도 시행하는 것이 없게 되면, 시행하는 것이 없지만 시행하지 않는 것이 없게 된다.[6)]

---

4) 『論語』「學而」: 學而時習之 不亦說乎!
5) 『論語』「學而」: 弟子入則孝, 出則弟, 謹而信, 汎愛衆, 而親仁, 行有餘力, 則以學文.

천하가 모두 아름다움이 아름다운 것이 되는 줄 아는 것, 이것은 추악한 것일 뿐이고, 모두 선함이 선한 것이 되는 줄 아는 것, 이것은 선하지 않은 것일 뿐이다.[7]

이는 당시의 법가나 묵가 등 제자백가 모두를 비판하기보다는 대표적으로 '배움'을 강조하던 유가를 선택해 집중적으로 공격함으로써 나머지 제자백가까지 비판하는 전략으로 볼 수 있다(김학목, 2013: 17). 앞에서 언급한 것처럼, 제자백가들이 사회변화를 추구하는 정치사상적 성격을 가지고 있다면, 같은 맥락에서 노자의 비판 또한 유가의 이와 같은 측면을 대상으로 하고 있음은 자명하다.

노자가 비판하는 유가의 상징은 무엇보다도 공자를 중심으로 한다. 그렇다면 공자가 추구한 현실적 합리성(合理性)이란 무엇을 의미하는가? 그것은 보다 이성적으로 계명되고 도덕적으로 성숙되어 진정한 의미의 질서와 평화가 정착된 인간적 사회의 실현이다. 공자는 역사적 현실 속에서 자기의 이상이 실현 불가능한 것을 알면서도, 최후까지 그 이상을 포기하지 않고 자기의 능력이 닿는 한 최선을 다했다. 공자는 보다 장기적 안목에서 교육을 통한 이상의 실현을 추구함으로써 '진인사대천명(盡人事待天命)'을 몸소 실천하였다(장승구 외, 2002: 33-34).

공자가 제시하는 이상적 사회의 모습은 '이성적'이고 '도덕적'인 성숙이 완성된 사회이다. 공자는 이러한 사회가 교육을 통한 인간성의 회복을 통해 가능하다고 보았다(신창호, 2012). 유가에서 궁극적으로 의도했던 바는 제대로 교육받은 위정자들의 덕치(德治)를 통한 사회변화였다. 물론, 궁극적으로는 위정자뿐만 아니라 『논어(論語)』「안연(顔淵)」의 '군군신신부부자자(君君臣臣父父子子)'에서 강조하는 것처럼, 모든 사람이 자신의 지위에 합당한 역할과 책임을 다해야 한다고 역설하였다(장승구 외, 2002: 43). 하지만 공자에게 백성[民]은 기본적으로 위정자에 의해 좌우되는 수동적 존재다. 『논어』에서 문장 구조상, 백성이 주어인 경우 백성의 행동은 수동적이고 소극적일 뿐이다. 주

6) 48: 爲學日益, 爲道日損, 損之又損, 以至於無爲, 無爲而無不爲矣.

7) 2: 天下皆知美之爲美, 斯惡已, 皆知善之爲善, 斯不善已.

체로서의 주동적이고 적극적인 행동이나 주장은 거의 없다. 백성의 행동은 위정자의 행동에 대한 조건반사일 뿐이다. 위정자의 행위에 따라 백성의 마음과 행동이 달라진다(박병석, 2014: 36). 이런 점에서 볼 때, 공자로부터 시작된 유가의 사상은 '위정자 교육을 통한 사회변화'로 요약할 수 있다. 공자는 '사회변화'라는 당대 사회의 요구를 달성하기 위한 방편으로 '이성적 교육'을 제시한 것이다.

사회적 요구와 교육의 관계에 대해, 뒤르켐(Durkheim, E./이종각 역, 2019)은 역사적으로 나타난 교육에 대한 분석을 통해, '사회가 아동을 통해 사회 자체의 기본 조건을 준비하기 위한 수단'이 교육이라고 정의한 바 있다. 뒤르켐은 교육이 형성해야 하는 인간상은 자연이 만든 인간상이 아니라 사회가 필요로 하는 인간상이다. 교육이 인간의 변화를 전제하고 교육을 통해 변화된 인간상이 교육의 목적이라면, 교육에 대한 뒤르켐의 정의는 교육의 목적이 사회적 요구에 의해 설정된다는 것을 의미한다. 모든 사회가 추구하는 보편타당한 교육이 존재하는 것이 아니라, 각 사회가 모두 그 사회에 적합한 교육을 추구한다는 말이다.

뒤르켐의 논의를 확장한다면, '교육'이라는 특정한 관념적 대상이 사회에 적용되는 것이 아니라, 사회의 요구에 맞는 인간상을 길러내기 위한 사회적 현상이 '교육'이다. 이 경우 '교육'으로 지칭되는 행위의 양상은 시대에 따라 달라질 수 있다. 실제로 뒤르켐은 일반적으로 교육이라고 인식하는 교양으로서의 교육 행위뿐만 아니라 그리스 · 로마 도시국가에서 시행된 개인을 집단에 맹목적(盲目的)으로 복종할 수 있도록 훈련시켜 사회의 피조물이 되도록 만드는 훈련 행위 또한 교육으로 규정한다(Durkheim, E./이종각 역, 2019: 80).

그렇다면 사회의 변화라는 사회적 요구를 달성하기 위해 제자백가들이 제시한 방법은 사회 구성원으로서 위정자들과 백성들의 교육과 연관되고 교육의 범주 안에 포함된다. 노자가 유가를 비판하는 성격을 갖고 있다면, 유가가 제시하는 사회변화의 방향과 방법에 대한 비판을 담고, 이 과정에서 각 사상은 '사회적 요구의 달성 방법', 즉 교육을 서로 다르게 제시한다. 그것은 노자의 유가 비판이 유가에서 제시한 사회변화 방향의 타당성 문제와 함께 유가에서 제시한 '교육을 통한 사회변화'의 가능성 문제에 대한 비판으로 귀결된다.

다시 강조하지만, 당대의 사회적 요구는 '사회변화'이다. 노자 당시의 각 국가가 군주의 절대적 영향력 아래 있었다는 점을 고려한다면, 사회변화는 부국강병(富國强兵)의 국가를 지향하는 군주의 요구와 어떠한 방식으로건 평화와 안정을 지향하는 백성의 염원으로 구분할 수 있다. 이때 노자는 "천하 사람들의 입장에서 천하를 살핀다."[8]라는 구절에서 알 수 있듯이, 양자 가운데 백성의 열망에 보다 초점을 맞춘다. 그러므로 노자에게 사회변화의 방향이 왕에게 맞춰진 것은 문제가 있고, 백성들에게 맞춰진 것은 문제가 없는 것으로 이해할 수 있다.

이를 바탕으로 사회변화의 방향과 대응 방법 사이의 관계를 설정한다면, 다음과 같은 네 가지 경우의 수가 발생한다. ① 사회변화의 방향에 문제가 없고, 달성 방법이 이에 부합하는 경우, ② 사회변화의 방향에 문제가 있고, 달성 방법이 이에 부합하는 경우, ③ 사회변화의 방향에 문제가 없고, 달성 방법이 이에 부합하지 않는 경우, ④ 사회변화의 방향에 문제가 있고, 달성 방법이 이에 부합하지 않는 경우다.

이 네 가지 분류 가운데 ④는 혼란의 가운데 아무것도 행해지지 못하고 있는 것이므로, 당대 사회를 의미한다. 그리고 도가, 유가, 법가 사상의 정치적 지향은 ①, ②, ③의 상태를 통해 설명할 수 있다. 먼저, 법가의 경우 규율과 처벌을 통해, 공포를 기반으로 하는 정치라는 측면에서 사회변화의 방향이 군주의 관점에 맞춰져 있다. 이를 달성하기 위해 법가는 백성들이 처벌을 두려워함으로써 법을 준수하도록 만들려고 한다. 이와 같은 방법은 사회변화에 부합하는 것이므로 ②의 경우에 해당할 것이다. 그러나 이때 법가에서 제시하는 사회변화 방법은 '이성'이 아니라 '공포'라는 감정에 기초하여 이루어진다는 점에서 유가적 교육과는 다른 양상을 보인다. 노자는 '백성들이 두렵게 여기는' 법가적 통치를 옳지 않은 것으로 여겼으며, 법가가 제시한 사회변화의 지향점 자체가 폭압적인 것으로 잘못이라고 지적했다.

유가 또한 '성군(聖君)'과 어진 신하[賢臣]들을 중심으로 하는 형태의 사회를 제시한다는 점에서 왕의 관점을 바탕으로 하고 있다. 그러나 백성들의

8) 54: 修之於鄕, 其德乃長, 修之於國, 其德乃豊, 修之於天下, 其德乃普. 故以身觀身, 以家觀家, 以鄕觀鄕, 以國觀國, 以天下觀天下.

교화(敎化)를 통해 일종의 합의를 끌어내려는 노력이 함께 이루어진다. 또한, 사회변화의 방향에 대한 합의를 도출하는 수단이자 사회변화를 달성하는 수단으로 공자는 이성에 기초하는 교육을 제시한다. 이에 노자는 『도덕경』의 전반에 걸쳐 유가적 가치들과 그 교육방식에 대해 지속적으로 비판한다.

> 성스러움을 끊고 지혜로움을 버리면 백성들의 이익이 백배로 된다. 어짊을 끊고 의로움을 버리면 백성들이 효성과 자애를 회복한다. 교묘함을 끊고 이로움을 버리면 도적이 없어진다.[9] 배움을 끊으면 근심이 없다.[10] 그러므로 도를 상실한 이후에 덕이 있게 된다. 덕을 상실한 이후에 어짊이 있게 된다. 어짊을 상실한 이후에 의로움이 있게 된다. 의로움을 상실한 이후에 예가 있게 되는 것이다. 예란 참된 마음과 신의가 갈 데까지 간 것이며 혼란의 시작이다.[11]

노자는 유가적 교육이 사회변화에 부합하지 않을 뿐만 아니라, 오히려 혼란을 가중한다고 인식한다. 노자가 보기에 유가적 교육은 사회적 허위와 탐욕, 백성들이 지닌 소박한 생명의 본질을 흐리는 결과를 초래한다(朱維煥, 2001: 64). 그러므로 유가 사상은 ④로부터 ③으로 이행되는 과정에 있다고 할 수 있다.

앞에서 '소국과민'이 가진 모순에 대한 분석을 통해 언급한 것처럼, 노자가 제시하는 사회변화의 방법은 합리적 설득 차원의 문제가 아니다. 노자는 오히려 비합리적 차원에서 백성들에게 문명이 쓸모없다고 '믿게 만드는 양식'을 제시한다. 즉 노자의 이상사회는 공자의 '이성적' 차원에서의 합리성과는 대조적으로, '비이성적 믿음'에 기초한 비합리성을 토대로 하는 것이다.

노자는 군주의 관점이 배제되고 오로지 백성들의 평안만이 목적이 되는 사회로서의 '소국과민'과 이에 부합하는 비이성적 믿음을 교육내용으로 제시함으로써, ①의 상태를 지향하고 있다. 이를 실현하기 위한 방안으로 노자는

9) 19: 絕聖棄智, 民利百倍, 絕仁棄義, 民復孝慈, 絕巧棄利, 盜賊無有.
10) 20: 絕學無憂.
11) 38: 故失道而後德, 失德而後仁, 失仁而後義, 失義而後禮. 夫禮者, 忠信之薄, 而亂之首.

공자와 반대 방향으로 사회변화를 이끌어내려고 한다. 즉 공자가 개인들에 대한 교육을 통해 사회변화로 나아가는 방식을 추구하였다면, 노자는 사회전체의 변화를 통해 그 속에서 자연스럽게 백성 개개인의 변화를 유도하는 것이다.

> 현명함(賢)을 숭상하지 않음으로써 백성들이 다투지 않게 한다. 얻기 힘든 재화를 귀중하게 여기지 않음으로써 백성들이 도둑이 되지 않도록 한다. 욕심낼 만한 것을 보여주지 않음으로써 백성들의 마음이 어지럽게 되지 않도록 한다.[12)]

위의 인용문이 공자의 관점에서 쓰였다면, '백성들에 대한 교화를 통해 다투거나 재화를 탐내지 않도록 함으로써 재화와 같은 이익보다 인(仁)을 실천하는 데 관심을 두도록 해야 한다.'와 같은 방식의 서술이 이루어졌을 것이다. 그러나 노자는 우선 현명함을 숭상하거나 재화를 귀중히 여기지 않는 사회를 만든다면, 자연스럽게 백성들이 다투거나 도둑이 되지 않을 것이라고 거꾸로 설명한다(楊義 · 党聖元, 2007: 7). 즉 성인이 세상을 다스리는 방법은 백성들의 지식을 구하는 마음을 비우게 하고, 욕망을 다하려는 뜻을 약하게 하여, 신체를 강건하게 하는 동시에 도를 터득하려는 마음을 왕성하게 하여, 그것을 튼튼하게 보강하는 작업이다(노태준, 1984: 28). 노자의 입장에 따르면, 유가의 교육은 바로 이 지점에서 모순을 내포한다. 유가에서는 비우거나 약하게 하지 않는다. 가능한 한 삶의 영역을 채우고 강하게 만드는 정치적 변화를 통해, 다시 유가적 교육을 전제로 하여 사회를 질서정연하고 예의범절을 강력하게 만들어 나가려고 규정하기 때문이다.

이처럼 노자의 사상은 당대의 상황에 대한 대안이 아닌 당대의 사상들, 특히, 유가의 사상에 대한 '비판적 성격'이 강하다. 그러므로 노자로부터 무리하게 대안을 찾으려는 노력은 결국, 노자가 비판하려고 했던 유가의 입장에서 노자를 해석하는 오류로 귀결될 가능성을 내포하고 있다. 그러나 이 때문에 노자의 사상이 더 이상 현대적 의미나 교육적 가치를 지니지 못하는 것으로 받아들여져서는 안 된다. 노자의 사상이 유가에 대한 비판을 담고 있는 부분

12) 3: 不尙賢, 使民不爭, 不貴難得之貨, 使民不爲盜, 不見可欲, 使民心不亂.

은 오히려 현재사회에 또 다른 차원의 의미를 가진다. 현재 대한민국의 교육은 유가에서 위정자에 한정되었던 교육이 보통교육의 차원으로 확대되었을 뿐, 그 기획에서는 유가에서 주장하는 인위적 차원과 크게 다르지 않기 때문이다. 즉 한국사회는 여전히 교육을 통해 올바른 인간을 길러내어 보다 나은 사회를 만들려는 유가적 기획의 연장에 있는 듯하다. 그러므로 노자의 사상을 통해 우리는 현재의 교육이 가진 문제점에 시사점을 부여할 수 있는 것이다.

Ⅳ. 결어

지금까지 노자(老子)의 사유가 유가(儒家)를 중심으로 하는 제자백가의 사상과 교육에 대해 비판하고 있다는 점을 지적하였다. 아울러 사회변화와 교육에 대한 인위적 차원과 자연적 차원, 즉 유위(有爲)와 무위(無爲)를 검토해 보았다. 노자의 무위적 가치를 중시하는 측면은 유가의 인위적 가치를 중시하는 차원에서 볼 때, 교육적 모순을 야기할 수도 있다. 하지만, 유가의 교육방식이 '이성적 · 합리적 교육'으로 당대의 사회적 혼란을 극복하고 평화로운 사회를 만드는 데 기여하려 했다면, 노자는 이를 비판하면서 문명의 이기(利器)들이 유용하지 않다는 '비합리적 믿음', 즉 비합리성에 근거한 교육적 이상사회를 구축하려고 했다. 그것은 교육이나 교육철학의 관점에서 볼 때, 유가만이 교육에 집중하였고 노자는 교육에 집중하지 않았다는 단순 논리로 이해해서는 안 된다는 사실을 보여준다. 유가는 교육에 적극적이었고 노자는 소극적이었다는 의미로 해석하는 것도 위험하다. 유가는 인위적 교육에 적극적이었고 노자는 자연적 교육에 적극적이었다. 유가는 유위(有爲)의 교육에 적극적이었고 노자는 무위(無爲)의 교육에 적극적이었다. 이런 점에서 노자가 추구한 교육은 다음과 같은 차원에서 현대 교육문제에 관한 주요한 시사점을 줄 수 있다.

첫째, 교육의 '가치 지향성'에 관한 문제이다. 어떤 교육이건, 교육은 가치중립적 활동이 아니라 가치를 지향하는 활동이다. 유가의 교육을 비판한 노자의 교육적 사유는 인위적으로 설정한 가치 추구의 중요성을 전제로 하면서,

그것의 비판을 통해 무위자연의 사유를 제시하여, 자연스런 가치의 형성이 교육의 한 축임을 보여주었다. 그것은 채움과 더하기(+)의 교육이 난무하는 현대교육에 비움과 빼기(−)의 교육을 고려할 수 있는 사유를 제시한다.

둘째, '사회변화와 교육의 관계' 문제이다. 교육은 흔히 '사회화(社會化, socialization)'와 동의어로 사용되기도 한다. 교육은 사회화 과정이자 그 내용을 담보한다는 의미다. 유가는 사회변화를 주시하며 교육의 핵심내용인 예의(禮儀)를 통해 문화의 전승과 사회화를 적극적으로 권장한다. 그러나 노자는 이에 대한 경계를 통해, 인간의 순수성과 순박함의 파괴를 염려한다. 그것은 사회와 교육에 대한 부정이 아니다. 교육적 지나침에 대한 반대 또는 기존 교육에 대한 회의를 담고 있다. 기존 교육의 차원에서 인식하면, 교육적 모순일 수도 있지만, 그것을 보완할 수 있는 또 다른 차원의 교육적 역할을 지시한다.

셋째, 교육과 '교육적 모순에 대한 새로운 전망' 문제이다. 노자는 유가 교육의 차원에서 이해하면, 교육적 모순을 야기하는 사유를 담고 있다. 그러나 그것은 교육적 모순이라기보다는 교육의 다른 차원을 보여주는 교육 양상의 새로운 발견이다. 유가를 비롯한 기존의 교육이, 언어로 이루어지는 경향이 강하다면 노자는 침묵(沈默)을 요청한다. 학습자들에게 억지로 주입하거나 가르치는 교육과정을 강요했다면, 그들에게 진정으로 필요한 자연스러운 가르침을 권장한다. 지식의 증대를 통해 교활한 지혜를 지닌 인간을 양산해 왔다면, 최소한의 상식적 지식을 통해 진솔한 지혜의 함양을 유도한다. 그것이야말로 죽은 교육이 아니라 생명력을 부여하는 교육이다.

요컨대, 노자의 교육적 사유는 유가 교육의 비판을 통해, 지나친 지식·도덕교육으로 생명력을 잃어가는 피폐한 교육을 향해 던지는 오래된 미래의 메시지이다. 기존 교육이 낳은 부정적 요소를 충실하게 점검하면서, 다른 차원의 교육적 요소를 도입하여 새롭게 동기를 부여하는 차원에서, 기존 교육에 활력을 불어넣는 '생명교육(生命教育)'으로 이해할 수 있다.

6장

'무위'교육

— 자연성이 담보하는 교육적 특징 —

I. 서언

현대사회는 과학·기술이 극도로 발달한 문명사회다. 첨예하게 발전해온 과학·기술 덕분에 인간은 각종 문명의 이기(利器)를 누리며, 그만큼 편리한 생활을 영위할 수 있게 되었다. 이러한 시대적 배경에 힘입어, 교육 또한 '지적으로 우수한 인재'를 양성하는 방향으로 진행되어 왔다. 그러나 과학·기술이 발전할수록 인간은 자신이 만들어낸 각종 도구로부터 소외(疏外)되었고, '지적 발달'만 강조해온 교육은 개인의 개성 말살, 과도한 경쟁 야기, 학벌중심주의 등의 비판에 직면하였다. 따라서 기존의 '뛰어난 지적 능력'만 강조하는 교육 풍토에서 벗어나, 학생 개개인이 삶의 주체로서 타고난 본성을 발현할 수 있도록 하는, 새로운 교육 패러다임이 요구된다.

지나친 지적 욕망에 대한 경계와 타고난 본성 그대로의 자연(自然)을 강조했던 이가 바로 노자(老子)다. 노자는 『도덕경』에서 앎(知)에 대한 집착과 지나친 지욕(知慾)에 대해 경계하며, 마음 비움과 자연스러운 본성의 보존을 강조했다. 또한 무위(無爲)의 개념을 사용하여, 의도를 가지고 행하는 일체의 행위를 비판했다. 타고난 자연스러운 본성으로서 자연(自然)을 언급하며 보존할 것을 촉구한다. 따라서 노자 사상의 정수라고 할 수 있는 무위자연(無爲自然)의 교육적 의미를 고찰하는 과정을 통해, 현대교육이 직면한 위기의 원인을 파악하고, 노자 사상이 한국교육에 주는 함의를 모색할 필요가 있다.

한국에서 진행된 노자 『도덕경』 연구의 방향은 크게 두 부분으로 나누어 볼 수 있다. 하나는 노자 사상에 대한 철학적 의미를 탐색하는 작업이고, 다른 하나는 노자 사상을 교육과 접목하려는 시도다. 노자사상에 대해 철학적으로 고찰한 연구는 상당히 많이 있으나, 몇몇 특별한 연구 성과를 들면 다음과 같다. 김학목(1999, 2000, 2001a, 2001b, 2003, 2014)의 경우, 왕필(王弼)의 노자 주석을 중심으로 무(無)·유(有)·무위(無爲)·자연(自然)과 같은 핵심 개념의 의미를 고찰하고, 이를 조선 성리학자들의 견해와 비교·분석했다. 신순정(2004)은 기존의 『도덕경』 연구가 도(道)에 편중되어 있음에 문제를 제기하고, 덕(德)을 중심으로 노자의 생명관을 밝히려고 했다. 안성재(2013)는 『도덕경』은 노자의 정치철학이 집약적으로 나타나 있는 통치자를 위한 서적이라 주장하며, 도덕경의 도(道)를 법도(法道) 즉, 통치이념으로 분석했다. 김세종(2019)은 『논어』, 『맹자』와 『도덕경』에 나타나는 유(有)·무(無)의 글자 양상을 비교하여, 노자의 유(有)·무(無)에 대한 오해를 소거하고, 그 의미를 규명하려고 했다.

노자 『도덕경』의 사상을 교육과 접목하려는 시도는 철학 영역의 연구에 비해 상대적으로 미약하다. 고경화(2001), 유성애(2003), 신창호(2004), 황금중(2005), 조한석(2007), 이유정·신창호(2012), 유일(2016), 배헌국(2017) 등의 연구가는 기존 교육학 영역에 나름대로의 시사점을 부여한다. 고경화(2001)는 무위(無爲)의 작용원리에 근거하여 의도를 가진 교육활동을 비판했다. 유성애(2003)는 노자의 『도덕경』에 대한 기존의 해석을 검토하고, 『도덕경』이 교육자에게 주는 의미를 고찰했다. 신창호(2004)는 '관계'를 중심으로 노자의 무위·자연과 부버의 만남·대화의 개념을 도출하여 교육철학적 의미를 모색했다. 황금중(2005)은 노자가 '만인을 구제가능하다.'고 주장했다고 보며, 교육방법으로 무언지교(無言之教)와 불언지교(不言之教)를 제시했다. 조한석(2007)은 유가와 비교하여 노자의 사상을 고찰하고, 불언지교(不言之教)의 전통적 활용사례를 제시했다. 이유정·신창호(2012)는 『도덕경』에 드러나는 성인(聖人)의 특성에 주목하여, 비의도적 인격교화의 방법을 모색했다. 유일(2016)은 노자에서 도출한 스승의 모습을 '멈출 줄 아는 자[止知者], 밝음으로 되돌아가는 자[復明者], 비범한 평범성을 가진 자[被褐懷玉者]'로 제시했다. 배헌국(2017)은 노자에서 비의도적·비계획적 교육을 '비교육의 교육'으로 정의하고, 전통적 교육의 역기능을 극복할 방안으로 제시했다.

노자 『도덕경』의 사유와 교육을 접목시킨 기존의 연구들은 연구주제와 관련하여 『도덕경』의 일부 구절을 발췌하는 방식으로 논의를 전개한다. 이러한 방법은 논의의 근거로 『도덕경』을 제시하는 데 효과적이다. 하지만 원문을 발췌하는 과정에서 연구자의 의도가 개입될 수 있기 때문에 원문을 오해하여 해석할 여지가 있다. 또한, 일부 연구에서는 『도덕경』의 구절을 발췌하는 과정에서 인용한 판본을 정확히 밝히지 않거나 심지어는 판본을 혼용하여 사용한 경우도 있었다. 『도덕경』은 주석에 따라 일부 개념에 대한 해석과 강조되는 부분이 다르다. 때문에 인용한 판본의 종류가 무엇인지 밝히는 작업은 논지를 곡해 없이 전달하는 데 필수적이다.

따라서 여기서는 『도덕경』에서 무위(無爲)와 자연(自然)이 언급되는 모든 구절을 순서대로 발췌하여 의미를 살펴봄으로써, 발췌하는 과정에서 연구자의 의도가 개입될 가능성을 최대한 제거해 보려고 한다. 아울러 『도덕경』의 원문을 발췌하여 인용하거나 내용의 해석 측면에서는 왕필의 주석을 중심으로 논의를 전개한다. 이러한 방식을 바탕으로, 본고는 노자가 중시한 무위자연(無爲自然)의 교육적 의미를 고찰하고, 그 사유가 한국교육에 주는 시사점을 모색해 본다. 이에 먼저, 『도덕경』에 나타나는 무위와 자연의 양상을 발췌하여 해석하는 과정을 통해, 무위와 자연이 지닌 각각의 특성을 고찰한다. 다음으로 무위와 자연의 특성을 토대로 지나친 앎(知)에 대한 경계와 타고난 본성의 발현, 가르침의 방법으로서 불언지교(不言之教)를 교육적 함의로 도출하고, 노자 사상의 정수인 무위자연이 현재 한국교육에 주는 교육적 시사점을 살펴본다.

II. 무위(無爲)와 자연(自然)의 특성

1. 무위(無爲)

노자 『도덕경』에서 '무위(無爲)'라는 용어는 전체 12회 언급된다. '무위(無爲)'의 출처를 『도덕경』의 장별로 제시하면 아래의 <표 1>과 같다.

▌표1 '무위(無爲)'의 출처와 의미 맥락

출처	내 용
2장	故有無相生, 難易相成, 長短相較, 高下相傾, 音聲相和, 前後相隨. 是以聖人處無爲之事 그러므로 있음과 없음은 서로를 낳고, 어려움과 쉬움은 서로를 이루어 주며, 길과 짧음은 서로가 비교하고, 높음과 낮음은 서로 차이가 생기며, 곡조와 소리는 서로 반응하고, 앞과 뒤는 서로가 따른다. 이 때문에 성인은 '어느 것도 시행함이 없음'이라는 일에 머물러 있다.
3장	爲無爲, 則無不治. 시행할 일이 없도록 하면 다스려지지 않는 것이 없다.
10장	明白四達, 能無爲乎 명백하게 사방으로 통하여 아무것도 시행하지 않을 수 있는가.
37장	道常無爲而無不爲. 도는 항상 아무것도 시행함이 없지만, 시행하지 않는 것이 없다.
38장	上德無爲而無以爲. 최상의 덕은 아무것도 시행함이 없는데, 그것을 염두에 두지 않고 한다.
43장	天下之至柔, 馳騁天下之至堅, 無有入無閒, 吾是以知無爲之有益. 不言之敎, 無爲之益, 天下希及之. 세상에서 지극히 부드러운 것이 지극히 딱딱한 것을 파고 들어가고, 아무것도 없음이 틈이 없는 사이로 들어간다. 나는 이 때문에 아무것도 시행함이 없음이 유익함을 안다. 말하지 않으면서 교화시키고, 아무것도 시행함이 없으면서 유익하게 하는 경지, 세상에 이러한 경지에 이른 자는 거의 없다.
48장	損之又損, 以至於無爲, 無爲而無不爲. 取天下, 常以無事, 及其有事, 不足以取天下. 덜어내고 또 덜어 내서 아무것도 시행함이 없음에 도달하니, 아무것도 시행함이 없지만 하지 못함이 없다. 천하를 가지더라도 항상 하는 일이 없는 것으로 한다. 하는 일이 있으면 천하를 가지기에는 부족함이 있다.
57장	故聖人云, 我無爲而民自化 그러므로 성인이 '내가 시행하는 것을 없앴더니 백성들이 저절로 감화되었다'고 하였다.
63장	爲無爲, 事無事, 味無味 아무것도 시행함이 없음을 행하고, 아무것도 일삼지 않음을 일삼으며, 아무 맛도 없음을 맛으로 여긴다.
64장	是以聖人無爲 故無敗, 無執 故無失 이 때문에 성인은 아무것도 시행함이 없으므로 그르침이 없고, 움켜잡는 일이 없으므로 잘못함이 없다.

<표 1>에서 보면, 『도덕경』에서 무위(無爲)가 언급된 장은 모두 10장이다. 2번 언급된 43장과 48장을 제외한 8개의 장에서는 각 1회씩 언급되었다.

2장을 비롯하여, 『도덕경』에 등장하는 무위(無爲)는 문자 그대로 보면,

'아무것도 시행함이 없음'이라는 의미다. 2장에서는 모든 것이 절대적인 것처럼 보이지만, 실상 그 상대적인 이면이 반드시 존재한다는 점을 드러낸다. 다시 말해, 긴 것이 길다고 회자되는 것은 짧은 것이 있기 때문이고, 높은 것이 높다고 해석되는 것은 낮은 것이 있기 때문이다. 따라서 이 세상의 모든 만물은 분절적으로 존재하는 것이 아니라, 필연적으로 상호의존적이고 상보적 관계로 존재하게 된다. 2장에서 '무위지치(無爲之治)'란 성인이 다스리는 정치의 양상을 보여주는데, 성인은 이런 만물의 상대적 속성을 깨닫고, 상대적 개념을 절대적 선(善)으로 내세우지 않는다.

이런 차원으로 이해하면, '무위(無爲)'는 '아무것도 하지 않음'을 의미하는 개념이 아니라, 인위(人爲)나 작위(作爲)의 반대 개념으로 이해되어야 한다. 앞에서 언급한 것처럼, 모든 사물의 존재방식은 상대성에 기인한다. 따라서 모든 개념은 상대적 사태(事態)에 불과하다. 절대적 선(善)과 악(惡)의 개념은 정립될 수 없다. 그런데 상대적 선(善)과 악(惡)의 개념을 절대적인 것으로 상정하고, 상대적인 사안을 절대적인 것으로 오해하여 의식의 대상화 작용에 의거하여, 의도를 가지고 작위적으로 행하는 상황이 인위다. 노자는 의식의 대상화 작용을 부정하면서 무위를 주장한다. 『도덕경』에서 무위의 개념이 '아무것도 시행함이 없음'으로 해석되는 것은 의식의 대상화 작용에 근거하여 의도를 가지고 작위하지 않는다는 의미다. 37장에서 "도는 항상 아무것도 시행함이 없지만, 시행하지 않는 것이 없다."[1]라고 했고, 38장에서 "최상의 덕은 아무것도 시행함이 없는데, 그것을 염두에 두지 않고 한다."[2]라는 구절이 이를 뒷받침한다. 특히, 38장의 "염두에 두지 않고 한다."는 의미는 의식의 대상화 작용에 근거하여, 의도를 가지고 행하지 않음을 구체적으로 강조한다.

여기서 주목할 점이 있다. 노자가 의식의 대상화 작용을 부정한 까닭은 인위가 본성에 반(反)한다고 보았기 때문은 아니다. 노자는 대상화 작용이 본성에 기초하지 않기 때문이 부정하는 것이 아니라, 사물의 존재방식을 왜곡시키는 측면이 있어서 부정한다. 상대적인 것을 마치 절대적인 것처럼 대상화시켜 어떤 주의나 주장을 내세우면, 혼란이 발생하기 때문이다(김학목,

1) 37: 道常無爲而無不爲.
2) 38: 上德無爲而無以爲.

2001b: 284). 노자가 보기에, 사람들은 소박한 본성[樸]에 따라 살지 못한다. 세상이 혼탁해지는 원인이 바로 의식의 대상화 작용에 의지하여 행하는 작위적 행위, 본성을 왜곡하는 인위 때문이었다. 따라서 의식의 대상화 작용을 제거하는 무위를 행한다면, 사람들은 타고난 소박한 본성에 따라 살 수 있고, 사회의 혼란을 해결할 수 있다.

노자는 무위(無爲)를 행하는 대상으로 성인(聖人)을 상정하였다. 노자의 시대적 배경을 고려하면, 『도덕경』의 성인은 통치자로 해석할 수 있다. 안성재(2013)에 의하면, 『도덕경』은 일관되게 정치지도자의 자격 및 그들이 갖춰야 할 자세와 이념에 대해 서술한다. '무위(無爲)－도(道)－덕(德)－중(中)－화(和)－자(慈)－검(儉)－불감위천하선(不敢爲天下先)'의 가치관을 중심으로, 대부분의 장절이 내용상 맞물려 맥락을 형성한다. 이 가치관의 체계에서 빠뜨릴 수 없는 요소이자 특징이 바로 '일(一)－상(常)－박(樸)－정(靜)'이다. 일(一)은 순일함, 즉 오로지 나라와 백성들의 안위만을 생각하는 자세이고, 상(常)은 변치 않음이며, 박(樸)은 순박함이고, 정(靜)은 함부로 말이나 명령을 내리지 않음이다. 다시 말해, 이러한 가치관의 핵심은 바로 하늘이 각각에게 부여한 천성에 따르는 성인정치(聖人政治)를 대변하는 언표다.

노자가 보기에 통치자가 먼저 의식의 대상화 작용을 멈추는 무위로 정치를 행한다면, 피통치자인 백성들은 자연스럽게 감화되어 소박한 본성대로 살게 된다. 57장에서 "그러므로 성인이 '내가 시행하는 것을 없앴더니 백성들이 저절로 감화되었다'고 하였다"[3]라는 구절과 67장에서 "이 때문에 성인은 아무것도 시행함이 없으므로 그르침이 없고, 움켜잡는 일이 없으므로 잘못함이 없다."[4]라는 구절이 이를 뒷받침한다.

노자는 무위를 행하는 방법으로 '비움[無]'을 제시한다. 48장에서 "덜어 내고 또 덜어 내서 아무것도 시행함이 없음에 도달하니, 아무것도 시행함이 없지만 하지 못함이 없다. 천하를 가지더라도 항상 하는 일이 없는 것으로 한다. 하는 일이 있으면 천하를 가지기에는 부족함이 있다."[5]라고 하는 부분이

3) 57: 故聖人云, 我無爲而民自化.
4) 67: 是以聖人無爲, 故無敗, 無執, 故無失.
5) 48: 損之又損, 以至於無爲, 無爲而無不爲. 取天下, 常以無事, 及其有事, 不足以取天下.

이를 잘 드러낸다. 덜어내는 행위를 통해 무위에 도달하는 것이다. 왕필의 주석에 따르면, 이때의 '덜어냄[損]'은 힘써 '허(虛)'와 '무(無)'로 돌아가려는 적극성을 의미한다.[6]

이런 무위(無爲)의 의미가 포괄적으로 잘 드러난 구절이 43장이다.

> 세상에서 지극히 부드러운 것이 지극히 딱딱한 것을 파고 들어가고, 아무것도 없음이 틈이 없는 사이로 들어간다. 나는 이 때문에 아무것도 시행함이 없음이 유익함을 안다. 말하지 않으면서 교화시키고, 아무것도 시행함이 없으면서 유익하게 하는 경지, 세상에 이러한 경지에 이른 자는 거의 없다.[7]

노자의 무위란 의식의 대상화 작용을 제거하여 사람들이 본래 가지고 태어난 소박한 본성으로 회귀할 수 있는 방법이다. 그러기에 만물의 상대적 존재 양상을 깨닫고, 작위(作爲)하지 않는 것이다. 이런 차원에서 무위의 정의는 그 행위에 어떤 의도도 개입되지 않는 것, 곧 완전히 마음을 비우는 행위로 보아야 한다(김학목, 2003: 8).

노자에게 무위를 행하는 이는 성인(聖人)이다. 그 성인은 '말 없는 가르침(不言之教)'으로 사람들을 교화[교육]한다. 노자가 성인의 교육방법으로 '말 없는 가르침'을 제시한 이유는 무위를 언표로 제시하는 순간, 이미 의식의 대상화 작용에서 제외되기 때문이다. 의식의 대상화와 관련하여, 김학목(2000)은 유(有)와 무(無)로 설명한다. 의식의 대상화 작용을 통해 대상화된 것은 '상대적 유(有)'다. 대상화 된 것, 즉 유(有)의 이면에 존재하는 것은 '상대적 무(無)'다. 이때 상대적 무(無)란 의식의 대상화 작용으로 드러난 유(有)의 이면에 존재하는 것을 드러내기 위한 개념이다. 이는 만물의 상대적 존재 양상을 깨닫고 절대적 경지로 들어가는, 절대적 무(無)인 현(玄)과는 구별된다.

---

6) 48: 王弼注: 務欲反虛無也.

7) 43: 天下之至柔, 馳騁天下之至堅, 無有入無間, 吾是以知無爲之有益. 不言之教, 無爲之益, 天下希及之.

2. 자연(自然)

노자 『도덕경』에서 '자연(自然)'은 총 5회에 걸쳐 언급된다. 각 장별로 자연(自然)이 언급된 구절은 <표 2>와 같다.

▌표2 '자연(自然)'의 출처와 의미 맥락

장별	내 용
17장	悠兮其貴言. 功成事遂, 百姓皆謂我自然 느긋하게 아무 말도 하지 않고 있으니, 공과 일이 완수되어도 백성들은 모두 '내가 저절로 그렇게 되었다'고 한다.
23장	希言自然 말이 적은 것이 '저절로 그렇게 됨'이다.
25장	人法地, 地法天, 天法道, 道法自然 사람은 땅을 본받고, 땅은 하늘을 본받으며, 하늘은 도를 본받고, 그리고 도는 '저절로 그렇게 됨'을 본받는다.
51장	道之尊, 德之貴, 夫莫之命而常自然 도를 존중하고 덕을 귀하게 여기는 것은 명령하지 않아도 항상 '저절로 그렇게 되는 것'이다.
64장	以輔萬物之自然, 而不敢爲 그렇게 함으로써 만물이 '저절로 그렇게 됨'을 도와주지만 감히 어떤 것도 시행하지 않는다.

<표 2>에 의하면, 『도덕경』에서 명시한 자연(自然)은 서구적 전통에서 지칭하는 자연(nature)의 개념과는 뉘앙스에서 차이가 있다. 서구의 자연은 명사적 개념으로, 산과 강, 나무 등과 같은 자연을 뜻하지만, 노자가 말하는 자연(自然)은 문자 그대로 '저절로 그렇게 됨(self-so)'을 의미한다. 자연은 작위(作爲)가 없는 그대로의 상태, 즉 무위(無爲)의 상황이다. 이런 차원에서 무위(無爲)와 자연(自然)은 의미와 맥락이 꿰뚫린다. 17장과 23장에서 언급한 '자연(自然)'이 그것을 명료하게 보여준다. 23장의 언급, 즉 "말이 적은 것이 '저절로 그렇게 됨'이다."[8]라는 표현은, 앞에서 언급한 '말 없는 가르침(不言之敎)'과 의미가 상통한다. 이 부분은 앞의 17장의 "느긋하게 아무 말도 하지

8) 23: 希言自然.

않고 있으니, 공과 일이 완수되어도 백성들은 모두 내가 저절로 그렇게 되었다고 한다."[9]는 구절과 맥락을 함께 하며, 통치자인 성인(聖人)이 의도를 가지지 않고 무위(無爲)로 다스리면, 백성들이 각자 타고난 소박한 본성대로 살아갈 수 있음을 희구한다.

25장의 경우, "사람은 땅을 본받고, 땅은 하늘을 본받으며, 하늘은 도를 본받고, 그리고 도는 저절로 그렇게 됨을 본받는다."[10]라고 말했는데, 이때 자연은 사물이 각기 타고난 본성대로 자기의 길을 간다는 뜻이다. 51장의 경우, "도(道)를 존중하고 덕(德)을 귀하게 여기는 것은 명령하지 않아도 항상 저절로 그렇게 되는 것이다."[11]라고 했고, 64장에서 "그렇게 함으로써 만물이 저절로 그렇게 됨을 도와주지만 감히 어떤 것도 시행하지 않는다."[12]라고 한 말은, 모두 무위(無爲)와 관련된 자연(自然)의 속성을 드러낸 것이다.

Ⅲ. 무위(無爲)·자연(自然)의 교육적 함의

1. 지나친 앎(知)에 대한 경계

서구 근대에 데카르트의 심신이원론(心身二元論, mindbody dualism)이 제기된 이후, 주체와 객체가 분리되는 사유가 서양철학의 주류를 형성했다. 그것은 세계관 · 인간관을 비롯하여 교육에도 영향을 미쳤다. 그 이전에는 인간을 모든 존재와 상호작용하며 유기적으로 존재하는 관계적 존재로 보았다. 일원론(一元論, monism)의 세계관에서는, 존재에 대해 상대적이고 상호적 관계 에서 파악하기 때문에, 분별지(分別知)를 강조할 필요가 없었다. 그러나 근대적 사고는 '의식작용을 하는 나'와 '의식작용의 대상'을 구분했다. '나'라는 '주체'와 '대상'이라는 '객체'을 단절시켰다. 주체와 객체, 이 둘이 독립적으로 존재하는 것 같은 착각을 유발하였다. 이러한 이원론적 세계관에서 '나'와 '대

---

9) 17: 悠兮其貴言. 功成事遂, 百姓皆謂我自然.
10) 25: 人法地, 地法天, 天法道, 道法自然.
11) 51: 道之尊, 德之貴, 夫莫之命而常自然.
12) 64: 以輔萬物之自然, 而不敢爲.

상'은 엄밀히 구분되며, 오히려 대상을 명료하게 구분할 필요가 있었다. 그것은 분별지(分別知)의 강조를 의미한다.

이러한 근대적 사고는 '자연'에 대한 '인간'의 태도를 완전히 바꾸게 만들었다. 일원론적 세계관에서는 '나' 또한 '자연'의 일부이고, 상호작용하며 유기적으로 연결된 상태였다. 때문에 자연과의 조화를 중요시했다. 그러나 이원론적 세계관에서는 '나'와 '자연'이 완전히 분리되면서, 자연은 내가 사용할 수 있는 '도구'에 불과해졌다. 심지어, 자연은 인간이 정복할 대상이었다. 도구적 자연관은 인간이 과학·기술을 발전시켜 급속도로 문명을 이룩하는 데 크게 기여했다.

근대적 사고로의 전환은 교육의 패러다임 또한 바꾸어 놓았다. 근대 이후, 교육에는 과학이라는 명목으로 정량평가가 도입되었다. 제시된 학습목표에 얼마나 도달했는지를 측정하는 방식이 보편적으로 사용되었다. 즉 교수자의 '의도'에 얼마나 부합하는지를 기준으로 학생들을 서열화하였다. 그것이 교육의 주요 양식으로 인식되었다. 이런 가운데 현재 학교교육의 문제점으로 부각한 것은 '지적 능력을 지나치게 강조하는 부분'이다. 현재 한국의 교육은 인간 발달의 여러 측면 중에서, 지적 능력의 발달을 우선시하거나 편향적으로 강조하는 것이 사실이다. 지적 능력이 우수한 학생이 '절대적으로 뛰어난 사람'인 것처럼 여겨진다. 이를 반증하듯, 한국의 높은 교육열은 이미 세계적으로 유명하다. 전 세계에서 사교육의 비중이 가장 높고, 청소년이 가장 오랜 시간 학습에 매진하는 나라다. 끝없는 지적 욕망에 사로잡혀 학생들을 지식의 노예로 만드는 것이 한국교육의 현주소다. 이런 상황을 참고하면, 노자의 외침은 간단하다. '이름 붙이는 것 이상의 분별지(分別知)를 사용하는 작업은 위태롭다!'

'이름 붙이는 것 이상의 분별지(分別知) 사용'은 어떤 의미인가? 그것은 상대적인 사안을 절대적인 것으로 대상화하려는 경향을 야기한다. 사람이 타고난 본성에 따라 살지 못하도록 만들어 사회적 혼란을 초래하는 근본적 원인이 된다. 따라서 노자는 『도덕경』 32장에서 '어떤 것을 대상화 시킬지라도 이름 붙이는 정도에서 멈춰야 위험하지 않다!'라고 말한다.

처음으로 제정할 때 이름을 둔다. 이름까지 이미 두었다면 그칠 줄 알아야 된다. 그칠 줄 안다면 위태롭지 않을 것이다.[13]

노자가 요청하는 것은 지적 능력을 완전히 사용하지 말라는 뜻이 아니다. 지나친 지적 욕망과 그로 인해 대상화 하는 것을 경계하라는 말이다. 그리하여 20장에서 "배움을 끊으면 근심이 없다."[14]라고 말하며, 지나친 지식추구를 경계한다.

과학·기술의 급속한 발달은 인간 소외 현상, 과열 경쟁, 상대적 빈곤 등의 다양한 문제를 야기했다. 그 이면에서 그만큼 삶의 편리함도 엿보인다. 노자의 주장대로 '이름 붙이는 것만큼만 지적 능력을 사용하는 일'은 현실적으로 매우 어렵다. 그러나 지나친 지적 욕구는 경계해야 한다. 지적 능력의 과도한 강조는 지적 욕망을 낳고, 위태로울 수 있다. 그런 경고는 교육이 지적 능력 이외의 다른 중요한 발달 영역에도 관심을 가져야 한다는 경종을 울린다.

2. 타고난 본성의 발현

인간은 저마다 타고난 본성(本性)을 지니고 있다. 학자들 사이에 인간 본성의 유래와 성격 특징에 대한 주장은 다르다. 하지만 사람들마다 구별되는 개별적 특징이 존재한다는 데 큰 이견은 없다. 사람마다 본성에 차이가 있다는 말은 고유한 능력과 특성이 개인에게 내재한다는 뜻이다. 따라서 교육에서도 타고난 본성을 발현시킬 수 있는 개인의 개성이 적극적으로 고려되어야 한다.

이런 점에서 노자의 '자연' 개념과 '소박한 본성'에 대한 강조는 한국의 교육상황에 시사하는 바가 있다. 의도하지 않은 타고난 본성, 자연과 무위를 통한 소박한 본성의 보존은 개별화 교육의 필요성을 역설할 때, 의미 있는 근거로 활용될 수 있다. 이상적 교육의 모습은 교수자의 인위적 의도가 배제되고, 학습자의 자발성과 적극성이 강조된 형태다. 학습자의 내면에 잠재되어 있는 고유한 능력과 특질을 발현시키는 교육이다.

---

13) 32: 始制有名. 名亦旣有, 夫亦將知止. 知止, 可以不殆.
14) 20: 絕學無憂.

그러나 한국의 학교교육은 개인의 고유한 특성이나 발달 정도와는 무관하게, 연령에 따라 진학하고, 학교의 급이 구성되며, 거의 동일한 교육과정으로 진행된다. 교육부에서 개정하고 편찬하여 고시하는 '교육과정'에도 각 학교급과 교과마다 이상적 인간상과 함께 도달해야 할 학습목표를 세부적으로 제시한다. 실제로 학교현장에서 교사가 학생 개인의 잠재능력을 파악하고, 개별 교육과정을 시행하기는 현실적으로 아주 힘들다.

그럼에도 불구하고, 노자의 타고난 본래성을 강조와 무위자연의 교육은 획일적인 한국교육을 비판적으로 반성할 수 있는 기회를 마련하게 만든다. 학생 개인의 개성과 특질을 계발하는 교육 방법론을 고찰할 수 있는 계기가 된다.

3. 불언지교(不言之教)의 방법

2000년대 들어, 한국의 교육은 다양한 변화를 시도해왔다. 특히, 과거 교수자의 일방적 지식전달 체계에서 탈피하여, 학습자의 자발적 학습을 유도하는 교육의 필요성이 꾸준히 제기되었다. 자기학습, 자기 주도적 학습, 학습자 중심 교육 등 다양한 표현이 그것을 증명한다. <2015개정 교육과정>의 경우, '자주적인 사람 · 창의적인 사람 · 교양있는 사람 · 더불어 사는 사람'을 추구하는 인간상으로 제시하면서, '교수자 중심 교육'에서 '학습자 중심 교육'으로, 교육적 전환을 모색했다.

'교수자 중심 교육'에서는 짧은 시간 내에 많은 양의 지식을 학습자에게 전달하는 것이 교육의 목표였다. 따라서 강의식 수업 방법이 효율적인 교육방법으로 사용되었다. 그러나 인공지능을 비롯한 빅 데이터, 생명공학의 시대를 경험하면서, 방대한 지식을 쌓는 일보다는 '협업'이나 '의사소통', '지식의 창의적 적용' 등 새로운 능력을 함양한 인재가 요구되었다. 그것은 교육방법에도 영향을 미치며 기존과는 다른 새로운 교육방법을 필연적으로 요청했다.

앞에서 강조했듯이, 노자는 성인(聖人)이 무위(無爲)하여 의도를 가지지 않고 다스린다면, 백성들은 본래 타고난 소박한 본성대로 살 수 있을 것으로 보았다. 그 방법으로 '말 없는 가르침'인 불언지교(不言之教)를 제시했다. 성인이 다스리는 양식으로서 불언지교는 교육[교화]의 양식으로 파고든다.

> 세상에서 지극히 부드러운 것이 지극히 딱딱한 것을 파고 들어가고, 아무것도 없음이 틈이 없는 사이로 들어간다. 나는 이 때문에 아무것도 시행함이 없음이 유익함을 안다. 말하지 않으면서 교화시키고, 아무것도 시행함이 없으면서 유익하게 하는 경지, 세상에 이러한 경지에 이른 자는 거의 없다.15)

'말 없는 가르침'인 불언지교(不言之敎)는 다양한 차원에서 응용할 수 있다. 교육의 경우, 교수자가 의도적으로 가르칠 내용을 선정하고 대상화하여 학습자에게 전달하는 것을 경계한다. 노자의 관점에 기초하면, 교수자에게 기대되는 적극적인 역할은 단지 학생들이 타고난 본성에 따라 자신의 덕성을 스스로 계발하고, 각자의 소질을 자발적으로 함양해나갈 수 있도록 터전을 마련해주며, 길을 안내해주는 일에 불과하다(배헌국, 2017: 123). 따라서 현재 강조되고 있는 학습자 중심의 교육방법에서 교수자는 적극적으로 지식을 전수하는 지식전달자가 아니라, 지식을 확인시키는 '조력자(助力者)'의 역할을 수행하며 소극적으로 대처해야 한다. 이런 점에서 '불언지교'는 교수자 중심에서 학습자 중심으로 교육방법이 변화하는 과도기 상황에, 교수자의 역할과 교육방법을 모색하는 데 단초를 제공한다.

Ⅳ. 결어

이상과 같이, 노자 사상의 정수인 무위자연(無爲自然)의 의미를 고찰하고, 현재 한국교육에 주는 교육적 함의를 고민해 보았다. 『도덕경』 본문에 언급된 무위(無爲)와 자연(自然)의 모든 구절을 발췌하고, 왕필이 주석한 『도덕경』을 중심으로 무위와 자연의 양상과 의미를 살펴보았다.

무위는 의식의 대상화 작용을 제거하여 사람들이 본래 가지고 태어난 소박한 본성으로 회귀할 수 있는 방법이다. 모든 사물의 상대적 존재 양상을 깨닫고, 작위하지 않는 일이다. 따라서 무위는 일체의 의도를 개입하지 않고 마

---

15) 43: 天下之至柔, 馳騁天下之至堅, 無有入無閒, 吾是以知無爲之有益. 不言之敎, 無爲之益, 天下希及之.

음을 비우는 행위다. 이런 무위를 실천하는 사람이 통치자인 성인(聖人)이다. 성인이 무위로 다스림을 시행하면, 백성들은 본래 가지고 있는 본성을 보존할 수 있다. 그 결과, 자연의 상태가 지속된다.

노자의 무위(無爲) · 자연(自然)은 현대 한국교육에도 의미 있는 시사점을 부여한다.

첫째, 지나친 앎(知)에 대한 경계를 제시한다. 노자는 분별지(分別知)의 사용에서 '이름 붙이는 일'로 그 범주를 제한하고, 그 이상이 되면 위태로울 것이라고 경고했다. 그것은 지적 능력 계발에 편중된 교육에 경각심을 불러일으킬 수 있다.

둘째, 타고난 본성을 발현하도록 개별화 교육의 방법을 모색하는 데 기여한다. 무위자연에 기초하여 타고난 본래성을 강조하는 모습은 획일적 한국교육을 비판적으로 반성하게 만든다. 특히, 학생의 개성과 특질을 계발하는 교육방법론을 고민하도록 깨우침을 부여한다.

셋째, 교육방법의 변화를 모색하게 만든다. 그것은 교수자의 역할 변화와 학습자의 자율성과 연관된다. 불언지교(不言之教)는 교수자가 의도를 가지고 행하는 작위적 교수방법을 지양하고, 학습자의 자발적 탐구를 유도하는 교육방법의 단초로 작용할 수 있다.

7장

'자발'교육

— 학습자 중심 교육의 의미 탐구 —

I. 서언

노자 『도덕경』에 대한 연구는 동양의 어떤 사유보다도 풍부하다. 그러나 『도덕경』은 '교육적 영감(靈感)'을 불러일으키는 사상으로 많은 관심을 받아오지는 못했다. 이는 도교철학의 개념과 교육을 연결시킨 연구가 상대적으로 적음을 뜻한다. 21세기 들어서면서, 『도덕경』은 여러 측면에서 상당한 주목을 받고 있다. 그 이유는 현대인이 추구해온 가치와 이상이 노자 사상과 정반대의 길을 걸어왔기 때문일 것이다. 현대사회는 인위적으로 '채우려는' 욕망, 즉 인위(人爲)의 극치 시대라 해도 과언이 아니다. 현대인들은 남들보다 뛰어나야 하고, 많이 가져야 하며, 보다 높은 지위에 올라야 한다. 그래야 만족한다. 이러한 성과 중심의 사회에서는 '성공하라!'는 언표가 남아있는 유일한 규율이다. 오직 자신의 능력과 성과를 통해서 주체로서의 존재감이 확인된다. '성공하라!'는 주문은 '약육강식과 적자생존'이라는 이데올로기가 지배하게 되어, 경제적으로 '가진 자들'만이 성공한 것으로 간주된다.

이러한 성공 기준의 잣대는 학교에도 그대로 적용된다. 학생들은 성적위주의 치열한 줄 세우기식 경쟁에 내몰린다. 고착화된 학벌중심의 사회풍조, 성적일변도로 선발되는 입시와 취업의 양태는 학생들에게 자신의 자질이나 적성, 잠재능력보다 학교성적을 우선시할 수밖에 없는 환경에 처하도록 만들었다. 줄 세우기식 성적이 우선시 되는 교육은 교사중심의 교육방식이 이루어질 수밖에 없다. 이런 학습환경은 학습자의 자유와 책임이 자연스럽게 제한되도록 만든다. 창의적인 아이디어가 거론될 수 있도록 배려하는 환경이 중요한 시점인데도, 교수자는 여전히 학생들의 학습을 장악하고, 전적으로 자신의 사고나 지식을 주입하게 되므로, 교실에서의 주도권은 결코 학생이 될 수 없다. 이러한 한국사회의 학교교육 풍경은 이미 시대상황의 변화에 따라 다양한 측면에서 새로운 도전을 맞고 있다.

21세기 지식기반사회에서는 무엇보다도, 인터넷의 발달로 지식이 폭증하고 있기에, 자신에게 필요한 유용한 정보를 찾아낼 수 있는 능력과 주어진 정보를 정확하게 이해하고 판단할 수 있는 비판적 사고력을 기르는 교육환경이 요청된다(주현재, 2012). 또한, 학습자가 자신에게 의미 있고 사회에서 받아들여지는 지식을 스스로 구성하고 활용하는 작업이 중요하다. 때문에 학습자가 자신의 학습을 스스로 주도해 나가는 학습자 중심 교육환경이 요구된다. 이러한 교육 환경의 변화는 자연스럽게 교수자와 학생 사이의 관계, 교수자의 역할, 학생 상호 간의 관계, 학습의 책임 등에 대한 변화도 유발시킨다. 이런 변화에 적응할 수 있는 새로운 교육 패러다임의 형성이 절실함에도 불구하고, 한국사회의 교육현실은 여전히 성적위주의 줄 세우기만을 반복하고 있다.

이런 교육에 변화를 주기 위해서는, 학습자 중심교육(Weimer, 2013)이 필요하다. 특히, 학습자 중심교육의 원칙인 '교수자와 학습자 사이의 권력과 통제의 분담(sharing of power and control with learners)'이 이루어져야 한다. 모든 교육활동에서 교수자가 인위적이고 강압적으로 주입시켜서는 안 된다. 교수자가 학습에 대한 결정권자 또는 책임자가 되어서는 곤란하다. 교수자는 학습자들의 학습을 강화하고 북돋아주는 역할을 함으로써, 학습자들이 자신의 길을 가도록 인도해야 한다.

이 지점에서 2500여 년 전, 동양의 노자(老子) 사상에 주목할 필요가 있다. 왜냐하면 '무위(無爲)'의 가르침과 '자화(自化)'의 원리에서 문제 해결의 실마리를 고려할 수 있기 때문이다. 인위적이고 욕망에 쌓인 현대인들의 의식 깊은 곳을 움직여, 세상을 바라보는 새로운 성찰의 기회가 제공된다면, 교육의 가치에 대해서도 재고할 수 있어서이다.

지금까지 『도덕경』에 관한 연구들 다양한 차원에서 진행되었다. 철학의 영역에서는 형이상학적 사유를 해석하거나 다른 사상들과의 비교 연구한 연구들이 많다(김형효, 1994; 함세정, 1997; 최진석, 2005; 김학목, 2001a, 2003; 김시천, 2004; 유성애, 2004; 임헌규, 2005; 이석명, 2006). 교육학 영역에서는 동양의 전통 교육사상 연구의 일환으로 탐색되었다(이미종, 2002; 김수동, 2005; 정영희, 2007 등). 하지만 노자의 사유를 교육현실에 접목하려는 시도는 많지 않았다(조순영, 2014: 1-19).

본고는 노자 『도덕경』이 주는 교육적 교훈을 음미하고, 그 가치를 '학습자 중심 교육'이라는 교육원리 측면에서 살펴본다. 그것은 『도덕경』에 담긴 본래적 삶과 그것을 지시하는 근원적 스승으로서 세계관을 탐구하는 작업과도 연관된다. 이에 『도덕경』에서 말하는 도(道)의 의미를 통해, 그 교육이 학습자 중심 교육으로 연결되는 함의를 심화하여, 현대적 시사점을 탐구해 본다.

Ⅱ. 도(道)와 무위(無爲) 교육

노자의 지상 목표는 천하에 '무위(無爲)'의 세상을 이룩하는 일이었다. 이는 사람들이 갖게 되는 욕망을 경계하는 작업으로 욕망으로 인한 끝없는 경쟁의 위험을 경고한다. 즉 "덜어내고 또 덜어내서 아무것도 시행함이 없음에 도달하니, 아무것도 시행함이 없지만 하지 못함이 없다."[1]라고 함으로써, '인위적 채움'을 경계하는 '비움의 도'를 지향한다. 사람들은 태어난 그대로 가만히 놔두어도, 이미 충분히 자신의 특성을 자연스럽게 드러낸다. 그만큼 세상을 복잡하고 혼란스럽게 만들지 않는다. 이 노자의 '무위(無爲)'철학은 통치자가 무위를 통해 백성들이 자신의 길을 가도록 해야 한다고 할 정도로, 끝없이 채우려는 인간의 욕망에 대해 거시적 반성을 촉구하고 있다.

그러나 노자가 강조하는 '비워냄'이라는 최상의 미덕은, 근대 이후 추구해온 교육의 가치인 '채움'과는 정반대 개념이다. 교육은 출발부터 '육성(育成)'이라는 의도적이고 가치 지향적이다. 지식[分別智]을 추구한다는 점에서 유한하고 인위적이며 규정적인 측면을 갖고 있다(송도선, 2013: 95-122). 도(道)의 무한성과 무작위성을 고려해 볼 때, 도는 '무(無)', 즉 '없는 것'이라고 할 수밖에 없지만, 그렇다고 '정말 아무것도 없는 것이 아니다!' 여기에서 무위(無爲)는 '아무것도 하지 말라!'는 의미보다 '있지만 없는 듯한 행위'이며,

---

1) 48: 爲學日益, 爲道日損. 損之又損, 以至於無爲. 無爲而無不爲.

‘인위적 채움을 경계하는 비움의 도’라는 견해로 해석한다(유소감/김용섭 역, 2000).

도(道)는 천지만물의 생성 원리로 자연(自然)과 무위(無爲)로 나타난다. 도의 발현 가운데 자연은 ‘스스로 그러함(self-so)’를 의미하는 것으로, ‘저절로 그렇게 됨’이다. ‘스스로 그러한 자연스러움’이라는 상태를 형용한 말이다. ‘세상에 스스로 존재하거나 저절로 이루어지는 모든 존재나 상태’ 또는 ‘사람의 힘을 가하지 않은 천연 그대로의 존재’를 의미한다. 자연의 총체적 질서로서 모든 사물을 살아가게 하는 기본 원리이다. 이때 자연성의 이념은 무위의 개념에서 더욱 분명하게 드러난다.

무위(無爲)는 무엇인가를 의도적으로 조작하지 않고 저절로 그러하게 둠으로써 자연의 이치에 맡겨두는 방식이다. ‘무’는 실제로 ‘있지만 없는 듯한’ 행위다. ‘있지만[有]’이라는 개념은 ‘무위(無爲)’의 실행자가 진실로 어떤 행위도 하지 않을 수 없음을 드러낸다. 특정한 상황에서 행동하기를 거부하거나 전혀 반응하지 않는 것 또한 일종의 적극적 행위다. 유소감(김용섭 역, 2000: 176)에 의하면, ‘없는 듯하다.’는 개념은 ‘저절로 그러하여 그러함’에 해당하는 ‘자연이연(自然而然)’이고, ‘허정하고 담담함’에 해당하는 ‘허정염담(虛靜恬淡)’이다. 행위하지 않는 가운데 행위하는 것이고, 일 없는 가운데 이루는 것이며, 또한 이기더라도 다투지 않고, 얻더라도 빼앗지 않는 것이다. ‘무위’는 자신의 주관적 생각에서 벗어나 대상 그 자체를 인정하고, 개인적 욕망이나 어떤 의도를 지닌 채 무리하게 작위하지 않는 객관적 질서다. 즉 자연의 질서에 따르는 태도를 뜻한다(이석명, 1997: 161).

무위에서 ‘위(爲)’는 하나의 중심(中心)을 지향한다. 때문에 무위의 목적은 인류사회의 자연적 화해(和諧)다. 그만큼 “무위하면 이루지 못함이 없고,”[2] “무위하면 실패가 없다.”[3] 이는 “세상에서 지극히 부드러운 것이 지극히 딱딱한 것을 파고 들어가고, 아무것도 없음이 틈이 없는 사이로 들어간다. 때문에 ‘아무것도 시행함이 없음’[無爲]이 유익하다.”[4] “이로써 성인은 행하지 않고도

---

2) 37: 無爲而無不爲.
3) 64: 無爲故無敗.
4) 43: 天下之至柔, 馳騁天下之至堅, 無有入無間. 吾是以知無爲之有益.

알며, 보지 않아도 부르며, 행하지 않고도 이룬다."5)

『도덕경』에서 '무(無)'는 '유(有)'의 상대개념으로 '없다'라는 뜻이다. 그러나 '절대 무' 또는 '순수 무'를 의미하는 것은 아니다. 송도선(2013)에 따르면, 노자의 '무' 개념은 그 속에 다른 차원의 긍정을 잉태하고 있다. 말하자면 도는 '무'라고 할 수 있지만, 그 속에는 가능태(dynamics, potentiality)라는 '있는 것'을 포함한다. 다시 말해, 노자 사상에 담긴 무의 개념은 정말 아무것도 없는 '절대 무'가 아니라, '유가 존재할 수 있는 가능성' 또는 '다양한 유가 될 수 있는 잠재력'을 의미한다. 즉 인간의 무한한 '잠재가능성' 또는 '성장가능성'이다.

노자는 이를 "도는 텅 비어 있다, 하지만 그 작용은 끝이 없다."6)라고 하여, 아무리 퍼내도 바닥이 드러나지 않는 '가능태'로서 무가 세상에 구현되는 덕이라고 했다. 그래서 "거듭 덕을 쌓으면 못할 것이 없고, 하지 못할 것이 없으면 그 끝을 아무도 모른다."7)라고 하여, 덕을 잘 간직하고 있으면 세상 무슨 일이든 잘 할 수 있다고 강조한다. '무(無)'를 품고 있는 '도(道)'의 효용성에 대한 구체적인 언급도 있다. 도라는 것은 "자신에게 닦으면 그 덕은 진실해지고, 그것을 집안에서 닦으면 여유 있게 되며, 그것을 마을에서 닦으면 그 덕은 장대해지고, 그것을 나라에서 닦으면 풍부해지며, 그것을 천하에서 닦으면 그 덕은 넓어진다."8) 이는 도의 가능태가 세상에 발휘될 때 일어나는 현실적 결과를 말한다.

이렇게 볼 때, 『도덕경』의 '무(無)'사상은 인간의 무한한 '잠재가능성' 또는 '성장가능성'을 의미하는 교육적 함의를 갖추고 있다. 그렇지만 노자는 '무'를 '무엇인가를 채우기 위한 조건'으로 간주한 것은 아니다. 무에 깃든 가능태는 그 자체로 가치 있는 것이고, 어떤 작용을 일으킴으로써 무한의 효용가치를 일으킬 수 있기 때문에 최상의 가치로 찬미된다(송도선, 2013: 120).

---

5) 47: 是以聖人, 不行而知. 不見而名, 不爲而成.

6) 4: 道沖而用之.

7) 59: 重積德, 則無不克, 無不克, 則莫知其極.

8) 54: 修之於身, 其德乃眞, 修之於家, 其德乃餘, 修之於鄕, 其德乃長, 修之於國, 其德乃豊, 修之於天下, 其德乃普.

Ⅲ. 학습자 중심 교육의 요청

'학습자 중심 교육'은 문자 그대로 '학습자가 중심이 되는 교육'을 의미한다. 교육목표의 설정에서 학습평가에 이르기까지 모든 교육활동의 중심을 학습자에게 둔다. 특히, 학습자 중심 교육은 학습자 개인의 소질, 경험, 능력, 흥미, 요구와 같은 특성에 따라, 교육활동을 계획하고 실행하는 교육체제이다. 때문에 지식의 개별성을 강조하는 구성주의(構成主義, constructionism)와 밀접한 관계가 있다.

학습자 중심 교육이라는 개념은 고대 그리스의 철학자인 소크라테스로부터 현대 미국의 프래그머티즘 사상가인 존 듀이에 이르기까지 오랜 역사를 거쳐 발달되었다. 시대를 불문하고, 학습자 중심 교육은 교육자들에게 관심의 대상이다. 학습자 중심 교육[아동중심교육]에 큰 영향을 미친 존 듀이는 "아동은 심리적 수준과 사회적 수준을 지닌 존재로 교육은 아동의 능력, 흥미, 습관을 이해해야만 하며, 학교는 사회의 축소판이 되어 아동들의 잠재력이 발휘될 수 있는 곳이 되어야 한다."고 주장했다(장인실, 2008: 837−857). 그러나 1957년 소련에서 인공위성인 스푸트닉(Sputnik)호 발사로 인해, 학습자 중심 교육에 대한 비판과 반성이 거세지면서, 잠시 전통적인 기본 학습에 밀리기도 했다. 그럼에도 불구하고, 학습자 중심 교육에 대한 학자들의 논의와 관심은 그 명맥을 유지하며, 20세기 중후반부터 확산된 열린교육 등을 통해 이어져 왔다(주현재, 2012).

더구나 1990년대 등장한 구성주의를 기반으로 학습자 중심 교육에 대한 기존의 인식이 바뀌기 시작했다. 구성주의란 학습자가 자신의 경험으로부터 지식을 구성하며, 모든 관점을 재조정한다는 점을 강조한다. 구성주의의 인식론적 가정은 인간이 외부세계에 대한 자신만의 믿음과 경험에 의해 외부세계에 실제로 존재하는 사안을 각자 다르게 받아들인다는 것이다. 여기서 실제로 존재하는 사안은 그 존재 자체가 각자 구성되고 해석되어 인간의 정신세계에서 처음의 실재 그 이상이 된다. 여기에서 지식은 개별적 의미구성의 결과가 된다. 때문에 구성주의에서 교육의 중심은 학습자다. 그런 만큼, 교사와 학습자, 또래의 학습자들 사이에서 과제를 탐구하는 교육과정을 중시한다. 궁극적으로 교사와 학생 간의 관계의 재형성, 기존의 교사에게 집중되었던 권력의 탈 중심화 및 학생들의 목소리, 경험, 지식에 대한 정당성과 가치 부여를 지향한다(추병완, 2000: 1－15).

구성주의에서 주장하는 학습은 '학습자가 경험한 것을 기본 초석으로 학습자의 사고, 즉 생각 속에서 구성된다.'는 점이다. 구성주의에서 학습자는 자신이 주인이다. 그러므로 학습자는 학습의 주체로서 자세를 가지고 자발적이고 능동적이며 적극적으로 학습에 참여해야 한다. 이러한 구성주의는 학습자 중심 교육의 철학적 근거를 제공할 뿐만 아니라, 실제적인 교수법의 제시를 통해, 학습자 중심 교육이 학교현장에서 진행할 수 있는 방법적 근거를 제시한다. 따라서 학습자 중심 교육은 구성주의를 통해, 철학적, 방법론적 측면에서 이론적 기저를 탄탄히 하였고, 전통적인 교육의 전 분야에서 변화를 도모했다. 이른바, '교육 패러다임의 전환'을 요구하게 된 것이다.

이런 점에서 학습자 중심 교육은 기존이 교수자가 지니고 있던 역할의 변화를 요청한다. 그것은 지식전달자, 즉 학습자를 지식을 인식하는 대상에서 내려놓도록 권고한다. 이제 교수자는 학습자들이 자발적으로 문제를 해결하고 창의적으로 지식을 구성해 나갈 수 있도록 학습 환경을 구축해 주는 조력자로 전환된다. 학습자의 편에서 학습자의 의견을 경청하고 지지하는 역할을 하면서, 최대한 적극적이고 참을성 있게 도와주어야 한다. 또한, 교수자 자신이 계획한 학습경험의 세계로 학습자를 안내하되, 학습자 스스로 탐구할 수 있도록 도와주는 안내자와 조력자의 역할, 촉진자의 역할도 해야 한다(김정숙, 2016). 이는 교수자가 "잘하는 자를 칭찬하여 본받게 하는 것은 자기 본성에 따라 효용을 발휘하지 못하고 후천적으로 작위 하는 마음이 생기게 하는 일이다. 사람들은 자신의 타고난 능력을 적당한 곳에서 저절로 발휘하게 되고 세상은 저절로 다스려지게 된다."(김학목, 2000)라는 『도덕경』의 교훈과 상통한다.

덜어내고 비우는 일은 인간이 지닌 내면의 힘과 본성이 지닌 창조적 변화에 대한 절대적 신뢰가 없다면 불가능하다. 성인이 "내가 시행하는 것을 없앴더니 백성들이 저절로 감화되었고, 내가 가만히 있는 것을 좋아했더니 백성들이 저절로 바르게 되었다."[9]라고 한 것은, 스스로 변할 수 있는 인간 존재

9) 57: 故聖人云, 我無爲而民自化, 我好靜而民自正.

의 능력을 보여준다. 이런 관점은 학습자 중심 교육의 근거로 작용할 수 있다. 세상에는 수많은 교육방법과 기술들이 존재한다. 하지만 세상과 인간의 도를 정확하게 파악하지 못하고, 학습자가 지닌 일부분의 특성만을 보고 가르치는 교육이라면, 그것은 온전한 교육이 아니라 부분을 다루는 기술일 수밖에 없다. 천지는 자신을 비워두고 아무것도 하지 않음으로써 곧 어떤 의도도 개입시키지 않고 천지만물이 제 갈 길을 가도록 한다. 교수자에 해당하는 통치자도 이와 같이 마음을 비우고, 무위함으로써 백성들이 자신의 길을 가도록 해야 한다(김학목, 2003). 무위(無爲)는 어떻게 다스리겠다는 의도를 가지지 않는 것이므로, 교육적으로 보면, 교수자는 자신의 고집이나 어떤 의도를 개입시키지 말고 마음을 비운 상황에서 학생들이 자신의 갈 길을 가도록 도와야 한다. 『도덕경』 64장에서는 이러한 '무위'의 실천, 교육자의 자세를 구체적으로 설명하고 있다.

> 성인[교수자]은 아무것도 시행함이 없으므로 그르침이 없고, 움켜잡는 일이 없으므로 잘못함이 없다. 백성[학습자]들은 일을 함에 항상 빌미가 이루어졌을 때 행하기 때문에 그르친다. 나중을 처음같이 염려한다면 일을 그르침이 없다. 때문에 성인은 남들이 하지 않고자 하는 것을 하고자 하고, 얻기 힘든 재화를 귀하게 여기지 않으며, (남들이) 배우지 않는 것을 배워서, 뭇사람들이 잘못한 바를 회복시킨다. 그렇게 함으로써 만물이 저절로 그렇게 됨을 도와주지만 감히 어떤 것도 시행하지 않는다.[10)]

때문에 성인은 무엇을 시행해도 그것에 의지하지 않고, 공이 이루어져도 머물지 않는다. 그것은 현명함을 드러내지 않고자 함이다. 이런 측면을 고려하면, 학습자 중심 교육이 강조하는 교육자의 역할에 대해, 77장에는 다음과 같이 묘사한다.

> 하늘의 도는 활을 당기는 일과 같을 것이다. 높은 것을 억제하고 낮은 것

---

10) 64: 是以聖人無爲故無敗, 無執故無失. 民之從事, 常於幾成而敗之. 愼終如始, 則無敗事. 是以聖人欲不欲, 不貴難得之貨. 學不學, 復衆人之所過. 以輔萬物之自然, 而不敢爲.

을 들어 올려주며, 충분한 것을 덜어내고 부족한 것을 보태 준다. 하늘의 도는 충분한 것을 덜어내고 부족한 것을 보태주는데, 사람의 도는 그렇지 않으니 부족한 것에서 덜어내서 충분한 것을 받든다.[11]

학생들에게 덜어내는 교육, 또는 빼기의 교육을 하기 위해서는 교수자가 먼저 자신을 비우는 과정이 필요하다. '교수자가 비운다'는 것은 무엇을 뜻할까? 한국의 현대교육을 노자의 관점에서 보면, 반교육적 차원이 가득하다. 특히, 중등학교 현장은 심각하다. 교육이 인간의 '잠재 가능성'을 열어주고 키워주기는커녕, '얼마나 많은 정보를, 효과적으로 뇌 속에 채워 넣고 인출하느냐'에 맞추어져 있다. 그렇다 보니, 학습자의 자생력과 자발성을 키워줄 수 없을 뿐만 아니라 자연의 순리나 유연함, 포용력을 장려하는 대신, 경쟁과 집착과 욕망을 부추긴다. 학습자의 무한한 잠재 가능성을 키워주기 위해, 교수자는 학습자들의 뇌 속에 인위적으로 무엇인가 채워 넣는 일을 멈추어야 한다. 학습자 스스로 그러하도록 놓아주기 위해, 교수자는 교육상황에서 갖게 되는 권력을 학습자들에게 나누어줘야 한다. 이는 학습에 대한 책임을 학습자 스스로 지게 함으로써 가능해진다. 그럴 때 교수자에게도 여유가 생긴다. 이 여유야말로 학습자 중심 교육을 실천할 수 있는 지름길이다.

이러한 자세는 노자 『도덕경』에서 강조하는 '무(無)'의 도(道)를 사용할 때, 실천 가능하다. 『도덕경』에서는 다스림에서 여유를 다음과 같이 피력한다.

한 집안만 다스릴 수 있는 역량을 가진 자는 집안을 온전하게 이끌어갈 수 없다. 한 나라만 유지할 수 있는 역량을 가진 자는 나라를 다스리는 데 성공하지 못한다. 온 힘을 다해 무거운 것을 들면 마음대로 사용할 수 없기 때문이다. 그러므로 사람이 만물의 다스림을 맡아 다스릴지라도 다스림에 유(有)와 무(無)의 도(道)를 사용하지 않는다면 여유가 있을 수 없다.'[12]

11) 77: 天之道, 其猶張弓與. 高者抑之, 下者擧之, 有餘者損之, 不足者補之. 天之道損有餘而補不足. 人之道則不然, 損不足以奉有餘.

12) 4: 王弼注: 夫執一家之量者, 不能全家, 執一國之量者, 不能成國, 窮力擧重, 不能爲用. 故人雖知萬物治也, 治而不以二儀之道, 則不能贍也.

이와 관련하여 조순영(2014:14)은 "한 아이만 잘 돌볼 수 있는 역량을 가진 자는 아이를 온전하게 잘 돌볼 수 없고, 한 교실만 다스릴 수 있는 역량을 가진 이는 교실을 이끌어가는 데 성공하지 못 한다"고 하면서, "어른이라 하여 아이를 잘 돌본다고 할 수 없고, 교사자격증을 가졌다고 교실을 잘 이끌 수 없다. 그러나 아이를 잘 돌보고 교실을 잘 이끌기 위해서는 기본적 조건 외에 여유를 가질 수 있는 무(無)의 공간이 있어야 하겠다."라고 교수자의 자세를 무위(無爲)로 설명한다. 이러한 무(無)의 공간을 갖기 위해서는 교수자와 학습자가 권력을 분담해야 한다. 그것은 어느 누구도 자신을 고집하지 않는 '비어 있음'을 전제로 한다.

> 하늘과 땅 사이는 아마 풀무나 피리와 같겠지. 비어 있으면서 다하지 않고 움직일수록 더욱더 나오는구나. 무엇인가 이루면 이룰수록 더욱 잘못되어서, 사물에 악을 심고 일에 자신의 말을 덧붙이기를 멈추지 않는다. 풀무나 피리도 빈속을 유지하고 있으면 무궁무진하게 되니, 자신을 버리고 사물에 맡겨두면 어느 것도 다스려지지 않는 것이 없다. 만약 풀무나 피리가 의도적으로 소리를 내려고 한다면 풀무질하는 자나 연구자의 요구대로 될 수가 없다.[13)]

무엇인가 의도적으로 이루려고 하면 할수록 교수자는 여유가 없고 뜻대로 되지 않는다. 따라서 풀무나 피리처럼 비워두고 맡겨두면, 학습자들의 무궁무진한 잠재력이 발휘될 것이다. 이에 대해 왕필(王弼)이 언급한 "서로 다스린다."는 표현으로 교육과 학습에서의 권력분담을 설명할 수 있다.

> 하늘과 땅은 '저절로 그렇게 됨'에 맡겨 두어 시행함도 없고 조작함도 없으니 만물끼리 스스로 서로 다스린다. 그러므로 (하늘과 땅은) 어질지 않다. 어진 자는 반드시 무엇인가 만들어 세우고 베풀어 교화시킬 경우 사물은 그 참됨을 잃고, 은혜가 있고 시행함이 있을 경우 사물은 다 함께 존재하지 못한다. 사물이 다 함께 존재하지 못할 경우 (어진 자가) 모든

13) 5: 天地之間, 其猶橐籥乎. 虛而不屈, 動而愈出. 多言數窮, 不如守中.

것을 다 감당하기에는 부족하다.[14]

여기에서 '사물이 다 함께 존재한다.'는 말은 평등한 권력을 가진 대상의 상존을 의미한다고 볼 수 있다. 전통적으로 배우는 사람인 학습자는 교육의 객체로 교육의 주체인 교육자의 가르침을 받는 수동적 존재로 여겨져 왔다. 하지만 최근에는 배움의 의미가 주목받고, 자발적 존재로서 학습자가 강조되면서, 교육의 주체는 더 이상 교사만이 아니다. 가르침은 배움과 항상 공존한다. 가르침에서 배움으로 일방향이 아니라 쌍방향으로 존재한다. 배움은 가르침이 없이도 학습 주체가 자발적 노력하는 경우에 충분히 발생할 수 있다. 따라서 교육자는 교육에서 가르침보다 배움의 의미를 강조해야 한다. 이는 교수자의 일방적 교수 권력의 이행이 아니라, 학습자와의 권력분담으로부터 시작된다. 교수자는 스스로 머릿속에 있는 생각들을 비우고, 억지로 가르쳐야 한다는 교육의 주체에서 벗어나 자유로울 수 있을 때, 여유를 가질 수 있다.

Ⅳ. 결어

본고는 노자 철학의 핵심인 무위자연(無爲自然) 사상을 학습자 중심 교육의 실천원리로 적용해 보려는 시도였다. 무위자연은 '무작위성(無作爲性)' 또는 '인위적이지 않음'이 핵심적 의미다. 그것을 대변하는 '도(道)'는 '자연의 운행원리'를 표현한 것으로 '하늘의 이치'이고 '자연의 이치'다. 그러나 현대 교육은 인간의 자연성을 파괴할 만큼 인위적이고 강압적이다. 학습할 내용이 너무 많아 학생은 지적 소화불량에 시달리고, 지식 위주의 암기식 교육은 학생들의 숨통을 막아버릴 정도로 수동적 흡수를 강요한다. 성적순으로 줄 세우기는 교육은 자신 이외의 다른 사람을 모두 경쟁자로 간주하게 만들었다.

특히, 한국사회를 지배하고 있는 '성공' 이데올로기는 교육을 통해 우월감이나 열등감을 양산하면서 여러 가지 부작용을 낳고 있다. 자연성에 역행하

14) 5: 王弼注: 天地任自然, 無爲無造, 萬物自相治理, 故不仁也. 仁者必造立施化, 有恩有爲. 造立施化, 則物失其眞. 有恩有爲, 則物不具存. 物不具存則不足以備載.

는 이러한 교육 시스템에 대해, 노자가 주장하는 무위자연의 사고는 교육에 대한 근본적 성찰을 유도한다. 노자의 자연성의 원리를 적용할 때, 학습자의 본성을 근거로 하는 학습자 중심 교육은 새로운 교육의 방식을 인도할 수 있다. 그것은 학습자의 본성에 기초하여, 학습의 주체가 학습자 자신에게 있다는 교육 원리다. 기존의 교사 중심의 주입식 교실 수업은 학습자 중심의 자율적 학습으로 이동해야 한다. 따라서 학습자 중심 교육에서는 교사의 역할이 기존과 달라져야 하고, 전적으로 교사에게 있었던 절대 권력이 학생과 분담되어야 한다.

노자의 무위와 도를 중심으로 하는 교육은 결국, "절대 강요하지 않으며 항상 아무것도 시행함이 없지만 시행하지 않는 것이 없다. 하고자 하지 않음으로써 그대로 놔두면, 천하가 저절로 안정될 것이다."[15]라는 관점에서 한국 사회의 교육과 학습을 재구성하는 데 일조할 수 있다.

---

15) 37: 道常無爲而無不爲. 不欲以靜, 天下將自定.

8장

'대화'교육

— 노자의 무위·자연과 부버의 만남·대화 —

8장의 글은 「'무위 · 자연'과 '만남 · 대화'의 교육철학적 의미－노자와 부버의 사고를 중심으로－」(경희대학교 교육발전연구원, 『교육발전연구』 20－1, 2004)를 수정 · 보완한 것이다.

I. 서언

현재, 한국사회를 둘러싸고 벌어지는 교육담론(敎育談論)은 너무나 다양하다. 특히, 교육적 대화로 볼 수 없는 형식적·가식적인 언표가 난무한다. '말의 홍수시대'에 노출되고 매몰되어 있다. 수많은 말은 다양한 의견의 표출로 볼 수도 있다. 하지만 중복되고 무의미한 말의 폭주는 언어를 오염시킨다. 다시 말하면, 진정한 말·대화·담론이 이루어지기보다 쓸데없는 말이나 소음(騷音)의 형식으로 우리에게 다가온다.

이런 상황에서 간절히 요구되는 것이 '건전한 대화'다. 대화는 삶을 건전하게 만들고 또한 인간의 자아를 발견하게 한다. 인간은 참다운 대화를 통해 '너'에 대한 '나'를 발견한다. 그리고 참다운 대화를 통해 나를 풍부하게 만들고 깊게 하며 빛나게 한다. 대화로 말미암아 나는 존재한다(이규호, 1991: 44).

참다운 대화가 아닌 말의 오염도 심화는, 인간의 판단에 혼동을 가져오고 삶의 방향성을 상실하게 이끈다. 포스트모던(post-modern)이라는 탈근대(脫近代)의 시대 성격이 그런 것을 보여주고 있다. 포스트모던은 자아의 해체, 탈 정전화(脫 正典化)의 추구, 대중들의 유희적 행복감 향유 등, 기존의 패러다임을 전환시키는 문화논리를 갖고 있다(목영해, 1994: 67-77). 현재 우리 삶의 상당 부분은 포스트모던의 문화적 기제 아래 움직인다.

포스트모던이라는 현실은 무수한 담론을 양산하고 있다. 그렇다면, 그 속에서 '교육'은 어떤 대화의 형식을 취하고 있는가? 김정환(1996: 239-246)은 '한국교육의 다섯 가지 병'으로 '조기 영어교육', '과잉학력', '산학협동', '민족교육 혼돈', '매스컴의 저속화'를 들고 있다. 이는 앞에서 말한 현대교육에서 벌어지는 무수한 언동 가운데 주요한 담론을 이루는 요소들이다. 특히, 우리 사회를 건전하게 만들기보다는 병들게 만드는 기능을 한다. 이런 담론들 속에서 우리가 놓치고 있는 주요한 것 가운데 하나는 '참다운 대화'나 '토론' 기능을 상실했다는 점이다. 대화를 통해 근본을 돌이켜보고 잘못된 부분이 있다면 대담하게 시정해야 하는데, 그것을 위한 대화는 적고 비생산적인 말들, 소음과 같은 오염된 교육담론들이 교육을 왜곡한다. 여기에서 교육적 판단과 방향은 흐려진다. 문제는 명백하다. 소음을 주조음으로 하는 말들, 대화를 오염시키는 말들을 걸러내는 작업이다. 그것은 어쩌면 아주 간단할 수 있다. 즉 말보다 실천을 앞세우는 교육에 대한 원칙에 합의할 때, 가능하다.

이 글은 교육담론, 참된 대화를 위한 한 방법으로, 노자(老子)와 부버(Martin Buber, 1878-1965)의 사유를 생각해 보려고 한다. 특히, 노자의 '무위(無爲)' · '자연(自然)'과 부버의 '만남' · '대화'를 통해, 그 교육학적 의미를 이해하려는 작업이다. 인간의 말과 대화의 방법에는 여러 가지가 있다. 적극적으로 말하는 행위, 눈짓만 보아도 아는 행위, 침묵 속에서 발견할 수 있는 행위 등 다양하다. 노자와 부버는 많은 말을 하기 보다는 말을 아낀다. 그러나 아끼는 말 속에 더 큰 목소리가 내포되어 있다. 말하는 것보다 더 큰 말의 의미가 감춰져 있으면서 보다 큰 대화가 이루어진다. 그것은 말의 오염이나 소음이 아니라, 진정한 의미의 대화로 연결된다.

여기에서는 이 두 철학자의 언어와 사유 논리를 통해, 교육담론의 의미를 고민해 본다. 그들의 목소리는 방향이 혼돈을 겪는 이 시대의 교육에, 하나의 길을 암시할 수 있다. 완전한 대안이 아니라, 하나의 방법론으로서 교육의 의미를 새롭게 구명하는 데 생산적 작업이 될 수 있으리라.

II. '무위'와 '자연' 교육

인간의 역사에서 고대사회는 정치와 종교, 교육을 따로 분리되어 논하기 어렵다. 호적(胡適, 1891-1962)은 다음과 같은 견해를 보여 주었다.

종교에 해당하는 중국말은 교육이나 교육제도를 의미하는 쟈오(敎: jiao)이다. 사람들에게 특별한 신(神: God)을 믿으라고 가르치는 것은 하나의 쟈오(敎)이다. 그러나 남들에게 행동하는 방법을 사람들에게 가르치는 것도 쟈오(敎)이다(더크 보드/이명수 옮김, 1991: 551-552, 재인용).

모든 인류의 심적 기능 속에 숭배와 경애의 마음이 있고, 여기에서 파생되는 의식은 정치적이며 윤리적이고 교육적 의미를 동시에 내포한다(王治心, 1988: 9-12). 다스리는 자[治者]는 정치 지도자이자 동시에 제사장이며 교육 지도자였다. 노자는 바로 이 다스리는 자의 철학, 교육의 관점을 '무위(無爲)·자연(自然)'으로 내세운다.

어진 이를 숭상하지 말라. 그래야 백성들이 자기가 잘나 보이기 위하여 다툼을 벌이지 않을 것이다. 얻기 어려운 재화를 귀하게 여기지 말라. 그래야 백성들이 그것을 가지려고 도적질하지 않을 것이다. 욕심을 불러일으킬 만한 것을 보이지 말라. 그래야 백성들이 마음의 혼란을 일으키지 않을 것이다. 그러므로 성인의 다스림[교육]은 백성의 마음을 비워 백성의 배를 채워 주며, 백성의 뜻을 부드럽게 하여 백성의 육체를 강건하게 한다. 늘 백성으로 하여금 앎이 없게 하고 바라는 것이 없게 한다. 지혜롭다고 하는 위정자가 감히 무엇을 하지 못하게 한다. 백성들이 행함이 없이 자연스럽게 살아가도록 맡겨두어도 잘 다스려질 것이다.[1)]

백성들을 편하게 살도록 만들기 위한 구체적 방법은 공명(功名)과 보화, 현혹하는 일을 없애는 데 있다. 이러한 사안은 세상 사람들이 구체적으로 지향하는 가치들이다. 이런 가치 속에서 우리 인간은 이런 것을 추구하고 달성하기 위해 고민한다. 인간관계나 인간다운 심성이 망가져도 이 가치를 획득하면 그것은 위대한 인생으로 칭송된다. 이런 구조 속에서 통치자는 힘을 갖고 인간세의 모든 것을 지배하지만, 피통치자는 그들의 권력의지를 충당하거나

1) 3: 不尙賢, 使民不爭; 不貴難得之貨, 使民不爲盜; 不見可欲, 使民心不亂. 是以聖人之治, 虛其心, 實其腹; 弱其志, 强其骨. 常使民無知無欲, 使夫智者不敢爲也. 爲無爲, 則無不治.

실현시켜 주는 도구로 전락한다. 때문에 사람들은 자연히 현명하거나 능력 있는 자가 되어 권력을 잡으려고 욕심낼 수밖에 없다. 그러나 모든 사람이 최고의 위치에 자리할 수는 없다. 정점의 자리에는 극소수만이 앉을 수 있다(김충렬, 1995: 154-155). 이 치열한 경쟁은 많은 사람을 도태하게 한다. 대학입시나 학력주의 등 현재 한국교육의 문제는 이와 흡사하다.

노자의 무위는 바로 현실적인 인간의 정치, 교육 상황에 대한 질타이자 대안이다. 인간인 이상, 인간에 대한 최소한의 간섭이나 관계는 반드시 있게 마련이다. 따라서 가장 최소한으로 간섭하는 교육, 방임의 교육이 필요하다. 노자가 제시한 무위의 교육철학은 현대사회의 비인간화 교육에 대한 반성의 계기를 제공한다. 무위를 통해 보다 근본적으로 돌아가려는 태도, 자연스러운 교육을 중시하는 태도는 현대교육의 병폐에 대한 수많은 대안들과도 통한다. 사실, 전인교육이라고 얘기되는 '노작교육', '생활교육', '인간화교육', '대화교육', '각성교육' 등은 지식교육과 말 많음의 교육에 대해, 무위(無爲), 무언(無言)의 교육으로 이해할 수도 있다. 교육에서의 무위, 너무나 많은 언설들 속에서 그것을 벗어나는 교육의 가치, 무언(無言)과 불언지교(不言之教)의 가치가 한국교육에 요구된다.

Ⅲ. '만남'과 '대화' 교육

부버는 모든 참된 삶은 '만남'이고 만남을 가능하게 하는 것이 '대화'라고 한다. 그러기에 부버를 '만남의 철학자', '대화의 철학자'라고도 부른다. 부버의 이런 사고는 현대사회의 '비인간화 현상'과 현대인의 극단적 개인주의, 그리고 극단적 집단주의 사이에서 우왕좌왕하며 인간으로서의 가치와 존엄성을 상실하는 무방향의 딜레마에 빠져 있는 것을 비판하면서 시작되었다. 부버는 현대의 비극적 상황 속에서 인간은 자기를 결코 객체화할 수 없는 주체이자 인격으로서 함께하는 '나'와 '너'의 '만남'과 대화를 통해 인간을 회복하려고 했다(강선보, 1996: 105).

부버가 주장하는 만남은 일상 속에서 친구를 만나거나 애인을 만나거나 특별한 목적으로 어떤 사람을 만나는 행위와는 거리가 있다. 먼저, 부버는 '나－너(Ich－Du)', '나－그것(Ich－Es)'이라는 근원어, 짝 말을 설정한다. 그리고 '나', 그 자체란 없으며 오직 근원어 '나－너'의 '나'와 근원어 '나－그것'의 '나'가 있을 뿐이다(마르틴 부버/표재명 옮김, 1994a: 6). 즉 '나'란 혼자 존재할 수 없다. 언제나 관계 속에서, 짝 말로 존재한다. 인간은 어떤 형식으로건 이미 사물과 관계하고 있다. 고립된 인간은 사실 사회적 인간으로서는 존재 불가능하다. 부버의 근원어는 이런 관계에 대한 근본적 인식이다.

그런데 '나－너'에서 '나'와 '나－그것'에서의 '나'는 다르다. '나－너'의 세계는 대화적이고 인격적이며 상호적인 만남의 관계다. 그러나 '나－그것'의 관계는 비대화적이고 비인간적이며 일방적인 주관과 객관의 관계다(안인희, 1987: 82). 우리가 사람을 만날 때, 직접적인 만남도 있고 간접적인 만남도 있다. 직접적인 만남을 통해 우리는 서로를 느낀다. 그러나 한 발짝 떨어져 대상을 바라보는 만남은 온몸을 던져 상대에게 다가갈 수 없다. 이런 만남에서는 인격의 교환이나 서로에 대한 몰입은 없다. 따라서 '나－그것'의 관계는 인식론적 관계로 이해되고, '나－너'의 관계는 실존적 관계로 파악된다(강선보, 1996: 106). 그러므로 부버는 다음과 같이 말한다.

> 근원어 '나－너'는 오직 온 존재를 기울여서만 말해질 수 있다. 온 존재에로 모아지고 녹아지는 것은 결코 나의 힘으로 되는 것이 아니다. 그러나 나 없이는 결코 이루어질 수 없다. '나'는 너로 인하여 '나'가 된다. '나'가 되면서 '너'라고 말한다. 모든 참된 삶은 만남이다. '너'에 대한 관계는 직접적이다. '너'와 '나' 사이에는 어떠한 개념 형태도, 어떠한 예비지식도, 어떠한 환상도 없다. 그리고 기억조차도 개별적인 것에서 전체적인 것으로 넘어갈 때는 변하고 만다. '나'와 '너' 사이에는 어떠한 목적도, 갈망도, 어떠한 예상도 없다. 그리고 그리움조차도 꿈에서 현실로 넘어갈 때는 변하고 만다. 모든 매개물은 장애물이다. 모든 매개물이 무너져 버린 곳에서만 만남은 일어난다. 관계의 직접성 앞에서 모든 간접적인 것은 하찮은 것이 되고 만다(마르틴 부버/표재명 옮김, 1994a: 17).

너와 나의 만남은 '은혜'로 이루어진다. 찾아서 발견되는 것이 아니다. 즉 의도적으로 만나고 싶다고 해서 진정한 만남이 이루어지는 것은 아니다. 만남은 나도 모르게 시나브로 내 몸 안에서 이루어진다. 내가 뜻하지 않았던 곳에서 이미 너를 만나고 있는 것이다. 우연히, 그리고 갑자기 어느 순간. 이런 만남은 인격적 만남으로 향해 있다. 부버는 다음과 같이 말한다.

> 우리는 세계가 객체라는 것을 내부에서 배운다. 그러나 세계가 주체로서 나를 말하고 또한 너를 말하는 사실을 경험하도록 하는 것은 창시자 본능이 아니라 교통의 본능(instinct for communion)이다. 이 본능은 리비도의 신봉자들이 인식하고 있는 그 이상의 것이다. 그것은 세계가 하나의 인격으로서 우리에게 나타나 주기를 요구하는 갈망이다. 즉 이 인격이란 우리가 세계에로 향하는 것과 같이 우리에게로 향하는, 또한 우리가 그 세계를 선택하고 인정하는 것과 같이 우리를 선택하고 인정하는, 또한 우리가 세계 속에서 자기 자신을 확증하는 것 같이 우리에게 있어서 자기를 확증하는 그러한 인격으로서 세계가 우리에게 나타나 주기를 요구하는 갈망이다(마르틴 부버/남정길 옮김, 1979: 152).

인격은 인간에 대한 사랑과 믿음을 전제로 한다. 온몸으로 그를 영접하고 나를 맡길 때 싹튼다. 사사로운 감정이나 이해관계가 개입되어서는 인격적 관계가 성립할 수 없다. 여기에서 우리 현실을 돌아보자. 대부분의 관계는 '주고－받는(Give & Take)' 만남이다. 아니면 의미 없이 스쳐 지나가는 것이다. 이는 진정한 만남 자체가 없는 상태다. 그런 삭막한 세상에 대해 부버는 '나와 너'의 만남을 갈망했다.

'나－너'의 관계는 세 개의 영역에서 성립된다. 첫째, '자연과 더불어 사는 삶', 둘째, '사람들과 더불어 사는 삶', 셋째, '정신적 존재들과 더불어 사는 삶'이다. 첫째의 경우는 아직 어둠 속에 흔들리며 언어가 통하지 않는다. 두 번째는 관계가 명백해지고 언어의 형태를 취한다. 그리고 세 번째는 관계가 구름에 덮여 있으나 스스로 나타나고 말이 없으나 말을 낳고 있다(마르틴 부버/남정길 옮김, 1979: 9－10). 즉 언어불통(言語不通)의 '자연'－언어소통

(言語疏通)의 '사람'-무언생어(無言生語)의 '정신적 존재'의 관계가 드러난다. 만남은 이 세 관계의 전 영역을 통해 이루어진다.

이런 관계의 특성은 어떠한가? 인간이란 홀로, 그리고 독자적으로 실존하는 것이 아니다. 항상 다른 인격과의 공존적 관계에서 실존한다. 그러기에 너로 말미암아 내가 존재하며, 나로 말미암아 네가 존재한다. 이른바 '상호성'이 전제된다. 또 만남은 '너'에 대한 직접적 관계를 이룬다. 그러므로 자기 자신을 개방하고 자기 자신의 모든 것을 주는 위험성을 내포하기도 한다. 그리고 참된 삶이 실현되고 있는 '지금 그리고 여기'라는 시간적 현재성을 지닌다. 또 외부에서의 어떤 개입이나 관여를 완전히 배제하는 절대적 관계의 힘인 강렬성도 갖고 있다. 뿐만 아니라 만남은 표현하거나 기술할 수 없는 계시를 받은 사람이 그것을 설명할 수 없는 것과 같은 표현 불가능성을 지닌다(강선보, 1996: 109-111). '표현 불가능성'은 노자의 '도가도비상도(道可道非常道)'나 불교의 '단박 깨달음'과 거의 일치하는 언표다. 사실, 우리가 진정하게 어떤 것을 느끼고 깨닫는 일은 생활 가운데 흔히 일어난다. 진정 말로 표현하지 못하고 발을 동동 구를 때와 같은 상황이 그것에 해당한다.

그렇다면 이런 만남의 상황은 완전한가? 만남은 개별화에 근거를 두고 있다. 개별화는 관계의 환희가 된다. 왜냐하면 우리는 개별화를 통해 서로 다른 타자를 인식할 수 있기 때문이다. 그러나 개별화 자체가 관계의 한계가 되기도 한다. 왜냐하면 우리는 개별화로 인해 타자를 완전히 인식하는 일도 불가능하고 또한 인식되는 일도 불가능하기 때문이다. 그러면서도 '나-너'의 관계는 우리가 맺는 타자와의 관계 중에서 가장 긴밀한 인격적인 것으로서 나의 전 존재를 건 본질적인 행위다(강선보, 1996: 111-112). 이런 만남의 이해 속에서 '대화'적 관계가 요구된다. 다시 부버의 말을 음미해보자.

> 개적 존재는 다른 여러 개적 존재에 대하여 자기를 분리시킴으로써 나타난다. 인격은 다른 인격과의 관계에 들어섬으로써 나타난다. 한쪽은 자연적인 분립의 정신적 형태이고, 다른 쪽은 자연적인 결합의 정신적 형태이다. 자기 분리의 목적은 경험과 이용이며, 경험과 이용의 목적은 '삶', 곧 인생의 전 기간에 걸친 죽음인 것이다. 관계의 목적은 관계 자

> 체, 곧 '너'와의 접촉이다. 왜냐하면 모든 '너'와의 접촉에 의하여 '너'의 숨결, 곧 영원한 삶의 입김이 우리를 스치기 때문이다. 관계 속에 서 있는 사람은 하나의 현실, 곧 단지 그에게 닿아있는 것도 아니며 또 단지 그의 밖에 있는 것도 아닌 하나의 존재에 관여하고 있다. 모든 현실은 하나의 작용이며, 나는 그것을 내 소유로 삼을 수는 없지만 그 작용에 관여하고 있다. 관여가 없는 곳에는 현실이 없다. 자기 독점이 이루어지는 곳에는 현실이 없다. 관여는 '너'와의 접촉이 직접적이면 그럴수록 그만큼 더 완전하다(마르틴 부버/남정길 옮김, 1979: 83-84).

'접촉(接觸)'과 '관여(關與)'는 대화적 상황이다. '나-너'사이의 대화는 개별성을 전제로 한다. 그러므로 '나'는 '나'이고 '너'는 '너'이다. 여기에서 대화는 타자와의 동일시에서 일어나는 것이 아니다. 타자를 직면하고, 타자를 타자로서 관계할 때 일어난다(강선보, 1998: 117). 우리는 일상생활에서 타자와 관계하며 끊임없이 대화한다. 언어! 말을 주고받는다. 그런데 말을 한다고 모두 대화인가?

> 대화란 우리가 사람들과 더불어 무엇을 많이 하는 것이 아니라 우리가 꼭 같이 해야만 할 사람들과 함께 참으로 관계하는 것이다. 독백의 생활을 하는 사람이 고독한 사람이 아니라, 그의 운명과의 연관성을 통하여 그 속에서 그가 움직이는 공동체를 존재와 연관시켜 실현시킬 능력을 가지지 못한 사람이 고독한 사람이다(마르틴 부버/남정길 옮김, 1979: 38).

이런 인식을 가지고 부버는 세 종류의 대화를 얘기한다. '순수한 대화(genuine dialogue)'와 '실무적 대화(technical dialogue)', '대화로서 위장된 독백(monologue disguised as dialogue)'이 그것이다(마르틴 부버/남정길 옮김, 1979: 36). '대화로서 위장된 독백'은 타자가 있음에도 불구하고 각자는 실제로 타자에게 말하고 있지 않다. 이는 상대방을 결코 하나의 현전하고 있는 인격으로서 보지 않는 상태를 의미한다(안인희, 1987: 85). 즉 거짓 대화를 하고 있는 것과 같다. '실무적 대화'는 현대 인간 생활에서 없어서는 안 될 핵심적인 것이다. 출국 수속을 밟기 위해 외무부 직원과 이야기를 주고받은 경우가 한 예이다(강선보, 1996: 117).

부버는 '순수한 대화'를 진정한 대화로 본다. 이 대화는 아주 드물게 일어난다. 그러나 그것이 아무리 비정신적인 형태를 통하여 일어난다 해도 이와는 상관없이 이 대화가 발생하는 곳에는 인간 정신의 유기적 실체의 존속이 증명된다. 각자는 타자에게 진실로 책임을 지며, 자기 정체성을 지닌 채 대화에 참여하고, 책임 있는 신념으로 '응답'한다.

순수하고 진정한 대화는 말로도 이루어질 수 있지만, 무언(無言)의 대화, 침묵(沈黙)으로도 가능하다. 이를 위해서는 완전한 불식, 진실성을 추구해야 한다. 또 진정하게 직면해야 한다. 그리고 모든 프로파간다를 거부해야 한다. 그리하여 인간은 삶 전체로서 신(神)에게 응답할 수 있다(강선보, 1996: 118~119).

신(神, God)에 대한 인식은 동·서양이 상당히 다르다. 『주역』에는 "음양을 헤아리지 못하는 것을 신이라 한다."[2]라고 적혀 있다. 우주의 모든 사물은 음(陰)과 양(陽)으로 이루어져 있다. 그런데 그것이 어떤 상태인지 제대로 파악하지 못하는 그 자체가 신이다. 신은 이 우주 자연의 영역을 벗어나지 않는다. 그 움직임 자체가 신이다. 이는 서양에서 '신'이라는 객관적인 유일신(唯一神) 하나님(the Lord)이나 초월적 존재를 설정하는 것과 맥락을 달리한다. 그러나 그것이 무엇인지 확실히 알 수 없다는 점에서는 통한다. 부버의 경우, 하시디즘(Hasidism)의 전통을 이어 받으면서 동양과 서양의 중간적 입장에 있는 듯하다. 그것은 다음과 같은 그의 관점에서 파악된다.

> 모든 장소, 모든 곳, 개개의 행동, 모든 말에서 거룩함이 무성(茂盛)할 수 있다. …… 인간은 인간을 넘어서 신에게 접근할 수 없다. 인간이 됨으로써만 신에게 접근할 수 있다. 인간이 된다고 하는 것은 바로 그가, 즉 이 개인이 그렇게 되도록 창조되었다는 것을 의미한다. …… 신은 개개의 사물 속에서 보여질 수 있으며, 온갖 순수한 행위를 통해 포착될 수 있다. …… 인간의 구원은 세속적인 것에서 자신을 멀리하는 데 있는 것이 아니라 그것을 거룩히 그리고 신적인 의미로 성별하는 데 있다"(마르틴

2) 『주역』「繫辭傳」上 5章: 陰陽不測之謂神.

부버/남정길 옮김, 1994b).

말의 해체는 인간이 신에게 응답할 수 있을 때 일어난다.

> 말은 계시 가운데 본질적으로 존재하며, 형태의 삶 속에서 작용하지만, 죽어버린 형태가 지배하게 되면 위급하게 된다. 이것이 바로 영원한, 그리고 역사 안에서 영원히 현전하는 말의 오가는 길인 것이다. 본질적인 말이 나타나는 시대에는 '나'와 세계와의 결합이 갱신된다. 작용하는 말이 다스리는 시대에는 '나'와 세계와의 사이에 일치가 유지된다. 말이 위급하게 되는 시대에는 '나'와 세계와의 사이에는 비현실화와 소외가 일어나며 숙명의 지배가 성취된다. — 마침내 큰 전율이 오고 어둠 속에서 숨을 죽이고 준비된 침묵이 찾아들 때까지. 그러나 이 길은 원(圓)이 아니다. 그것은 길이다. 모든 새 시대에 있어서 숙명은 더욱 억압적인 것이 되며, 전환은 더욱 돌파력을 가진 것이 되어야 한다. 그리고 신의 현현은 '더욱 가까워진다.' 그것은 '존재와 존재 사이'의 영역에 가까워지며, 우리의 중심, 우리의 사이에 숨어있는 나라에 가까워진다(마르틴 부버/표재명 옮김, 1994a: 157-158).

사이에의 일치를 통한 말의 해체는 침묵(沈默)으로 가서 통한다. 이제 언어는 일체의 감각적 매체 없이도 언어일 수가 있다. 아무런 소리도 제스처도 필요하지 않다. 이제 사람과 사람 사이에는 말이 없는 상태에서도 거침없이 마음이 바로 열린다. '대화의 말(the word of dialogue)'은 아주 비밀스럽게 일어났다(마르틴 부버/남정길 옮김, 1979: 9-11). 이제 진정한 대화를 통해 '응답'이 일어난다. 우리가 만나고, 보고, 듣고, 느끼는 것에 대한 응답 말이다.

> 우리 응답의 언어는 우리의 말 걸음이 그렇듯이 행위(行爲)와 무위(無爲)의 번역할 수 없는 언어에 의해서 말을 형성한다. — 그때에 행위는 무위와 같이, 또한 무위는 행위와 같이 태도를 취한다. 우리들이 이와 같이 우리의 존재 자체를 가지고 말하는 것, 그것이 바로 그때 우리를 향해서

다가오는 상황과 관계를 갖는 일이요, 거기에서 그 상황 속으로 들어가는 일이다. …… 일단 우리가 느껴서 알게 된 상황은 결코 단절되어서는 안 되며 우리는 그 상황을 우리의 현실적인 삶의 실질 속으로 유입시켜야 한다. 이때에만 우리는 순간의 총화 이상의 어떤 것으로서 매 순간 성실히 삶을 경험하게 된다(마르틴 부버/남정길 옮김, 1979: 33-34).

부버의 만남과 대화는 현실 속에서 인간 행위의 방향 전환을 요구한다. 우리가 얼마만큼 진정한 만남을 하고 있는지 반성하게 만든다. 사실, 생활 속에서 우리의 만남은 지속적으로 '실무적 만남'만이 이루어지고 있는 것은 아닌가? 서로가 무언가를 얻기 위한 바람 속에서 만남과 대화라는 가면을 쓰고 있는 건 아닌가? 더욱이 우리의 교육 현실은 진정한 만남과 대화를 외면하고 있다. 교육은 이미 부버식의 만남을 회피한 지 오래다. 대부분의 교육은 거짓 만남이거나 실무적 만남에 머물고 있다.

Ⅳ. '무위·자연'과 '만남·대화'의 포옹

인간은 끊임없이 만나고 대화하는 동물이다. 대화 속에서 자기를 주며 남을 받아들인다. 그리고 자기를 찾는다. 말을 많이 한다고 진정한 대화는 아니다. 그럼 진정한 대화에 어떤 형식이 있는가? 무위·자연과 만남·대화! 앞에서 본 것처럼 이것은 언어를 뛰어넘어 자기 실천을 한다. 형이상학의 자리에서 형이하학의 미학으로 현실에 대응한다. 그들의 힘은 무언과 침묵, 그리고 그것을 통한 황홀경이다.

무언과 침묵은 인위적으로 형식적으로 억지로 실천하려는 행위를 거들떠보지 않는다. 자연스럽게 자기의 마음을 열고 간다. 무언(無言)으로써, 무위(無爲)하며 자연스럽게 가는 길은 이렇게 묘사된다.

사물이 흔들리지 않을 때 유지하기 쉽고, 드러나지 않았을 때 도모하기 쉽다. 그 연약할 때는 바스러지기 쉽고, 눈에 띄지 않을 때는 흩어지기

> 쉽다. 그것이 드러나기 전에 하고, 그것이 어지러워지기 전에 다스려라. 아름드리나무도 털끝 같은 싹에서 생겨나고, 구층의 높은 누각도 한줌의 쌓인 흙에서 일어나고 천리의 걸음도 발아래서 시작한다. 승리하려고 하는 자는 반드시 패할 것이요, 잡으려 하는 자는 반드시 놓칠 것이다. 그러므로 성인은 함이 없기에 패함이 없고, 잡음이 없기에 놓침이 없다. 사람들이 일하는 것을 보면 늘 다 이루어질 듯하다 꼭 패한다. 끝을 삼가기를 늘 처음과 같이 하라. 그리하면 패하는 일이 없을 것이다. 그러므로 성인은 바라지 않음을 바라고 얻기 어려운 재화를 귀하게 여기지 않는다. 배우지 아니함을 배우고 뭇사람이 지나치는 본바탕으로 돌아간다. 이리하여 만 가지 것의 스스로 그러함을 돕고 감히 무엇을 한다고 하지 않는다.[3]

'천리 길도 한 걸음부터'라는 말도 있듯이, 인간의 일은 욕심을 부린다고 이루어지는 것이 아니다. 우리 주위의 곳곳을 보라. 얼마나 많은 욕심들이 녹아 있는지. 무언가 억지로 하고자 하는 자는 패할 것이라고 노자는 경고한다. 하지 말라는 것이 아니라 묵묵히 자연스럽게 하라는 말이다. 그러므로 말이 많은 행위는 그다지 유용하지 않다. '사공이 많으면 배가 산으로 간다!'는 속담처럼. 자연이 언제 이러쿵저러쿵 말을 많이 하던가? 나무가 언제 자기를 빨리 자라게 해달라고 조르던가? 봄이 오면 꽃을 피우고 싹을 틔우며, 여름이 되면 잎이 무성해지고, 가을이면 열매 맺으며, 겨울이 되면 다음 해를 준비할 뿐이다. 우리는 너무나 '하고자 하는 주의'에 매달려 있다. 무엇을 시행하기 위한 언표도 너무나 많다. 말 많음 속에서 얻은 것보다 잃은 것은 많지 않은가? 오히려 말 적음, 말 없음 속에서 훨씬 자연스럽게 삶이 영위되지는 않았는가? 이젠 노자의 목소리에 귀 기울여 봄직도 하다.

그러면 침묵은 어떻게 우리를 만나게 하며 대화로 다가오는가? 침묵은 이미 진정한 만남을 위해 우리에게 다가와 있다. 부처가 가섭에게 빙그레 웃으며 의미 있는 몸짓을 하듯. 이는 말로써 표현할 수 없는 의미의 확증과 관

---

3) 64: 其安易持, 其未兆易謀; 其脆易泮, 其微易散. 爲之於未有, 治之於未亂. 合抱之木, 生於毫末; 九層之臺, 起於累土; 千里之行, 始於足下. 爲者敗之, 執者失之. 是以聖人無爲故無敗, 無執故無失. 民之從事, 常於幾成而敗之. 愼終如始, 則無敗事. 是以聖人欲不欲, 不貴難得之貨; 學不學, 復衆人之所過. 以輔萬物之自然而不敢爲.

계된다.

> 의미는 보증되어 있다. 아무 것도, 그 어느 것도 이제는 더 이상 무의미하지 않다. 거기에는 이미 삶에 대한 의문이 없다. 그러나 그러한 의문이 있다 하더라도 그에 대답할 수는 없다. 우리는 삶의 의미를 제시할 줄도 모르며 또 규정할 줄도 모른다. 우리는 삶의 의미를 밝힐 수 있는 어떤 공식이나 도식도 가지고 있지 않다. 그럼에도 불구하고 삶의 의미는 우리의 감각적 인식보다도 더 확실한 것이다(마르틴 부버/표재명 옮김, 1994a: 145).

그렇다. 우리는 말하지 않아도 의미 있는 많은 것들을 알고 있다. 또 행하고 있다. 침묵 속에서도 말보다 더 위대한 생의 의미를 실현한다. 그것은 하나의 창조에 속한다. 창조란 본래 '비유(非有, non-being)' 속에 감추어져 있는 생을 향한 신의 부름을 의미하는 것이다(마르틴 부버/남정길 옮김, 1979: 146). 그러나 그 행위는 세계에 대한 의무로서 부과되는 행위가 아니라, 세계와의 접촉에서 마치 무위인 양 생겨난다.

엄청난 말의 홍수 속에 형식적으로 존재하는 우리의 교육은 침묵을 필요로 한다. 침묵 속에서 의미를 실현하는 과정, 무위의 실천 속에서 더 큰 의미가 살아나는 교육이 필요하다. 이런 교육의 극치는 황홀한 경지 속에 들어가 있을 때 이루어진다.

> 하늘과 땅의 창조는 무에서 나온 것을 드러내는 것이다. 높은 것이 낮은 것으로 내려감이다. 그러나 존재에서 자신을 멀리하고 신에게 집착한 성자들은 마치 창조 전에 무(無)의 경우와 같이 진리를 통해 신을 알고 깨닫게 된다. 그들은 어떤 것을 무(無) 속으로 돌린다(마르틴 부버/남정길 옮김, 1994b: 74).

있는 듯 없는 듯한 황홀,[4] 무한한 작용 속에 나를 잊어버릴 때 완전한

4) 14: 無狀之狀, 無物之象. 是謂惚恍.

교육의 모습이 그려진다. 그것은 하나의 전율이요, 교육적 공감이다. 교육은 황홀경 속에서 기쁨으로 일어나야 한다. 창조 전의 무와 같은 거룩한 삶을 찾아서 자기를 던질 때 황홀경 속에서 노닌다. 가장 성스럽게. 무위의 공용은 황홀경 속에서 만날 수 있다. 불가사의한 침묵과 사이 세계에서 느껴진다. 교육의 의미 규정 이전에 교육적 대화 속에 나를 집어넣어 보자. 황홀경이 왔는가?

세계는 개인 속에 인격을 형성하게 만든다. 세계, 즉 자연과 사회라고 하는 환경 전체가 인간을 '교육'한다. 그런데 교육자에게 집결되고 현시(顯示)된 세계를 선택하는 일에 결정적인 효력을 주는 것이 교육이다. 교육 관계는 모든 것에 의해서 무목적(無目的)적으로 흘러나온 교육에서 목적으로서 이를 취해 내어 구별하는 것이다. 이렇게 하여 교육자를 통해 세계는 비로소 교육활동의 참 주체가 된다(마르틴 부버/남정길 옮김, 1994b: 154).

교육에서 강제라는 것은 분열이요, 굴종과 반항을 의미한다. 교육에서 교통(communion)은 바로 결합이요, 흉금을 열고 타자와 상호 소통하는 것을 뜻한다. 교육에서 자유란 교통의 가능성이다. 그리고 '포옹하는 힘(inclusive power)'만이 지도력을 지닐 수 있다. 포옹은 '인격' 사이의 관계이며, 공통으로 체험하며 능동적으로 참여하는 일이고, 나의 행위를 잃지 않은 채 동시에 타자 측에서 체험하는 사실이다. 이는 교육에서 관계를 구성하는 요소와 같다. 신뢰, 이 세계에의 신뢰! 이것은 교육 관계의 가장 내면적인 성과다(마르틴 부버/남정길 옮김, 1994b: 157-167).

그리하여 교육의 영역은 그의 참되고 본래적인 힘을 이 포옹 행위의 반복과 그 행위와의 새로운 결합에서 얻게 된다. 본래 하나인 '교육하고(educating)', '교육받는(being educated)' 공통의 상황 속에서, 구체적이고 상호적인 포옹의 체험을 근거로, 인간과 인간의 혼이 참으로 서로 포옹해야 한다(마르틴 부버/남정길 옮김, 1979: 170-171).

포옹은 신뢰와 겸허한 태도에서 가능하다. 하시딤의 삶은 황홀경(Hitlahavut), 섬김(Avoda), 의도(Kavana), 겸손(Shiflut)으로 요약된다. 인간이 순수해지고 완전해질수록 그만큼 더 충심으로 자기 자신이 부분임을 알게 되며, 실존적 공동체를 보다 적극적으로 분산시킨다. 이것이 겸손의 신비다(마르틴 부버/남정길 옮김, 1994b: 67-105). 또한 포옹은 다투지 않는 곳에서 가능하다. 교육자는 겸손하게 사람들을 대할 때에만 비로소 호응을 얻을 수 있고, 오직 예로써 아랫사람을 대우해야만 비로소 사람을 얻어 쓸 수 있다. 이런 태도가 무위와 포용의 기초이다.

> 강이나 바다가 모든 골짜기의 왕이 될 수 있는 것은 낮은 곳에 잘 처하기 때문이다. 그러므로 백성 위에 서려면 말을 겸허하게 낮추고, 백성 앞에 서려면 반드시 자신을 백성보다 뒤처지게 해야 한다.[5]

겸손한 태도로 남의 뒤에 설 수 있는 자세는 현실적인 용기를 필요로 한다. 인간의 속성상 누가 남에게 뒤지고 싶어 하겠는가? 감히 뭔가 하지 않는데 용감할 수 있겠는가? 인간은 무언가 욕망한다. 욕망은 언어로 표출된다. 그러나 언어로 말하는 많은 것들은 거짓 대화일 수 있다. 거짓 대화는 교육을 망친다. 거짓 대화는 바로 유위와 작위의 산물이다. 겸손한 태도는 그렇게 하기 위해서가 아니라 자연스레 그렇게 된 무위의 겸손을 말한다. 골짜기와 강·바다의 비유처럼 저절로 낮은 곳에 있다. 그러면서도 모든 것을 다 받아들이고도 그 모든 것들 위에 있다.

이런 경지는, 말이나 논리적으로 따져서 해결되는 것이 아니다. 침묵과 무위의 실천에서 황홀경의 세계에 들어서지 않고서는 진정, 일어날 수 없는 사태다. 교육이 바로 황홀경, 신나는 춤판이면 어떨까? 황홀경은 결코 어떤 단계를 밟아 일어나는 것은 아니다. 아주 '작은 행위' 가운데 존재한다. 그러나 황홀경을 통해 가장 큰 기쁨을 맛볼 수 있다. '행함이 없지만 오히려 모두 이루어질 수 있다!'는 믿음은 나와 너가 서로에게 녹아들 때 가능하다. 물아일체(物我一體)의 경지라고나 할까? 이런 점으로 미루어 볼 때, 무위와 만남은 인간으로서 인격을 단련할 수 있는 적절한 교육적 사고요, 방법의 하나로 생각된다.

---

5) 66: 江海所以能爲百谷王者, 以其善下之. 故能爲百谷王. 是以欲上民, 必以身後之.

V. 결어

노자를 이해하기 위해서는 중국 고대의 역사와 노자 『도덕경』에 담긴 심오한 철학적 의미를 간파해야 하고, 마르틴 부버를 알기 위해서는 유대교의 경건주의 전통인 하시디즘을 알아야 한다. 그러나 본고는 교육철학이나 방법을 염두에 두고서, 부버의 만남과 대화의 의미가 노자의 무위·자연과 상통하는 점이 있음을 생각해 보는 데 그쳤다. 필자는 아직도 언어 문자로 표기된 사상의 상호 비교나 대비가 어느 정도 일치할 수 있을지에 대해 회의가 있다. 특히, 나라나 민족마다 제각기 다른 문화적 환경을 생각할 때, 그러하다. 이는 어떤 사상을 받아들일 때, 두고두고 심사숙고(深思熟考)해야 할 문제다. 이런 생각이 본고와 같은 주제들이 갖는 비교철학의 한계이기도 하다.

노자는 억지로 행함이 없는 자연스러운 실천을 통해 인간의 삶에 반성적 계기를 제공했다. 그리고 말하지 않는 가르침으로 교육의 전형을 보여 주었다. 부버는 진정한 만남과 대화를 통해 비인간화의 길을 가고 있는 인간의 삶에 경종을 울렸다. 그리고 참된 가르침은 인격적 관계 속에 싹트는 인격교육에 있다고 진단했다. 노자와 부버의 말하지 않는 가르침인 불언지교(不言之教)와 만남·대화의 인격교육은 인위적으로 포장된 비교육적 언동을 경계한다. 그것은 말보다는 침묵 속에서, 실무적이고 가식적인 대화나 프로파간다를 거부하는 순수한 대화와 포옹, 겸손의 황홀경 속에서 진정한 교육으로 거듭날 수 있다.

따라서 노자와 부버의 무위·자연과 만남·대화의 사고는 현재 한국교육이 당면하고 있는 수많은 말과 인위적이고 형식적인 교육 상황을 보다 참된 교육의 세계로 이끄는 데 주요한 시사점을 준다.

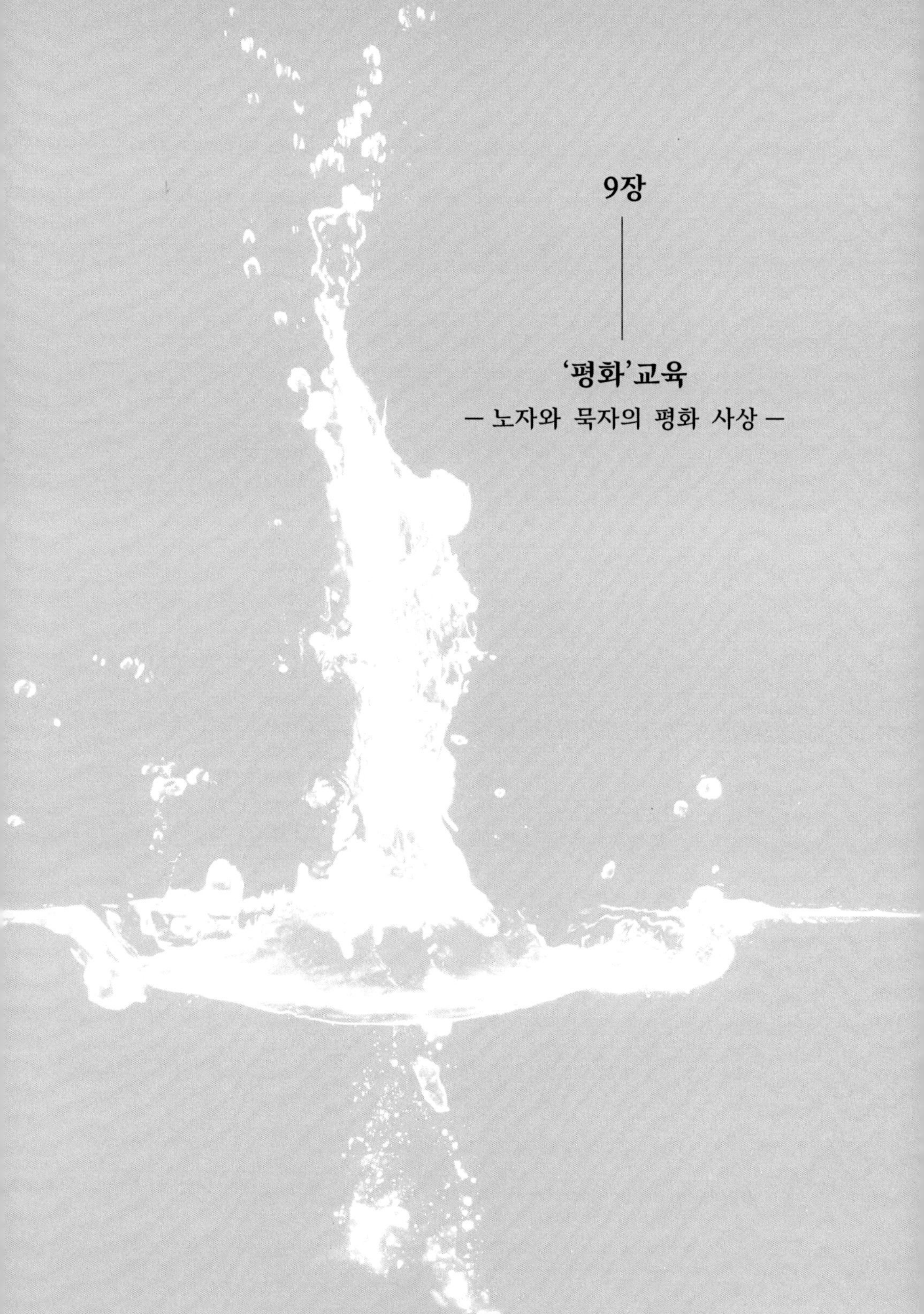

9장

‘평화’교육

— 노자와 묵자의 평화 사상 —

9장의 글은 「노자와 묵자의 평화 사상과 평화교육의 의미」(『처음처럼』 29호, 2002)를 수정·보완한 것이다.

I. 서언

21세기 벽두, 2002년의 일이다. 미국은 2002년을 '전쟁'의 해로 선포했다. 그렇게 된 원인은 여러 가지가 있다. 하지만 이제 이 지구는 패권을 쥐고 있는 국가에 의해 전쟁터로 바뀐 듯하다. 특히, 미국은 북한[조선민주주의인민공화국]에 대해 전쟁이나 테러와 연관지어 거론하곤 했다. 즉 우리 분단 민족의 절반에 대해, 늘 제거하거나 정복할 의지를 보이고 있는 것이다. 이런 점에서 한반도는 이미 전쟁 지역이다. 그래서 한국전쟁 이후, 아직도 비무장지대를 '전쟁을 잠시 쉬고 있다'라는 의미의 휴전선(休戰線)으로 부르고 있다.

한반도의 상황을 휴전으로 볼 때, 우리 모두는 그것에 대해 절실하게 인식하고 있어야 한다. '우리는 지금 전쟁을 하다가 잠시 쉬고 있다! 마치 공부를 하다 잠시 쉴 때 휴식 시간이라고 하듯, 쉼을 그치면 전쟁은 다시 시작된다.'라는. 그런데 우리는 이런 기본적이고 근원적인 문제에 대해 감각을 잃어버린 지 오래다.

남북문제가 불거질 때마다 '우리의 소원은 통일'이라는 노래가 메아리친다. 물론, 통일은 민족의 지상 과제다. 당위다. 그러나 통일을 논의하기 전에 조금만 깊이 생각해 보면, 그 전제 조건은 평화(平和)에 있음을 알 수 있다. 그래서 몇 년 전부터 휴전협정을 평화협정으로 전환하자는 논의를 지속해왔던 것이다.

그렇다면 평화란 무엇인가? 우선, 평화(平和)의 글자 뜻을 간략히 살펴보자.

평(平)은 땅이 '평평하다, 고르다'는 뜻이다. 우리는 일상 언어생활에서도 평이(平易)·평심(平心)·평안(平安)·평정(平靜)·평균(平均)·평탄(平坦) 등의 말을 쉽게 접한다. 평이라는 글자가 들어가는 말의 뉘앙스를 보면, 상당수가 '고요하고 편안한' 느낌을 준다. 포근한 양탄자를 깔아 놓은 듯, '정적(靜的)'이다. 이는 개체가 전체 속에서 자기의 바른 자리를 정립하고, 편안한 마음의 자아가 골고루 분포된 환경에서, 질서 정연하게 곧은 개체를 확립하는 것을 의미한다.

화(和)는 글자 모양 그대로 보면, 쌀로 대변되는 먹거리[禾]와 먹는 장소와 행위인 입[口]이 합성된 글자다. 즉 맛있는 음식이 입으로 들어오거나 입으로 맛있는 음식을 먹는다는 형국을 떠올리게 한다. 아주 초보적이고 우스운 발상이지만, 맛있는 음식을 먹을 때의 즐거움을 떠올리면 좋을 듯하다. 이때 화는 상응(相應)·적합(適合)·부쟁(不爭)·협조(協調)·교역(交易)·중도(中道)·화동(和同) 등 다양한 뜻을 지닌다. 뉘앙스 상, 무언가를 진행하는 과정에 자리하듯 '동적(動的)'이다. 이는 개체들에게 자신을 개방할 수 있는 동화(同化; 同和)의 분위기를 조성한다. 개방된 광장에서 상반된 개체들이 서로 느끼고 화합(和合)하고 교역(交易)하는 과정을 통해 서로 보조를 이루고, 상호 협조를 통해 전체를 움직이며, 골고루 개체에게 되돌려 주는 매개 작용을 한다.

이렇게 볼 때, 평화는 모든 개체와 개체, 전체와 전체 사이의 교류가 자연스럽게 흐르고, 모든 관계가 균형과 조화를 이루어 지속적으로 활발하게 영위되는 생동적인 상태, 진취적 기능이라 볼 수 있다. 즉 생명력이 넘치는 '삶의 약동'인 것이다.

전쟁은 동화 관계에 있던 통일체가 둘, 또는 여러 개로 쪼개어 분열하고, 그 분열된 것들이 상극상잔의 역작용을 통해 강압적으로 획일화의 길을 가는 과정이다. 다시 말하면, 의지와 목적이 상반되고, 이해와 추구가 상충되는 집단들이 각기 반대쪽으로 제거하거나 정복하기 위해, 정신과 물질 등 가능한 모든 것을 동원해서 수단 방법을 가리지 않고 상대방을 파괴하는 최후·최악의 행위를 말한다. 이런 전쟁의 건너편에 있는 개념이 평화다. 평화란 무수히 많은 다른 성능을 가진 '일'들이 상반상생(相反相生), 상보상성(相補相成) 등의 순기능으로 작용하여, 전체대용(全體大用)의 '하나(一)'를 구현하는 과정이다. 그런데 전쟁과 평화는 상반되면서도 '하나(一)'가 된다는 측면에서는 공통적이다. 전쟁은 획일화이고, 평화는 전체대용이다. 획일화는 고정된 양식을 낳고 전체대용은 쓰임의 양식을 낳는다. 전쟁은 정복을 통한 하나이고 평화는 다양성의 조화를 통한 하나다. 형식상 통일이지만 내용상 다르다(김충렬, 1995: 213－216).

그러므로 평화를 이해할 때, 단순하게 전쟁의 반대 개념에만 머물러서는 곤란하다. 왜냐하면 전쟁은 국가 간의 싸움으로만 인식될 우려가 있기 때문이다. 따라서 평화교육도 전쟁 반대 교육이 아니라, 앞서 설명한 평화의 구체적 의미에 바탕하여 새로운 눈으로 볼 필요가 있다. 여기서는 이러한 평화의 의미를 중국 고대의 사상가인 노자와 묵자의 눈을 빌어 이해하고 그것의 교육적 적용 문제를 고민해 본다.

II. 노자와 묵자의 평화 사상

중국 고대 사상의 황금기는 춘추 전국이라는 분열의 시기였다. 정치적으로는 끊임없이 전쟁이 갈마들었고, 사상적으로는 백가쟁명(百家爭鳴)의 시기였다. 전쟁의 한 가운데서 그들은 '전쟁을 통한 정복이냐?' '전쟁을 거부하고 삶의 온전함을 회복하느냐?'라는 고민에 직면했다. 그 사상들의 논쟁 가운데, 전쟁을 반대하거나 평화를 추구한 대표적 사상가로 노자와 묵자가 있다.

1. 노자의 사유; '다투지 않는다'[不争]

노자의 사유를 흔히 자연주의(自然主義)라고 한다. 이는 '스스로 그러하다(自然; self－so)'라는 사유를 철학의 기저로 삼고 있는 데서 기인한다. 노자에게서 자연은 스스로 그렇게 되어 가는 평화의 모습 그대로일 뿐이다. 이미 최고·최선의 공능이 이 자연에 존재한다. 바로 자연은 평화에서 평(平)의 마당이자 바탕이요, 화(和)의 작용이자 기능이다. 그것은 '억지로 함이 없는데도 저절로 이루어진다.'는 무위(無爲)에서 드러나고, 최고의 선을 물의 성질에서 찾는 데서 볼 수 있다. 노자는 말했다. "상선약수(上善若水)!"라고.

최고의 선은 물과 같다. 물은 만물에게 좋게 베풀고 이롭게 해주지만 자신을 위해 고명을 다투지 않고 언제나 모든 사람들이 싫어하는 비천한 곳에 처해 있다. 그러므로 물의 특성은 도에 가깝다. 물의 특성을 닮은 성인은 몸을 최선의 땅, 즉 천한 곳에 두고, 마음을 최선의 곳, 즉 허정(虛靜)에 두고, 최선의 인을 베풀고, 최선의 실천적인 말을 하고, 최선의 다스림으로 바로 잡고, 최선의 효능으로 일하며, 언제나 최선의 때를 따라 움직인다. 오직 다투지 않을 뿐이다. 그러므로 허물이 없다.(『도덕경』 8장)

물은 모든 생명의 근원이 되고, 흘러갈 뿐, 다투지 않는다. 남이 싫어하는 낮은 곳에 처하고, 끝내는 바다로 흘러 들어 하나로 융화된다. 이런 물의 특성이 바로 자연이요 도에 가장 가깝다. 끊임없이 흘러내리면서도 고요한 데 머무르며 다투지 않는다. 즉 부쟁(不爭)의 속성으로 자신을 지속해 간다.

이렇게 노자는 인간의 삶도 자연의 도를 본받기를 바랐다[道法自然!] 왜냐하면 인간 세상은 욕망으로 가득 차 있고, 갈등과 투쟁, 질시와 안목으로 겹겹이 둘러싸인 전투의 장으로 보였기 때문이다. 그것은 인간 사회라는 특성에서 연유한다. 인간은 인위로 조작된 문화를 건설하며 살아간다. 인간 최대의 작위는 다름 아닌 전쟁이다. 노자는 무력에 의한 전쟁을 아주 혐오했다.

무위자연의 도를 따라 임금을 보좌하는 자는 전쟁(무력)으로써 천하에 강권을 휘두르지는 않는다. 그가 하는 일은 항상 모든 것을 도에 복귀시키고자 한다. 군대가 있는 곳에는 가시덤불만이 자라고, 큰 전쟁 다음에는 반드시 흉년이 따르게 마련이다. 잘 다스리는 자는 모든 것이 재물로 여물어 열매를 맺게 할 뿐, 강권을 잡고 휘두르려 하지 않는다. 열매를 맺게 하되, 자만하지 않으며, 공을 내세우지 않으며, 교만을 떨지 않으며, 무위 자연의 도를 따르며, 강권을 휘두르지는 않는다. 만물은 장성하면 노쇠하기 마련이다. 무력적 강권 행사는 도에 어긋나며, 도에 어긋나면 이내 멸망한다.(『도덕경』 30장)

전쟁(무력)은 상서롭지 못한 것이다. 사람들은 언제나 전쟁을 미워한다. 그러므로 도를 지키는 사람은 무력을 쓰지 않는다. 군자는 평상시에는

> 왼쪽을 높이지만, 전쟁에서는 오른 쪽을 높인다. 전쟁은 상서롭지 못한 것, 군자가 쓸 것이 못된다. 부득이 무력을 행사할 경우에도 악독한 마음을 품지 않고 하는 것이 가장 좋다. 승리해도 자랑하지 말아야 한다. 전쟁에서의 승리를 자랑하는 자는 살인을 즐기는 자라 하겠다. 대저 살인을 즐기는 자는 뜻을 천하에 얻을 수가 없다.(『도덕경』 31장)

전쟁과 같은 극단적 파괴 행위는 인간을 포함한 자연을 깡그리 피폐시킨다. 다시 말해, 세련된 문화의 추구는 다른 측면으로 보면, 질박한 자연의 균형을 깨뜨리는 작업과도 같다. 자연계는 그 자체가 자생(自生) · 자화(自化) 하고 자유자재(自由自在)하는 하나의 평화로운 세계다. 그런데 인간의 세계는 불평과 불화, 불평화를 조장하는 세계다. 이것의 극단적 행위가 전쟁이다. 노자는 이를 극도로 싫어했다. 그리하여 인위로 가득 차서 비뚤어진 인간세상, 이 불평화의 세계를 벗어나 평화를 갈구하는 사고가 노자 『도덕경』 전편에 흐른다. 그렇다고 조물주가 준 인간이라는 최소한의 굴레를 벗어날 수는 없다. 여기에서 노자는 자연과 가장 가까운 평화로운 세상의 모델로 “나라를 작게 하고 백성의 수를 적게 하라[小國寡民]”는 이상향을 주장한다.

> 이상적인 나라는 국토가 작고 백성의 수가 적다. 문명의 이기가 있어도 쓰지 않고, 백성들로 하여금 저마다 삶을 아끼고 멀리 떠돌지 않게 한다. 비록 배나 수레가 있을지라도 타고 다닐 필요가 없고, 비록 무기가 있을지라도 쓸 필요가 없고, 백성들로 하여금 문자를 버리고 다시 새끼줄을 묶어 뜻 표시로 쓰게 한다. 사람들은 자연 속에서 맛있게 먹고, 잘 입고, 편안히 살고, 제멋대로 즐긴다. 이웃 나라와 서로 마주 보며, 이웃 간의 닭이나 개소리가 마주 들리기도 하지만, 백성들은 허정(虛靜)하게 살며, 늙어 죽을 때까지 서로 번거롭게 왕래하는 일도 없다.(『도덕경』 80장)

여기에서 국토는 오늘날의 국가나 나라라기보다는 촌락 공동체에 가까운 형태다. 즉 자연과 더불어 사는 집단 사회다. 현대사회는 눈부신 과학의 발전으로 문명의 이기가 극에 달해 있다. 이것이 인위다. 인간인 한, 우리는 문명의 이기를 벗어날 수 없다. 그러나 그것으로 인해 평화에 금이 간다면, 고민해야 할 필요가 있다. 노자는 이러한 사회 추세에 대해 경고한다. 문명의 이기에 의해 죽어가는 것보다 소박한 자연을 본받아 평화롭게, 그리고 건강하게 삶을 영위하는 것이 중요하다고.

2. 묵자의 사유; 침략하지 않는다[非攻]

묵자(墨子)는 매우 중요한 사상가임에도 불과하고, 우리에게 익숙하지 않다. 그 또한 춘추전국 시대를 살다간 것 같으나 생몰 연대가 정확하지는 않다. 사마천의 견해는 다음과 같다.

> 묵적은 송나라 대부로서 성을 잘 지키고 비용을 절약하였다. 어떤 사람은 그를 공자와 동시대라고도 말하고, 어떤 사람은 공자 이후라고 말하여 분명치가 않다.(『史記』「孟子荀卿列傳」)

묵자는 우리에게 '겸애(兼愛)'설을 주장한 것으로 잘 알려져 있다. 겸애! '무차별의 사랑'이다. 이는 묵자가 추구하는 인간 삶에 대한 기본자세다. 보다 구체적으로 들어가면, 묵자는 의(義)를 귀하게 여기고, 장례를 절제하고 검소한 생활을 주장하며, 자칫하면 놀고먹는 듯한 이미지를 줄 수 있는 음악의 비생산적인 측면을 거부했다. 그만큼 인간 삶의 전반에서 상당 부분 민중의 이익을 대변하고 있다(鄭杰文 · 墨琨, 1997). 그것은 그의 출신 성분이 공장(工匠)이며, 천민(賤民)임을 자부한 것과 무관하지 않다. 그의 사유를 몇 가지 들추어보면 다음과 같다.

> 자기 노동에 의지하는 자는 살고, 자기 노동에 의지하지 않는 자는 살 수 없다(『墨子』「非樂」上).
>
> 자신이 노동하지 않으면서 그 성과를 얻는 것은 자기 소유가 아닌 것을 취하는 것과 같다(『墨子』「天志」下).
>
> 성인이 크게 천하를 다스린다면 천하의 이익이 두 배가 될 것이다. 그 두

배는 밖으로 땅을 얻어서가 아니다. 그 나라에서 쓸모없는 비용을 없앰으로써 두 배가 될 수 있다. 성왕이 정치를 할 때에는 정령을 발하고 사업을 일으킴에 있어 백성의 편리를 헤아려 재물을 사용하기 때문에 이익을 증가시키지 않는 일을 하지 않는다. 따라서 재물의 사용에 낭비가 없고 민생이 피폐하지 않으며 이익을 일으키는 것이 크다(『墨子』「節用」上). 노력하면 부유하게 되고, 노력하지 않으면 가난하게 되며, 노력하면 배부르고, 노력하지 않으면 굶주린다고 생각하기 때문에 감히 나태할 수가 없다(『墨子』「尙同」上).

이러한 사고와 더불어, 묵자는 침략 전쟁을 반대하는, '비공(非攻)'의 논리를 제시한다. 왜냐하면, 인간 사회의 혼란상, 즉 평화롭지 못한 상황은 서로가 사랑하지 않는 데서 일어난다고 보았기 때문이다. 인간은 서로 사랑하지 않기 때문에 남을 손상시키고, 자기 이익만을 추구하게 된다. 이는 일종의 침략행위라는 것이다. 묵자는 말하였다.

만일 어떤 사람이 남의 과수원에 들어가서 몰래 복숭아를 따먹은 경우에, 모든 사람들이 비난하고, 위로 위정자가 알게 되면 벌하게 된다. 이것은 무슨 까닭인가? 남을 해침으로써 자신을 이롭게 하였기 때문이다(『墨子』「非攻」下).

남을 해침으로써 자신을 이롭게 하는 일은 생활 곳곳에서 일어날 수 있다. 이것이 국가 간에 벌어질 때 전쟁이라고 한다. 중국 고대사회에서 전쟁은 지배계층이 자신의 이권 확장을 위하여 즐겨 일삼던 침략행위였다. 그러나 최종적 피해는 언제나 농민을 비롯한 서민들에게 전가되었다. 이는 묵자를 화나게 만들었다. 묵자는 약자인 민중을 전쟁의 피해로부터 해방시켜야 한다는 강한 의지를 가졌다. 그리고는 타인에 대한 침략행위를 거부했다. 이때의 침략행위는 불의(不義)와 통한다. 묵자는 사실 전쟁 자체를 전면적으로 부정한 것은 아니다. 침략자에 대한 불의, 즉 소수 지배층의 이익 때문에 다수의 민중의 이익이 침해당해서는 안 된다는 논리를 전개한다.

> 의롭지 못하게 남의 나라를 공격하는 데 대해서는 비난할 줄 모르고, 오히려 의로운 것이라 칭찬한다. 이러한 경우, 의와 불의를 분별한다고 할 수 있겠는가?(『墨子』「非攻」上)

묵자의 비공(非攻)의 논리는 바로 의(義)와 불의(不義)를 분별하지 못한다는 사고에서 나왔다. 즉 의와 불의는 서로 사랑하지 않아 다른 사람을 해치고, 자기 이익을 주장하는 데서 싹튼다. 그리고 자기 이익의 주장이 불의임을 인지하지 못할 때, 침략행위가 일어난다. 묵자는 당시 사회에서 다양한 침략행위를 목격했다. 여기에서 묵자의 비공은 '평화로운 세상 자체를 공격하지 말라'는 의식보다 오히려 침략행위에 대해 공격하는 자세라고 볼 수 있다. 즉 '제후국들 사이에 벌어지는 침략전쟁을 단호히 저지해야 한다!'는 의지 표명이었다(이운구 · 윤무학, 1995).

전쟁은 인간을 극도로 피폐하게 만든다. 우리에게서도 한국전쟁[6.25]의 상처는 반세기가 지난 지금에도 아물지 않고 있는 것처럼. 농토가 황폐해지고, 도시가 파괴되며, 수많은 생명이 죽어간다. 중국 고대에서의 전쟁은 대부분이 땅을 넓히거나 인구를 증가시키는 이익에 매달려 있었다. 그러나 묵자는 땅을 넓히는 일을 위해 전쟁을 한다는 것은 손익 계산이 맞지 않는다는 공리적 측면에서 전쟁을 반대했다. 즉 전쟁은 이로움보다는 해로움이 많다는 것이다.

> 지금 세상의 위정자들이 진실로 천하의 이로움을 일으키고, 천하의 해로움을 없애고자 하지만, 번거롭게 공격과 정벌을 행하는 것이 천하의 커다란 해로움에 해당한다(『墨子』「非攻」下).

천하의 해로움은 바로 민중의 생활을 기준으로 한 것이다. 왜 위정자들의 이권 싸움에서 일반 민중들이 해를 입어야 하는가? 그것은 민중들의 평화를 깨트리는 일이었다. 그러기에 묵가는 급기야 강대국의 침략으로부터 약소국을 구원하기 위한 방어집단을 조직했다. 여기에는 농 · 공 · 상인과 다양한 천인 집단이 참여하여, 성곽을 수축하고 무기를 제작하며 방위 설비를 구축하는 등 자신의 역할을 다했다고 전한다.

우리는 묵자의 비공론에서 해로움을 없애고 공동의 이익을 추구하는 평화주의적 성격을 엿볼 수 있다. 묵자의 침략전쟁 반대는 바로 평화로의 지향이다. 침략은 인간의 자기 이익과 욕심에서 기인한다. 인간의 자기의 이익 추구로 말미암아 타인을 지배하고 정복하려고 한다. 이런 침략과 공격 행위는 결국 자기 이익을 위해 남을 희생시키는 논리다. 묵자는 이에 반대했다.

Ⅲ. 평화교육의 지향

위에서 간략하나마, 노자와 묵자의 평화에 대한 사고를 살펴보았다. 노자는 인간의 인위적 문명 행위 자체가 자연스런 인간의 세계를 파괴하는 평화의 적으로 보았다. 묵자는 자신의 이익을 위해 타인을 침략하는 행위를 평화 파괴의 주범으로 인식했다. 우리는 이 두 가지 사고에서 구체적인 교육의 방향과 정신을 찾아내야 한다. 그것을 평화교육이라고 이름 붙여 보자.

노자와 묵자의 평화론은 교육의 방향과 관련하여, 몇 가지 의미 있는 사실을 제공한다. 그 주요한 방향성은 자연과 인간, 인간과 인간 사이에 벌어진 인위적인 틈을 메꾸어 자연성을 회복하는 일이다.

1. '자연'과 '인간'의 관계 회복

노자에게서 자연은 최고·최선의 평화로운 상태를 지속하고 있는 것이었다. 자연 그 자체는 조물주의 계획에 의해 평화롭게 운행되고 있었다. 그런데 거기에 인간의 작위가 가해졌다. 작위는 평화로운 자연 질서의 파괴이자 균형의 상실이었다. 여기에서 '자연－인간' 사이의 조화와 균형이 요청된다. 즉 평화는 파괴된 자연의 회복에 초점이 모아진다. 인간도 자연 질서의 한 부분이다. 전체 자연 속에서 인간은 자연을 파괴해 왔다. 보존을 통해 더불어 살아가야 하는데, 편리를 위한 도구로 파트너십을 상실했다. 인간과 자연이 더불어 살아간다는 의식은 인간과 자연과 하나가 될 수 있다는, 천인합일(天人合一)의 화해 정신이다. 자연과 인간이 평화를 추구하는 자세이다.

자연－인간의 관계 회복을 평화교육의 차원에서 이해한다면, 어떤 교육이 요구되는가? 산업사회 이후, 우리는 이미 '자연－인간'의 관계망에 위기의식을 느끼고 있었다. 오늘날의 환경·생태보호 차원의 교육은 이런 점에서 인간과 자연의 화해이자 평화교육의 한 방법론이다. 보다 구체적으로 고민해야 할 일은 노자가 보여준 자연의 법칙을 발견하여, 우리 생활 속으로 끌어들여 실천하는 작업이다.

너무나 상식적인 일인지 모르지만, 자연을 훼손하지 않기 위한 여러 가지 조치들이 있다. 가령, 입산금지, 쓰레기 최소화, 공해 물질의 정화, 개발 제한 등. 그런데 상식이 실천되지 않을 때 그것은 이미 상식이 아니다. 다시 익혀야 할 교육의 내용이다. 우리는 자연과의 관계에서 자연을 살리고, 그로 인해 우리가 제대로 숨 쉴 수 있는 공간을 마련해야 한다. 묵자의 사고에 의한다면, 인간들의 이익만을 위해 자연을 침략해서는 안 되겠다.

자연과 인간 사이의 관계 회복으로서 평화교육의 방향은, 현재 너무나 상식적인 이 발언을 재삼 강조하는 것이 아니라, 우리 의식의 구태의연함을 깨트리는 작업, 생활세계 속에서의 교육실천이 더 소중함을 의미한다.

2. '인간' 사이의 관계 회복

사람과 사람 사이의 문제는 생각 이상으로 복잡하다. 여기서는 다음의 몇 가지 관계를 중심으로 평화 교육의 방향과 내용을 고민해본다.

첫째, 자신의 내면을 평화롭게 하는 교육이다. 노자는 허정(虛靜)을 중시했다. 비우고 고요하게! 허정은 마음을 안정시키고 고요하게 하는 일이다. 즉 자신의 업무를 묵묵히 하며 자기 자리를 찾는 일이다. 내면의 평화는 바로 자신을 지키는 일과 통한다. 자신의 완전한 자아정체성을 구현할 수 있을 때, 평화는 정점에 이른다. 이런 교육은 자기 수양이라는 말과 통한다. 자기 수양의 기저는 자연성의 회복이다.

인간에게서 자연성이란 무엇인가? 작위하지 않는 일, 무욕의 상태. 그러나 인간의 한계는 본질적으로 이것을 실천할 수 없다는 데 있다. 차선책은 그것을 줄이는 일이다. 이는 모든 삶의 문제에 대한 인간 자신의 조절 행위와 관련된다. 어떤 일에서건 모자라거나 지나치지 않는 것. 『중용』에서는 이를 "지나침도 모자람도 없는 상태로 표현했는데, 유학에서는 '경(敬)'공부로 나타낸다. 경을 통한 자기 충실은 '충(忠)'이라는 말로도 묘사된다. 이는 현대교육에서 명상이나 묵상, 영성을 길러주는 교육에서 일부 이루어지기도 한다. 문제는 생활 속에서 내면의 평화를 실천해야 한다는 점이다.

둘째, 자기와 타인과의 관계를 평화롭게 이어가는 교육이다. 묵자는 자기 이익을 위해 타인을 해치는 행위는 의롭지 않은 일이라고 했다. 개인과 개인 사이의 평화 문제는 타자에 대한 배려(配慮, caring)에서 시작된다. 배려는 자기를 아는 자에게서 가능하다. 자신에게 이로운 일과 해로운 일, 즉 의와 불의를 구별할 줄 아는 인간에게서 가능한 것이다. 왜냐하면 이로운 일이 무엇인지 알아야 그것이 타인에게도 이롭다는 것을 알고, 해로운 일이 무엇인지 알아야 타인에게도 그것이 해롭다는 것을 알아, 삶의 행위를 조절할 수 때문이다.

노자가 말한 '상선약수(上善若水)'는 자기와 타자 사이의 관계망을 이해하는 데 좋은 모델이 된다. 예컨대, 물이 계곡을 흘러내린다고 하자. 계곡 곳곳에는 바위가 버티고 서 있다. 하지만 물은 바윗돌과 다투거나 그 바위를 쓰러뜨리고 기분 좋게 흘러내리지는 않는다. 아무 말 없이 자연스럽게 바위 옆으로 돌아 흘러내릴 뿐이다. 그런 모습이 타인과 다투지 않고 평화롭게 관계를 이어갈 수 있는 방법의 하나다.

유학에서는 이런 방법을 '서(恕)'라고 한다. 타인에 대한 배려, 이는 "자신이 원하지 않는 것을 타인에게 시키지 말라"는 사고에서 도출된 것이다. 흔히 역지사지(易地思之)라는 표현을 쓰듯이, 평화는 자신을 반추하며 타자를 진정으로 대하는 태도를 익힐 때 찾아온다.

셋째, 개인과 공동체 사이의 평화를 유지하는 교육이다. 개인이 우선인가? 공동체[집단]가 우선인가? 과거 전통사회에서는 공동체를 우선시하는 경우가 많았다. 가령 '국가와 민족, 향우회와 동창회를 위하여'라는 구호가 난무했다. 그러나 개인주의가 팽배한 현대사회에서는 개인의 이익이 우선시 하는 경우가 흔하다. 인간의 삶 속에서 이 둘 사이의 갈등은 늘 모순적으로 존재한다.

이는 묵자의 공리 의식을 통해 확인하면 좋을 듯하다. 몇몇 특권 계층의 이익을 위한 일이라면, 그것은 개인적인 일에 가깝다. 대다수의 민중을 위한 일이라면, 그것은 공동체를 위한 일에 가까울 것이다. 이때 특권적 개인은 공동체를 침략하여 해를 입힌 의롭지 않은 사람이다.

먼저 생각해야 할 일은, '어떻게 하면 공동의 이익을 우선시할 수 있느냐?'의 문제다. 가장 좋은 방법은 개인의 이익과 공동체의 이익이 맞아떨어지는 경우다. 그렇지 않다면, 개인은 희생을 감수해야 한다. 그 희생은 궁극적으로 공동체의 이익으로 되돌아온다. 그렇다고 무조건적으로 개인의 희생이나 헌신을 요구할 수는 없다. 그것이 현실이다.

넷째, 공동체[집단] 사이의 평화를 위한 교육이다. 노자와 묵자는 모두 무력 전쟁을 싫어했다. 그렇다고 전쟁 상황 자체를 존재할 수 없는 사안으로 본 것은 아니었다. '다투지 않는다!'라는 사고와 '침략하지 않는다!'라는 의지를 중시했을 뿐이다.

우리가 평화를 거론한다는 자체는 이미 다툼과 침략 상태가 존재하고 있음을 전제로 한다. 특히, 그것이 거대한 집단과 집단, 국가 사이의 갈등일 경우, 가장 심각한 인류 파괴가 올 수 있다. 노자와 묵자에 의하면, 전쟁의 방지는 일차적으로 인간의 깨끗한 감정에 호소할 수밖에 없다. 전쟁이 일어나 새로운 질서로 재편되고 평화적인 상태의 지속을 얻었다면, 인간은 다시 본성을 가다듬어야 한다. 그리하여 승리를 자축하거나 교만해지지 않는 자연성으로 돌아가야 했다. 이런 교육의 내용은 이미 다문화교육이나 군축교육, 상호이해교육 등, 다양한 교육을 통해 평화교육적 차원으로 접근해 가고 있다.

Ⅳ. 결어

앞에서 노자와 묵자를 통해 단편적이나마 중국 고대 동양의 평화사상과 그 교육적 의미를 고민해 보았다. 그런데 다시 인간세상을 바라보니, 걱정이다. 근심만 늘어났다. 인간에게 평화라는 말 자체를 부여할 수 있는가? 필자는 인간이 추구하는 개념어가 현실이기도 하지만, 상당부분은 이상적인 데 머무른다고 판단한다. 이상이기에 현실 속에서 그것을 논의하며 꿈을 먹고사는 것이다.

평화를 교육적으로 추구하는 측면에서, 개인은 지속적으로 마음의 평정을 이룰 수 있는가? 개인과 타자와의 관계에서 지속적으로 평화로운 정경을 연출하는 것이 가능한가? 개인과 공동체, 집단과 집단 사이의 평화와 관련된 문제의식에 대해서도 마찬가지 물음을 던질 수 있다. 인류의 역사에서 볼 때도 지속적인 평화 상태는 불가능한 이상에 불과했다. 그러므로 완전한 평화는 존재하지 않는다! 다만 인간은 평화를 추구해 갈 뿐이다. 많은 역사가들이 역사를 평화보다는 전쟁, 즉 투쟁으로 묘사했던 것은 우연이 아니다. 이 지점에서 평화라는 개념의 인식과 이해 이전에, 평화와 상반되는 전쟁, 갈등, 파괴, 부조리 등 현실 상황에 대한 교육이 요구된다. 이것은 전쟁과 평화, 그 교육에 관한 인간의 자기 인식에 속한다.

그렇다면 현재 우리 사회에서 절실한 평화교육의 문제는 무엇일까? 전쟁교육이 보다 중요할까? 필자는 두 가지를 고민한다. 하나는 필자 자신의 마음의 평정을 이루는 일이다. 또 하나는 나를 둘러싸고 있는 모든 환경 요소[자연, 타인, 집단 등]와의 갈등을 해소하는 일이다. 이 작업은 매우 어렵다. 사실 정답이 없다. 그것을 풀어나가는 것이 인간의 삶이고, 그것이 교육의 존재 이유다. 굳이 얘기한다면, 평화와 관련된 의미 맥락 — 현실의 전반적인 투쟁 상황 — 을 공부하고, 전달하며, 스스로 실천하는 일이 가장 중요하다.

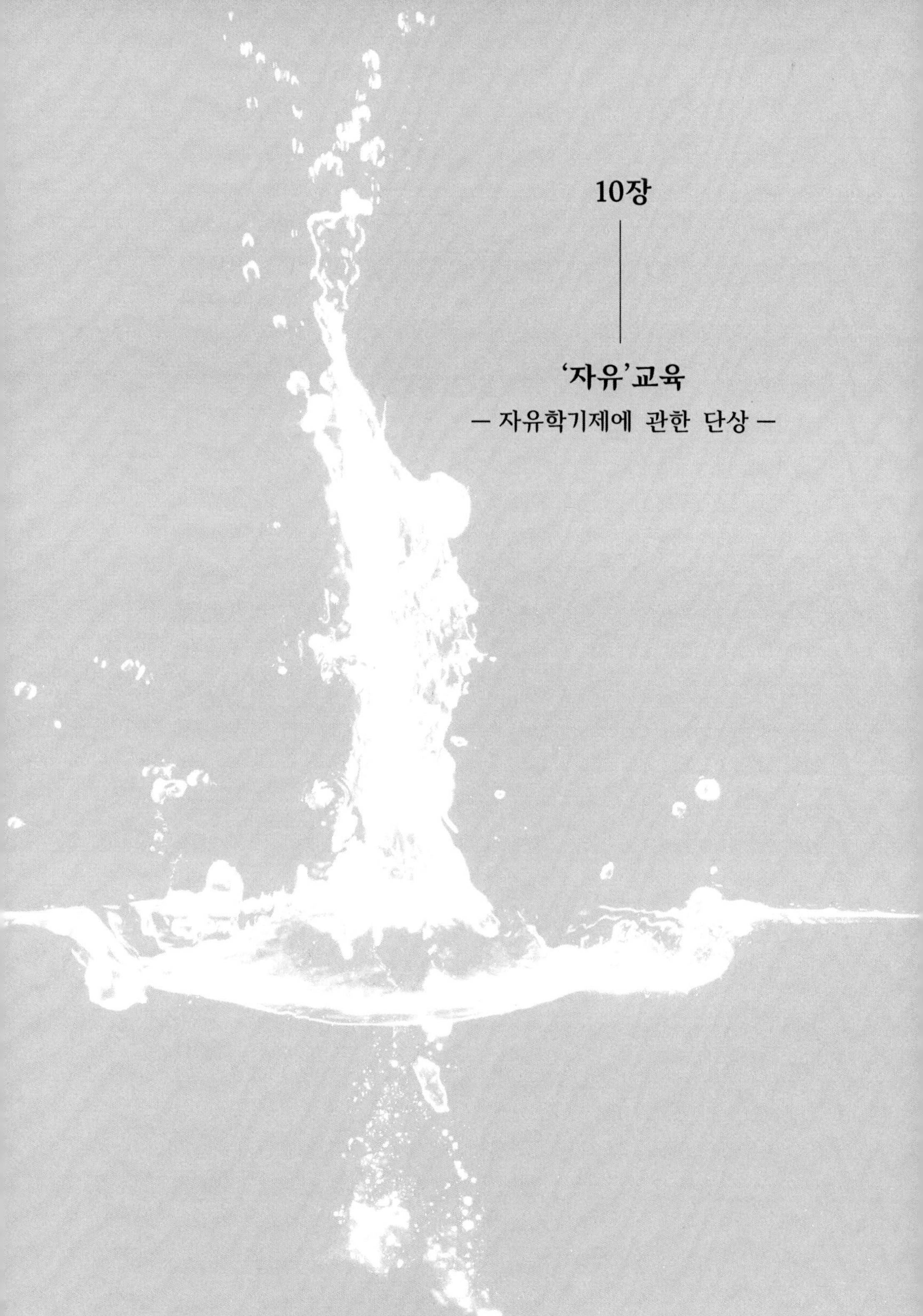

10장

'자유'교육

— 자유학기제에 관한 단상 —

I. 서언

2010년대에 들어서면서 한국교육은 상당한 영역에서 자유로운 분위기가 연출되고 있다. '자유학기제'도 그 가운데 하나다. 자유학기제는 "중학교 과정 중 한 학기 동안 학생들이 시험 부담에서 벗어나 꿈과 끼를 찾을 수 있도록 토론·실습 등 학생 참여형으로 수업을 운영하고, 진로탐색 활동 등 다양한 체험 활동이 가능하도록 교육과정을 자율적으로 운영하는 제도"다(교육부, 2013; 교육부, 2015). 자유학기제가 이전의 학교 운영과 다른 점은 자유학기제를 실시하는 학기에 '시험을 치르지 않고', '체험활동'을 비롯하여 다양한 '활동수업'을 할 수 있다는 것이다.

의미상 상당히 다른 부분일 수도 있겠지만, 이 글은 노자 『도덕경』을 도입하여 자유학기제의 의의를 비춰보려는 보려는 시도다. 『도덕경』의 사유가 자유학기제에 담겨 있는 '자율성(自律性)'과 연결될 수 있다는 막연한 기대감 때문이다. 이는 '시험을 치지 않고 다양한 체험을 한다는 자유학기제의 취지가 과연 진정한 자유일까?'라는 의문에서 출발한다. 그리하여 자유학기제에서 강조하는 '자유'의 의미가 『도덕경』에서 강조하는 '무위(無爲)'나 '자연(自然)'의 관점에서 이해할 수 있는 문제인지, 접목해보려는 아이디어 제공 차원이다.

『도덕경』의 '무위자연'의 의미를 자유학기제에 적용하면 어떤 이해가 가능할까? 청소년 시기에 타율이 아닌 자율에 의해, 자신만의 학기를 계획하고 구성해보는 과정은 다양한 측면에서 의미가 있을 것이다. 자신이 스스로 청소년기의 인생을 만들어 갈 수 있도록, 『도덕경』의 표현처럼, '저절로 그러함(自然)'의 경험을 갖게 된다면, 주체적으로 살아갈 수 있는 삶의 토대를 마련할 수 있지는 않을까?

II. 자유학기제의 배경과 문제

최근 들어, 청소년들의 행복에 대한 관심이 높아지고 있다고 한다. 2015년 한국 청소년의 주관적 행복지수는 90.4점으로 OECD 23개국 중 19위를 차지한 것으로 나타났다(한국방정환재단, 2015). 선진 국가에서는 아주 낮은 수준이다. 이런 상황을 개선하기 위해, 교육부는 2013년부터 자유학기제를 핵심 교육공약으로 채택했다. 2013년 42개교의 연구학교를 시작으로 2016년부터 전국적으로 모든 중학교에 시행되고 있다.

자유학기제의 편성 및 운영은 오전에는 국어, 영어, 수학, 사회, 과학 등 기본교과를 중심으로 운영되고, 오후에는 진로탐색, 주제선택, 예술·체육, 동아리활동 등 자유학기 활동으로 운영된다. 자유학기 활동은 170시간 이상 편성하고, 학교가 자율적으로 네 가지 활동 시간을 균형적으로 배분할 수 있다(교육부, 2013). 이런 자유학기제는 중학교 교육과정에서 한 학기 동안 학생들이 시험부담에서 벗어나 꿈과 끼를 찾을 수 있도록 참여형 수업 및 진로탐색 활동 등을 유연하게 운영하려는 취지를 갖고 있다. 청소년기에 자아정체감을 확립할 수 있는 제도다.

그러나 참여형 수업 및 진로탐색과 체험활동의 프로그램 계획이 부족하고, 학생들의 자발적 선택에 의해 운영되지 않는 등 여러 문제점도 도출되었다. 학교는 일정 규모 이상의 학생이 교육과정에 제시된 선택과목의 개설을 요청할 경우, 해당과목을 개설해야 한다. 학생의 과목개설 요청에 따라 선택과목을 개설해야 하지만, 여러 사정상 현실적으로 적용하기가 쉽지 않다. 자유학기제라는 말처럼 자유롭지 못하고 제한된 틀에서 교육과정이 운영되는 실정이다.

Ⅲ. '자유'와 『도덕경』

다시 강조하지만, 자유학기제란 중학교 교육과정 중 한 학기를 시험부담에서 벗어날 수 있도록 수업방식을 개선하고, 학생들이 진로를 찾을 수 있도록 다양한 체험활동을 제공하는 교육과정을 의미한다. 그러기에 이 활동의 핵심에는 '자유(自由)'가 자리한다. 학생들이 '자유'를 만끽하며 자신의 삶을 추동하는 것이 목적이다. 그것은 일상의 교육과정에서 볼 때, 의도적으로 이행해야 하는 정형적인 교육과정의 틀을 해체하는 작업이다. 교육과정의 해체는 시험을 비롯한 의도된 욕망으로부터 벗어난 무욕의 상황과 상통한다. 노자 『도덕경』에서는 그런 상황을 옹호하듯, 다음과 같이 언급한다.

> 그러므로 항상 어떤 것도 하고자 하는 것이 없음에서는 그것으로 사물이 시작되는 미묘함을 살펴 헤아리고, 미묘함은 은미함의 궁극이다. 만물은 은미함에서 비롯한 이후에 이루어지고, 없음에서 비롯한 이후에 나온다. 그러므로 항상 아무것도 하려는 것이 없음과 공허함에서 사물이 시작되는 미묘함을 살펴 헤아려야 한다.[1]

자유학기제의 특성상, 기본교과 중심의 교육과정에서 주어진 학습내용은 제외된다. 그것은 일종의 아무것도 하지 않음에 해당할 수 있다. 그만큼 자유학기제는 자연스럽게 학생 스스로가 삶의 미묘함과 은근함을 살필 수 있는 계기가 된다. 물론, 학교와 학생들은 허용되는 범위 내에서 자신에게 필요한 사안에 대한 다양한 프로그램을 개발해야 한다. 이런 점에서 자유학기제의 자유는 완전한 의미의 자유는 아니다. 자유롭게 활용할 시간이 주어진 만큼, 다양한 체험을 하면서 자신을 발견할 수 있도록 노력해야 한다.

자신을 발견하는 과정에서 노자의 '무지(無知)'나 '무욕(無欲)'과 같은 자세가 필요할 수 있다. 무지나 무욕은 '마음 비움[無]'과 통한다. 그 궁극 목적은 자아를 고집하기보다는 물아일체의 상태로 자신을 놓아두는 데 있다. 나

1) 故常無欲, 以觀其妙, 妙者, 微之極也. 萬物, 始於微, 而後成. 始於無, 而後生. 故常無欲, 空虛, 可以觀其始物之妙.

자신이 자연의 흐름과 하나가 되기 위해서는 마음을 비워야 한다. 마음을 비우면 사람들이 '소박한 본성[樸]', 곧 '참[眞]'에 따라 행동할 수 있다. 자유는 이런 자세에서 저절로 시행된다(김학목, 2013: 204). 자유학기제의 취지와 자유의 의미를 고려하면, 기본 교육과정에 비추어볼 때, '아무것도 하지 않음을 알아야' 진정으로 자유로운 자유학기제에 참여할 수 있다. '비우면 저절로 시행된다!'는 언표처럼, 꽉 짜진 정상 교육과정의 교과 목표를 향해 끊임없이 달려가는 것만이 배움이 아니다. 잠시 멈춰 서서 무위(無爲)로 자연(自然)을 성찰할 수 있는 비움의 지혜가 보다 큰 배움으로 자리할 수도 있다. 그것이 자유학기제가 지닌 장점이자 의미다.

Ⅳ. '무위자연'의 자유학기제

자유학기제의 구축은 다양한 교육과정과 체험으로, 말 그대로 학생들의 '자유'가 중요하다. 강요는 금물이다. 학교나 교사가 정해진 내용을 학생들에게 제안하는 것도 곤란하다. '자유학기제'의 본질을 흐릴 우려가 있기 때문이다. 어떤 사람들은 이렇게 말할 수도 있다. '자유학기제가 주어지더라도 학생들은 무엇을 해야 하는지 모른다! 그러므로 학교나 교사가 내용을 제안하고 학생들을 이끌어 가야 한다!' 한국의 교육문화에서 볼 때, 완전히 틀린 말은 아니다. 그러나 자유학기제가 도입되어 시행되고 있는 현실에서, 이런 말은 내려놓아야 한다. 그런 의식이라면 자유학기제를 당장 폐지하라! 자유학기제를 시행하는 한, '학생 스스로 나아갈 수 있도록 내버려둬 보자!' 충분하게 비울 수 있도록, 그리하여 빈 공간의 의미를 다른 차원으로 고려할 수 있도록 말이다. 『도덕경』은 다음과 같이 충고한다.

> 천지의 사이는 아마 풀무나 피리와 같겠지! 비어 있는데도 다하지 않고 움직일수록 더욱더 내놓는구나. 풀무는 바람을 밀어 넣는 자루이고, 피리는 악기이다. 풀무와 피리의 속은 비어 있어 아무 느낌도 없고 하는 일도 없다. 그러므로 비어 있는데도 다하지 않고 움직이는데도 고갈되지

> 않는다. 천지의 속은 비어 있어 저절로 그렇게 됨에 맡겨 둔다. 그러므로 다함이 없으니 마치 풀무나 피리와 같다. 그런데도 천지나 성인이 영원할 수 있으니, 풀무나 피리처럼 속을 비워 두고 있기 때문이다. 속을 비워 두고 있으면 무궁무진해진다. 세상 사람들은 속을 비우지 못함으로 잘못되니, 풀무나 피리처럼 속을 비워 두고 가만히 있어야 된다.[2)]

기존의 교육과정을 통해, 학생들은 너무나 꽉 찬 자신을 보고 있다. 꽉 찬 상태에서는 더 이상 움직일 수 없다! 풀무나 피리처럼 속을 비워야 작용할 수 있듯이, 자유학기제는 비움의 소중함을 일깨우는 시공간이다.

그렇다고 학생들이 비우기만 하고 아무것도 하지 않는 것은 결코 아니다. 자유학기제에 맞게 자유롭게 그 무엇을 실천한다. 기존의 교육과정을 비운 만큼 움직인다. 풀무나 피리가 지닌 역동성을 체험할 수 있다. 강요가 아니라 저절로, 자연스럽게. 이때 학교나 교사, 사회의 다양한 영역의 어른은 적극적으로 도와주어야 한다. 의도적으로 보이지 않도록 최대한 자연스럽게 말이다.

학생들이 아무것도 하지 않아도 되는 자유를 주듯이, 교사들 또한 아무런 수업을 하지 않을 기회를 주어야 한다. 예를 들면, 교사들이 안식년을 갖고 자신이 만들고 구성한 교육과정의 수업을 개설하여 수업을 할 수도 있다. 수업을 하지 않을 권리도 필요하다. 때로는 학생과 교사가 아무것도 하지 않는 '자유 그 자체'를 선택할 수도 있다. 교사가 자연스럽게 진정으로 하고 싶은 수업을 하고, 학생 또한 자연스럽게 그런 수업을 듣는다면, 그야말로 자유 그 자체가 될 수 있다. 진정한 자유교육(liberal education)이다. 이런 자유교육은 인간 본연의 자유를 추구하는 교육, 자유교양교육(自由教養教育)이자 인문교육(人文教育)이다.

이러한 자유교양교육을 학생들이 자유롭게 꾸려나갈 수 있도록 교사는 공평해야 하고 포용력을 갖추어야 한다. 공평함은 치우치지 않는 자세에서 힘을 발휘한다. 노자 『도덕경』이 강조하는 것도 이와 상통한다.

---

2) 天地之間, 其猶橐籥乎! 虛而不屈, 動而愈出. 橐, 排橐也. 籥, 樂籥也. 橐籥之中空洞. 無情, 無爲. 故虛而不得窮屈, 動而不可竭盡也. 天地之中蕩然, 任自然. 故不可得而窮. 猶若橐籥也.

> 치우치지 않음을 아는 것을 '밝음'이라고 한다. 치우치지 않음을 알지 못하면 함부로 움직여서 흉하게 된다.[3]

치우치지 않음이란 편중되지 않는 것이다. 드러나지도 않는다. 밝거나 어두운 모습도 없다. 그러므로 치우치 않음을 아는 것을 밝음이라고 했다. 인간의 삶에서 이것을 회복해야만 만물을 포용하고 통달할 수 있다. 학생이나 교사의 삶도 마찬가지다. 이것을 상실하고 나아가면 잘못되어 분별에 빠진다. 사물이 분별에 얽매인다. 그러므로 치우치지 않음을 알지 못하면 함부로 움직여 흉하게 된다고 했다.

> 치우치지 않음을 알면 포용하고, 포용하고 통달하지 않는 것이 없다. 포용하면 이에 공평해지며, 포용하고 통달하지 않는 것이 없게 되니, 이에 더없이 넓은 공평함에 이른다.[4]

교육과정상 치우침을 유도하는 주요한 행위 가운데 하나가 시험이다. 시험은 점수로 정량화 된다. 그 점수가 어깨를 누를 때마다 치우침은 가중된다. 자유학기제는 이런 상황에서 해방될 수 있는 기회다. 시험이 없기 때문이다. 시험이 없는 대신, 자유롭게 선택한 학생의 활동은 높이 평가 되어야 한다. 최소한 학생의 자존감을 북돋울 수 있는 분위기는 마련될 필요가 있다. 특히, 학교나 교사는 학생 개인이 자유롭게 설정한 주제와 목표를 존중하고, 치우침이 없이 밝음으로 포용하며 공평하게 대해야 한다.

자유학기제를 정책으로 제시하여 시행하는 교육부나 교육공무원들의 자세 또한 중요하다. 다시 강조하지만, 자유학기제는 말 그대로 '자유'가 최우선이다. 국가수준의 교육과정이 있고, 그에 따라 정규 교육과정이 시행되더라도, 자유학기제의 취지는 진지하게 고려되어야 한다. 획일적인 교육과정보다는 지역단위 또는 학교단위의 교육과정을 존중하는 자유, 나아가 교사 스스로

---

3) 知常日明. 不知常, 妄, 作凶. 常之爲物, 不偏, 不彭. 無皦昧之狀, 溫涼之象. 故日知常日明也. 唯此復, 乃能包通萬物, 無所不容. 失此以往, 則邪入乎分, 則物離其分. 故日不知常, 則妄, 作凶也.

4) 知常容. 無所不包. 通也容乃公. 無所不包通, 則乃至於蕩然公平也.

가 자유롭게 교육과정을 설정할 수 있어야 한다. 교사는 국가가 인정한 교육 전문가이기에, 그들에게 자유를 부여하여 나아가게 하라.

> 총애를 얻거나 모멸을 당했을 때 놀란 듯이 하고, 큰 걱정거리를 자신처럼 귀하게 여겨라. 총애를 얻거나 모멸을 당했을 때 놀란 듯이 하라는 말은 무슨 의미인가? 총애를 얻는다는 것은 남의 신하가 된다는 것이니, 총애를 얻어도 놀란 듯이 하고 잃어도 놀란 듯이 한다. 이것이 총애를 얻거나 모멸을 당했을 때 놀란 듯이 하라는 의미이다.[5]
> 자신을 천하로 여기는 것이 소중하다. 이처럼 되어야 천하를 맡길 수 있다. 그 자신을 손상시킬 수 있는 어떤 것도 없기 때문에 소중하다고 했다. 이처럼 되어야 천하를 맡길 수 있다. 총애와 모멸, 영화와 환난 때문에 자신을 손상시키거나 바꾸지 않은 다음에 천하를 맡길 수 있다.[6]

'자유'의 의미에 부합하려면 자율이 필요하다. 학생은 물론 교사에게도 교육부나 학교당국의 눈치를 보지 않고 자신만의 교육과정을 만들 수 있는 권한이 요청된다. 자신의 교육적 이상을 자연스럽게 구현하며 진정한 자유의 시간을 누려야 한다. 그것이 진정한 자유학기제의 자유교육이다.

교육부의 경우, 자유학기제에 대한 정책 통제나 지휘·감독보다는 지원을 아끼지 않아야 한다. 자유학기제를 시행했다는 공적의 자랑이 아니라, 마치 그런 제도가 없는 듯이 자연스럽게 진행되도록 내버려 두라! 『도덕경』의 권고는 의미심장하다.

> 무엇인가 내놓고도 있다고 하지 않고, 무엇을 시행해 놓고도 그것에 의지하지 않으며, 장성하게 해놓고도 주관하지 않으니, 이것이 아득한 덕이다. 근원을 막지 않으면 사물이 저절로 내놓으니 무슨 공이 있겠는가? 본성을 막지 않으면 사물이 저절로 구제되니 무엇을 해놓았다고 의지하

5) 寵辱若驚. 貴大患若身. 何謂寵辱若驚. 寵爲下. 得之若驚, 失之若警. 是謂寵辱若驚.
6) 愛以身爲天下, 若可託天下. 無物可以損其身. 故日愛也. 如此乃, 可以寄天下也. 不以寵辱榮患, 損易其身, 然後乃, 可以天下付之也.

겠는가? 사물은 저절로 장성하고 만족하니 내가 주관해서 이룬 것이 아니고. 덕은 있으나 주관하는 이가 없으니 아득함이 아니고 무엇이겠는가? 일반적으로 아득한 덕은 모두 덕은 있지만 그 주관하는 이를 알 수 없음이니, 아무것도 구분할 수 없는 어두컴컴함에서 나왔다는 말이다.[7)]

노자의 사유에는 의도된 정책이 자리하기 힘들다. 자유학기제라는 정책을 버려라! 더구나 그것이 성공해야 하는 정책이라는 의식은 없애라. 교사와 학생이 교육과정을 잊은 채 행복할 수 있다면, 아무것도 하지 않는 자유만으로도 그만이다.

이러한 자유학기제의 노자적 성공은 믿음에서 확인된다. 전폭적 신뢰! 그것만이 결론이다. 교육부는 학교를 믿고, 학교는 교사를 믿으며, 교사는 동료교사와 학생을 믿어라! 학생은 친구와 교사를 믿고, 학부모는 자녀와 교사를 믿어라. 이렇게 온 사회가 마음을 다해 서로 믿을 때, 자유는 자연스럽게 우리 곁에 존재한다. 자유학기제의 자유도 이와 같을 뿐이다.

신의가 부족하니 여기에서 불신이 생긴다. 몸을 관리하는 데 본성을 잃어버리면 질병이 생기고, 상대를 도와주는 데 참됨을 잃어버리면 잘못이 생기며. 신의가 부족하면 불신이 생기니, 이것은 저절로 그렇게 되는 이치이다. (신의가) 부족하게 된 다음에는 지혜로 가지런하게 할 수 있는 것이 아니다. 느긋하게 아무 말도 하지 않고 있으니, 공과 일이 완수되어도 백성들은 모두 내가 저절로 그렇게 되었다고 한다. 저절로 그렇게 됨은 낌새를 챌 수 없고 의향을 알아차릴 수 없다. 어느 것도 그 말을 바꾸지 못하고 말에는 반드시 감응함이 있으므로 느긋하게 아무 말도 하지 않고 있다고 했다. 아무것도 하지 않음으로 일을 처리하고 아무 말도 하지 않음으로 교화를 시행하며, 드러내는 것으로 어떤 것도 내세우지 않는다. 그러므로 공과 사업이 완수되어도 백성들은 그것이 그렇게 된 까닭을 알지 못한다.[8)]

7) 生而不有. 爲而不恃. 長而不宰. 是謂玄德. 不塞其原. 則物自生. 何功之有? 不禁其性. 則物自濟, 何爲之恃? 物自長足. 不吾宰成. 有德, 無主. 非玄而何? 凡, 言玄德. 皆有德, 而不知其主. 出乎幽冥.

V. 결어

중·고등학교 시절, '자율학습(自律學習)'이란 것이 있었다. 일정한 교실에서 밤늦게까지 공부했다. 상급학교 진학을 위해 공부하느라 그때는 몰랐다. 나중에 깨닫고 보니 이 또한 자율학습이 아니었다. '자율'이라는 이름의 '강제'였다. 병영 수용소 생활처럼 진행된 군대식 훈련과도 같았다.

교육에서 자유, 자율은 어디에서 찾을 수 있을까? 자유학기제의 명칭 자체에서 위안을 받을 수는 없는가? 교육에 종사하는 모든 사람들이 마음껏 구가할 수 있는 교육적 자유, 그것은 기존의 꽉 짜진 교육과정을 해체할 때만 가능한 것인가? 현재의 교육과정 자체를 비어 있도록 할 수는 없을까? 다양한 길에 대한 물음만이 가득하다.

노자는 "길을 길이라고 할 수 있으면 영원한 길이 아니다!"라고 했다. 도가도비상도(道可道非常道)! 이 일갈의 부정은 정해진 길만을 고집하는 교육과정에게 경고한다. 자유학기제의 의미를 성찰하라! 인간이 지성을 사용하여 만든 모든 문화와 제도는 상대적이다. 그런 만큼 자유학기제도 상대적이다. 학생들에게 선택을 강요하는 것이 아니라, 아무것도 하지 않을 수 있도록, 『도덕경』의 시선을 투영할 수 있는 교육의 시간과 공간이다. 자유학기제! 최소한 여기에 직면하는 동안만이라도, 열린 마음으로 학생들이 스스로 선택하고, 하고 싶은 일을 맘껏 행할 수 있기를 갈망해 본다.

8) 信不足焉, 有不信焉. 夫御體, 失性, 則疾病生. 輔物, 失眞, 則疵釁作. 信不足焉. 則有不信. 此, 自然之道也. 已處不足, 非智之所齊也. 悠兮. 其貴言. 功成事遂, 百姓皆謂我自然. 自然, 其端兆不可得而見也. 意趣不可得而覩也. 無物. 可以易其言. 言, 必有應. 故曰悠兮! 其貴言 居無爲之事. 行不言之敎. 不以形立物. 故功成事遂, 而百姓不知其所以然也.

11장

'관리'교육

— 기업 관리와 경영 윤리 —

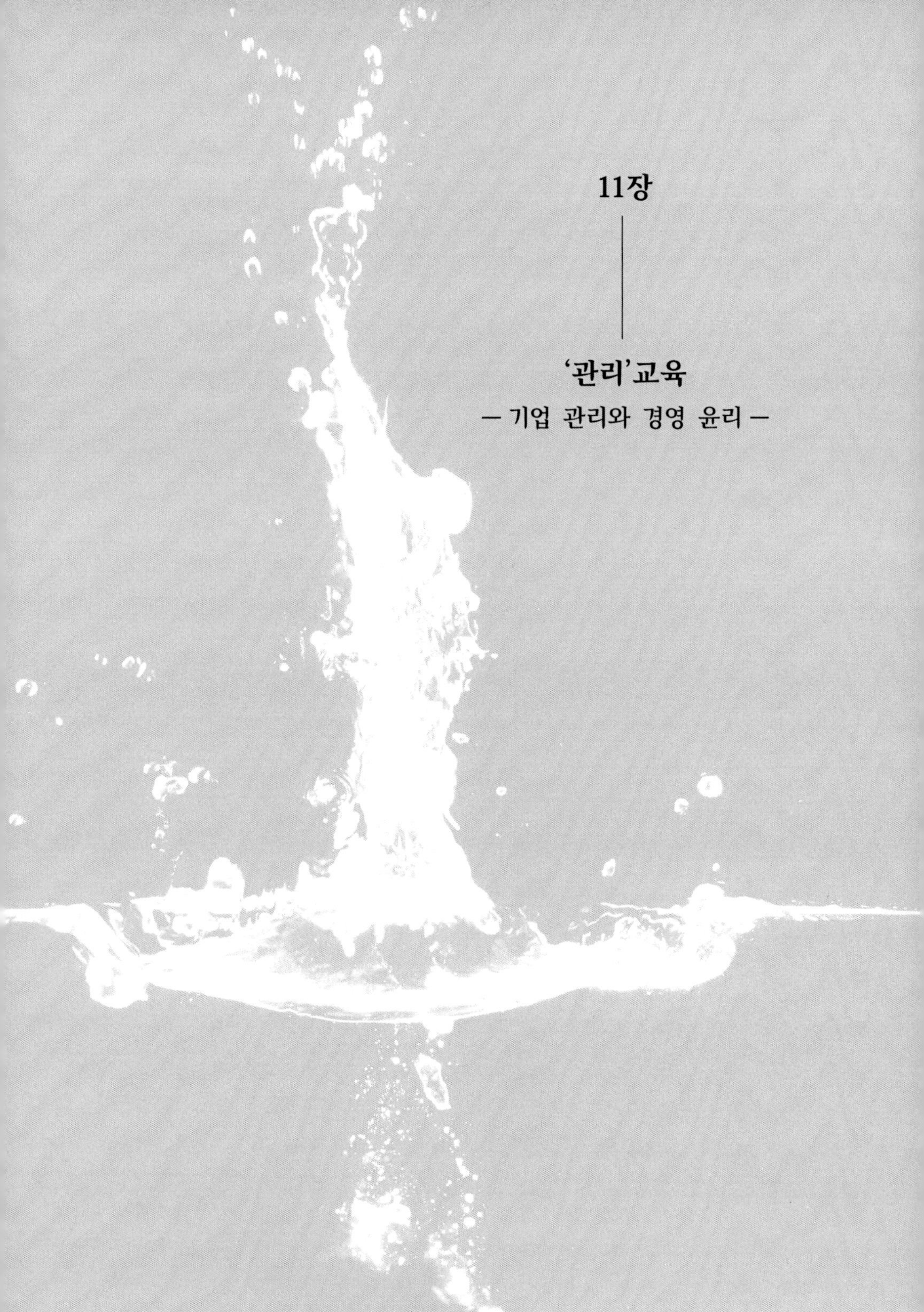

I. 서언

중국 고대의 춘추전국 시대, 제자백가 가운데 노자(老子)가 5,000여 글자에 불과한 『도덕경(道德經)』에서 던지고 있는 메시지는 강력하다. 예를 들어, "큰 나라를 다스리는 일은 작은 생선을 삶듯이 조심스럽게 다루어야 한다."[1] 라고 강조했는데, 이는 역설(逆說)로 시대를 꿰뚫는다. 작은 생선은 살이 약하다. 때문에 삶을 때 잘 익으라고 자꾸 뒤집다 보면 오히려 부서져 버린다. 이럴 경우, 어떻게 해야 할까? 소심(小心)한 마음으로 불의 세기를 조절하며 세심하게 살펴보고 익는 것을 지켜보아야 한다(김원중, 2015: 44).

뿐만이 아니다. 노자는 "세상에 금지하는 사안이 많으면 많을수록 백성의 생활은 더욱 가난해지고, 백성들이 문명의 이기를 많이 가지면 가질수록 국가는 더욱 혼란에 빠져들며, 나라의 법령이 정비되면 정비될수록 도적은 점점 많아진다."라고 보았다. 지도자는 자꾸 무엇을 해서 남기려 하지 말고, 생선을 삶듯 나라를 '무위(無爲)'의 상태에 놔두고 저절로 굴러가게 내버려두라고 충고한다. 기업을 경영하는 지도자 또한 이런 이야기에 귀 기울이며, 기업경영과 관리, 교육을 고민할 필요가 있다.

경영자의 관리 자세와 교육은 기업을 운영할 때, 기업의 핵심 가치관과 규범, 그리고 기업문화에 대한 결정적인 역할을 한다. 기업 구성원들이 기업 발전을 위한 훌륭한 아이디어나 의도를 지니고 있더라도 기업의 근본적인 구조를 바꿀 수 있는 것은 기업을 운영하는 경영자뿐이다. 경영자가 의도하든 의도하지 않든, 그들의 언행은 기업의 표본이 되고, 이를 바탕으로 기업 전체

1) 60: 治大國者若烹小鮮.

의 신뢰와 명성으로 이어진다.

특히, 복잡한 사회구조 속에서 경영자는 사업의 성공을 이끌기 위해 다양한 문제에 직면하며, 이해관계가 상충되는 순간, 올바른 선택과 결정을 해야 하는 짐을 지게 된다. 이런 경우에 중요하게 작동하는 것이 '투명성'과 '신뢰'다. 이른바 '기업의 윤리의식'이 사업의 성공을 좌우한다. 성과주의에 몰입된 서구적 의미의 기업 경영방식은 이제 여러 문제점에 직면했다. 이는 동양적 사고 중심의 기업 관리나 경영에 대한 관심을 불러 일으켰다. 인간의 본성과 윤리 사상을 바탕으로 기업의 사회적 책임과 삶의 가치에 대한 관심이 증가하면서, 그것이 기업 관리와 경영에 접목되고 있다. 그 가운데 노자의 '무위자연(無爲自然)' 사상이나 사물에 대한 인식은 기업의 경영에 필요한 도덕적 근거를 제시하며, 급변하는 세계 시장의 경제구조 속에서 조직문화, 경영의 원리 등을 제공한다. 본고는 이런 점에 착안하여, 기업 경영 철학과 관리 교육에 관한 부분을 노자 『도덕경』과 연계하여 고민해 보려고 한다.

II. 『도덕경』과 경영철학

노자는 "도(道)는 비어 있으나 아무리 사용해도 늘 가득 차 있으며 넘치지 않으며, 깊고 넓어서 만물의 근본이다. 날카로운 것은 무디게 하고 복잡한 것은 풀며 빛을 부드럽게 하여 티끌에도 뒤섞이건만 맑고 고요함이 늘 그대로 있는 듯하다. 나는 그 도가 누구의 자식인지 알 수 없으나 아마 우주를 주재하는 상제보다도 먼저 있었던 것 같다."[2]고 설파했다. 또 "큰 도[大道]는 넉넉하여 한 곳에 박혀 있지 않아 좌우로 없는 곳 없이 자유자재하다. 만물은 도에 의해 생겨나지만, 한마디 자랑도 하지 않고 만물을 이루어낸 공이 있지만, 그 공을 내 것으로 하지 않으며 만물을 길러 내면서 그 주인이라는 생각을 하지 않는다. 항상 욕심이 없고 아무것도 갖지 않으므로 작다고 볼 수도 있으니 세상 만물이 그 품에 돌아와 안기어도 주인이라는 생각을 갖지 않으므로 크다

2) 4: 沖而用之, 或不盈. 淵兮 似萬物之宗. 挫其銳, 解其紛, 和其光, 同其塵.湛兮 似或存.吾不知誰之子, 象帝之先.

고도 말할 수 있다. 도(道)는 자신을 스스로 크다고 생각하는 일이 없기에 그 큰 것이 참으로 큰 것이 되는 것이다."[3]라고 언표했다.

여기에서 도(道)는 시각, 청각, 촉각 등 인간의 감각으로 파악할 수 없는 어떤 것이라고 말하고 있다. 명명할 수도 없고, 감각이나 시각적 사유로 알 수 없는 것이 다름 아닌 도(道)이다. 그렇다면 이러한 성격의 도가 기업 경영이나 관리와 어떻게 결부될 수 있을까? 도를 중심으로 하는 철학적 차원은 『도덕경』이 시대정신을 고려한 경영철학으로 도입될 수 있는 하나의 가능성을 보여준다(송호달, 2011: 99－100).

첫째, 기업은 전통 습관이나 관념에서 초월해야 한다. 노자는 말한다. "도(道)라 말할 수 있는 도는 늘 그러한 도가 아니며, 부를 수 있는 이름은 언제나 늘 그러한 이름이 아니다."[4] 이 대전제가 보여주듯이, 기존에 정립된 기업경영의 정신은 새로운 시대에 맞게 성찰할 필요가 있다. 기본적으로 변화를 상정한다는 말이다. 노자의 사고는 이런 상황을 진지하게 성찰하게 만든다.

둘째, 기업은 자기 자신의 의지만이 아니라 타자[고객]의 의지를 고려해야 하며, 그것을 통해 기업이 성장할 가능성을 찾는다. 이는 "시행함이 없어도 시행되지 않음이 없다."[5]라는 언급에서 실마리가 보인다. 왜냐하면 노자의 이 말은 다른 사람에게 어떤 일을 강요할 때 원하지 않는 방향으로 일하려는 의미가 담기기 때문이다. 기업은 어떤 일이건 시행하지만, 마치 그것을 시행하지 않는 것처럼, 기업의 의지를 앞세우기보다 고객을 비롯한 다른 사람의 그것을 고려하는 자세를 고민해야 한다.

셋째, 기업은 단순히 사람 사이의 관계에 의존하기보다 복잡한 시장에 의존해야 함을 알아야 한다. 노자는 "이루어지고 일이 되어져도 백성들은 모두 자기가 이루고 되어지도록 한지 모르고 나는 스스로 그렇게 있을 뿐이라 한다."[6]라고 했다. 이는 인위적 참견을 혐오하며 자연 질서를 믿는 데서 나오는 일종의 관리 경영 정신이다. 아담 스미스의 '보이지 않는 손'이라고나 할까?

---

3) 34: 大道氾兮, 其可左右.萬物恃之而生而不辭, 功成不名有. 衣養萬物而不爲主.
4) 1: 道可道, 非常道, 名可名, 非常名.
5) 48: 無爲而無不爲.
6) 17: 功成事遂, 百姓皆謂我自然.

넷째, 기업은 항상 고객의 요구에 부응해야 한다는 점이다. 노자는 말했다. "성인은 고정된 마음이 없으며 모든 백성의 마음을 자신의 마음으로 한다."7) 이는 고객의 욕망을 조절하지 않고 선택을 믿으며 최선을 다하는 자세다.

다섯째, 기업은 항상 인적·물적 자원을 필요로 하는데, 그 자원을 얻기 위해서는 항상 자신을 낮추어야 한다. 이는 "강과 바다가 계곡들의 왕이 될 수 있는 것은 그것이 가장 낮은 곳에 있기 때문이다. 그래서 모든 계곡의 왕이 된다."8)라는 언급에서 힌트를 얻었다. 기업은 자원이 풍부하다고 무조건 성공하는 것은 아니다. 그만큼 기업가는 겸손하며 사려 깊은 행동을 해야 한다.

아울러 기업의 경영철학을 형성하는 데는, 다음과 같은 노자의 중첩되는 언급이 정신적 뒷받침이 된다. "학문을 하면 지식이 나날이 늘어 가고 도를 행하면 날마다 욕심이 줄어든다. 줄이고 또 줄이면 무위(無爲)에 이른다. 무위에 이르면 하지 않아도 못함이 없다. 세상은 언제나 무위로써만 얻게 된다. 무위이지만 하지 않음이 없다."9) 또한, 노자는 "무위의 다스림으로 다스려지지 않는 일이 없다."10) "도(道)는 항상 하는 것이 없지만 하지 않는 것도 없다."11) 그래서 노자의 위(爲)는 무불위(無不爲)로서 무위(無爲)이다. 무위하는 작업은 소극적으로 하지 않는 것이 아니다. 노자가 강조하는 '위무위(爲無爲)'는 무위(無爲)이나 간섭하지 않는 방식을 통해, 만물이 자연스럽게 진화하게 한다. 즉 "도는 만물을 낳지만 소유하려 하지 않으며, 만들었지만 자랑하지 않고 기르면서도 지배하려 하지 않는다."12)

현대사회의 경영에서 '무위이치(無爲而治)'의 원리는, 전통적인 노자의 언어라고해서 결코 소극적이거나 보수적이지 않다. 오히려 객관적 법칙에 따라 비지니스를 하며 상황에 따라 유리하게 이끌고 인위적 간섭을 줄이도록 도와준다. 노자는 세상을 장악하여 다스려 보려고 해도 생각대로 되지 않음을 충분히 인지했다. 세상은 신비로운 곳이어서 사람의 힘으로는 어찌해볼 수 없는 부분이 많다. 잘 해보려고 노력했으나 실패하기도 하고, 잡으려고 하면 놓치

7) 49: 聖人無常心, 以百姓心爲心.
8) 66: 江海所以能爲百谷王者, 以其善下之, 故能爲百谷王.
9) 48: 爲學日益, 爲道日損. 損之又損, 以至於無爲. 無爲而無不爲.
10) 3: 爲無爲, 則無不治.
11) 37: 道常無爲而無不爲.
12) 51: 生而不有, 爲而不恃, 長而不宰.

게 되며, 스스로 앞서가는 것도 있고 뒤따라가는 것도 있다. 숨을 내쉬기도 하고 들이쉬기도 하며, 강한 것도 있고 약한 것도 있으며, 위에 얹히는 것도 있고 아래로 떨어지는 것도 있다. 그러므로 성인은 지나친 것을 버리고 사치를 버리고 교만함과 태만함을 버린다. 이런 점에서 무위이치(無爲而治)는 자연에 순응하는 지도방식이다(조대우 · 장맹, 2009: 5－6). 이런 점을 기업 경영과 관리에 응용하면, 경영자는 '위무위(爲無爲)'해야 한다.

노자는 말했다. "이 세상에는 네 가지 큰 것이 있는데 제왕이 그 가운데 하나이다. 제왕은 인류의 지배자로서 땅의 참모습을 본받는다. 땅은 하늘의 참모습을 본받으며 하늘은 다시 도의 참모습을 본받는다. 그리고 도의 본 모습은 자연이기 때문에 도는 다만 자연을 본받아 자유자재가 된다."[13] 이처럼 사람들의 활동은 도의 자연성이나 법칙성과 연계된다. 사람들은 법칙에 준거하여 일을 해야 한다. 노자는 "도를 존경하는 것과 덕을 귀하게 여기는 것은 누가 시켜서가 아닌 저절로 그렇게 되는 것"이라고 하였다. 그러므로 도에서 태어나고 덕이 그것을 기른다. 나아가 성장시키고 육성시키며 형태와 질을 주며 돌봐준다. 도는 만물을 낳지만 소유하려 하지 않고 만들었지만, 자랑하지 않고 길러내면서 지배하려 하지 않는다.[14] 도체(道體)가 자연법칙에 따라 운행하는 것처럼, 기업을 관리하고 경영하는 사람도 마찬가지다. 이렇게 하면 만물이 협력하고 균형이 파괴되지 않는다(조대우 · 장맹, 2009: 80－81). 그러므로 자연이란 도가 만물을 생기게 하는 법칙이 된다. 이것이 이른바 '도법자연(道法自然)'의 경영철학으로 이어진다. 시장의 자연스런 흐름에 따르라!

Ⅲ. 경영·관리의 자세

그렇다면 경영자가 추구하는 경영 · 관리의 자세는 어디에서 찾을 수 있는가? 노자는 "최상의 군주는 백성들이 다만 임금이 있다는 것을 알고 있는

13) 25: 域中有四大, 而王居其一焉.人法地, 地法天, 天法道, 道法自然.
14) 51: 道之尊, 德之貴, 夫莫之命而常自然.故道生之, 德畜之, 長之育之, 亭之毒之, 養之覆之.生而不有, 爲而不恃, 長而不宰, 是謂元德.

정도이다. 백성들이 다정함을 느끼고 칭송하는 것은 그보다 낮은 수준이며, 임금을 두려워하는 정치는 이보다 더 아래이고, 백성들이 임금을 업신여기는 단계가 되면 가장 수준이 낮은 지배자가 된다. 또 지배자에게 언행일치가 되는 진실함이 부족하면 백성들로부터 신용을 얻지 못한다. 최선의 군주는 무위의 정치를 하기 때문에 공을 이루어도 백성들에게 자랑하지 아니하고 스스로 그렇게 되었다고 말한다."[15] 이와 같이 고대사회에서는 군주나 왕을 네 등급으로 분류했다. 여기에서 군주는 최고 경영자이고 백성은 기업의 구성원에 해당한다. 이를 기업경영에 적용하면 최고 지도자급의 경영자를 네 가지 유형으로 나눌 수 있다.

제1등급의 경영자는 기업 구성원들이 단지 그의 존재만 알고 있을 뿐인 경우이다. 제2등급의 경영자는 기업 구성원들이 그와 친해지고 칭찬해주기를 바란다. 제3등급의 경영자는 기업 구성원들이 그를 외면한다. 제4등급의 경영자는 기업 구성원들이 그를 업신여긴다. 제1등급 경영자는 일을 할 때 심사숙고 한다. 자신의 말 한마디, 행동 하나를 모두 조심한다. 성공할 경우, 기업 구성원들은 그가 고의적으로 하고 있는 것을 모를 뿐만 아니라 제어하는 것을 느낄 수 없다. 그 모든 일을 저절로 그렇게 되었다고 생각한다. 성공한 경영자는 자신의 영향력이 얼마나 중요한지 알고 있다. 이는 경영관리의 성과를 결정하는 데 필수적인 요소이다. 뿐만 아니라 경영자가 경영자일 수 있는 경영·관리의 생명력이다.

이런 점에서 경영자가 영향력을 발휘하려면, 세 가지 기본적 자질을 갖춰야 한다. 첫째는 경영자로서의 '인성(人性)'이다. 경영자는 건전한 도덕과 양심적 언행을 지녀야 한다. 왜냐하면 그의 품행이나 품격은 기업 구성원들에게 보이지 않게 감화 작용을 일으킬 수 있기 때문이다. 둘째는 '심리적 능력'이다. 경영자는 특히 풍부한 감성을 갖추어야 한다. 그것은 일을 열정적으로 하도록 만들고, 기업 구성원들을 여러 측면에서 보살펴주며, 강한 기업정신과 인격적 자질을 가질 수 있도록 한다. 셋째는 '지식'이다. 이는 경영자가 인격적으로 영향력을 미칠 수 있는 주요한 에너지원이다. 실제 업무과정에서 지식

15) 17: 太上下知有之. 其次親而譽之. 其次畏之. 其次侮之. 信不足, 焉有不信焉. 悠兮其貴言. 功成事遂, 百姓皆謂我自然.

이 해박하고 업무능력이 뛰어나면, 어떤 방면에서건 뛰어난 사람들의 응집력을 자연스럽게 결집할 수 있다. 그리하여 기업 구성원들은 자연스럽게 경영자의 경영·관리에 신뢰를 보내고 복종한다.

기업의 행위는 사회에 중대하고 실질적인 영향을 미친다. 때문에, 기업 경영자들은 기업이 가야할 길, 이른바 '도(道)'에 정진하고 '도'를 실천할 수 있어야 한다. 그것이 동일한 원리는 아닐지라도, 무위자연(無爲自然)의 유용성에 입각한 경영자로서의 인성과 심리, 지식의 차원을 진지하게 고려할 필요가 있다. 그리하여 기업들은 국가경제와 국민생활에 중대한 사회적 책임을 진다. 기업 경영자는 노자가 말한 무위자연을 실천하는 성인(聖人)의 모습을 벤치마킹하여 자신을 그 기준에 맞추고 나름대로 완전해지도록 노력해야 한다. 스스로 '성인'의 자질과 품격을 지녀 기업 성장에 이바지해야 한다. 이는 일상의 업무나 경영활동을 수행할 때, 도의 원칙을 고려한다는 의미다.

노자의 '무위이치(無爲而治)'의 사유에 의하면, 경영자는 도에 근거하여 기업을 경영하고 관리하는 교육적 영향력을 갖고 있어야 한다. 경영자의 교육적 영향력이란 기업 경영자로서의 권력적 영향력과 인간으로서 자연적 영향력을 포괄한다. 그들은 경영·관리 차원의 성과를 얻기 위해 여러 가지 교육이나 지도 행위를 활용한다. 예를 들면, 호소, 권유, 주입, 시범, 귀감, 암시, 훈화, 감화, 독촉, 강박, 명령, 격려, 표창 등을 들 수 있다. 그 가운데 가장 중시하는 것이 바로 자연적 영향력이다. 인간으로 자연스럽게 발휘되는 힘은 경영자의 인격적 영향력에서 확인된다.

경영자는 업무 수행 중에 자신의 인품과 자질, 심리, 지식 등을 통해 기업 구성원들에게 심리적·행위적 힘이 생기도록 만든다. 현대사회의 경영과학은 한 기업가가 기업의 경영·관리에서 정확하게 시장의 환경변화를 파악하고 생산요소를 최적화하는 데 달려 있다. 그것은 그가 평소에 제시하는 자연스런 인격적 품위에서 드러난다. 한 기업가가 경영·관리에 필요한 완벽한 인격을 가지고 있으면, 기업을 움직여 나갈 수 있는 구심력과 응집력, 인도적 역량을 만들 수 있다. 효과적으로 기업 구성원들을 격려하고 서로 협력하여 난관을 극복하면서 기업의 공동목표를 달성하는 데 기여할 수 있다.

이런 차원에서 기업 경영자와 구성원 사이의 관계 속성을, 선(善)의 차원에서 고려할 필요가 있다. 노자 『도덕경』은 선(善)의 가장 높은 경지를 물(水)의 속성에 비유한다. 이른바 상선약수(上善若水)다. “최상의 선은 물의 작용과 같다. 물은 온갖 것들을 크게 이롭게 하면서도 다투지 않고, 뭇사람들이 싫어하는 곳에 머물러 있다. 그러므로 도에 가깝다. 머무는 곳으로는 땅을 훌륭하게 여기고, 마음가짐으로는 연못처럼 깊고 잔잔함을 훌륭하게 여기며, 함께 하는 것으로는 어짊을 훌륭하게 여기고, 말에서는 신용을 훌륭하게 여기며, 바르게 함에서는 다스려짐을 훌륭하게 여기고, 일에서는 능수능란함을 훌륭하게 여기며, 그리고 움직임에서는 시기적절함을 훌륭하게 여긴다. 그런데 단지 다투지 않을 뿐이기 때문에 허물이 없다.”[16]

물은 만물을 촉촉하게 적셔주지만 만물과 다투지 않는다. 사람들이 좋지 않은 상황에 처하는 것을 보면, 도랑에 빠진 것과 비슷하다. 물은 낮은 곳인 도랑으로 쏠린다. 이때 물은 최상의 선으로서 교묘하게 거처를 선택한다. 마음은 침묵을 지키는 것에 능숙하고, 진심으로 사심 없이 사람을 대한다. 신용을 지키는 동시에 다른 사람과의 이해관계를 조정할 줄 안다. 맡은 바 일은 능숙하게 잘 처리하고, 일을 실행할 때는 타이밍에 맞게 유리한 시기를 잘 파악하여 행동한다. 선(善)은 이처럼 기업가가 경영·관리를 할 때 구성원과 다투지 않는 품성을 발휘하기 때문에 원망을 받지 않는다.

노자 『도덕경』 8장의 물(水)의 속성을 경영철학에 대비하여 다음과 같이 다시 풀이할 수 있다. 물(水)은 일곱 가지의 속성을 장기로 한다. ① 머무는 곳으로는 땅을 훌륭하게 여긴다. ② 마음가짐으로는 연못처럼 깊고 잔잔함을 훌륭하게 여긴다. ③ 함께 하는 것으로는 어짊을 훌륭하게 여긴다. ④ 말에서는 신용을 훌륭하게 여긴다. ⑤ 바르게 함에서는 다스려짐을 훌륭하게 여긴다. ⑥ 일에서는 능수능란함을 훌륭하게 여긴다. ⑦ 움직임에서는 시기적절함을 훌륭하게 여긴다. 즉, 거선지(居善地), 심선연(心善淵), 여선인(與善仁), 언선신(言善信), 정선치(政善治), 사선능(事善能), 동선시(動善時)이다.

앞에서 언급했던 경영자의 심리, 인격, 지식 역량으로 볼 때, 가장 중요한 심리적 요인은 심선연(心善淵)에서 확인된다. 그것은 경영자가 항상 부닥

---

16) 8: 上善若水. 水善利萬物而不爭, 處衆人之所惡, 故几于道. 居善地, 心善淵, 與善仁, 言善信, 政善治, 事善能, 動善時. 夫唯不爭, 故無尤.

치는 현안과제를 처리할 때 가져야 하는 냉철함을 대변한다. 냉철함이란 마음이 넓으며, 외부 위험이나 자극을 잘 통제할 수 있는 능력이다. 경영자가 냉철하면 할수록 기업의 경영성과는 좋은 영향을 가져올 수 있을 것으로 기대된다.

다음으로 인격적 역량으로는 거선지(居善地)와 여선인(與善仁), 그리고 언선신(言善信)이 있다.

거선지(居善地)는 경영자 개인이 갖고 있는 이해관계자에 대해 갖는 겸손한 태도를 가리키는 자질이다. 달리 말하면, '겸양'하는 태도다. 겸양은 기업의 최고 경영자가 자신의 위치를 항상 낮추면서 남의 의견이나 건의를 공손하게 받아들이고, 자신의 인품과 기업의 명예를 지키는 것을 의미한다. 이와 상통하는 사유가 노자 『도덕경』 담겨있다. "강과 바다가 계곡들의 왕이 될 수 있는 것은 그것이 가장 낮은 곳에 있기 때문이다. 그래서 모든 계곡의 왕이 되는 것이다. 그러므로 백성 위에 있기를 바란다면 반드시 겸손한 말과 행동으로 자신을 낮추고, 백성의 앞에 서고자 한다면 반드시 몸을 남의 뒤에 두어야 한다. 그래서 성인은 위에 있어도 백성들이 짐스러워 하지 않고 앞에 있어도 방해된다고 여기지 않는 것이다. 그렇게 되면 세상 사람들은 그를 받들면서도 싫어하지 않는 것이다. 다투려 하지 않기 때문에 누구도 그와 다툴 수가 없는 것이다."[17] 경영자가 이해관계자에 대해 겸손하고 겸양하는 자질을 갖고 있다면, 기업 내외의 이해관계 당사자들과의 마찰과 분쟁이 축소된다. 그만큼 기업의 경영성과는 좋은 영향을 기대할 수 있다.

여선인(與善仁)은 이해관계자에 대한 배려의 태도를 의미한다. 달리 말하면, '사랑'과 '관심'이다. 노자는 말한다. "그러므로 몸으로 몸을 보고 가정으로 가정을 보고 고을로 고을을 보고 나라로 나라를 보고 도의 세계관으로 세상을 본다."[18] 경영자는 기업을 둘러싸고 있는 이해관계자에 대해 사랑과 배려를 통해 베풀어야 한다. 그럴 때 기업의 사회적 책임은 더욱 성숙하게 될 가능성이 커진다. 이는 현대기업의 경영성과를 제고하는 핵심이 된다.

언선신(言善信)은 이해관계자에 대한 신뢰감을 가리킨다. 기업의 경영자

17) 66: 江海之所以能爲百谷王者, 以其善下之, 故 能爲百谷王. 是以聖人欲上民, 必以言下之; 欲先民, 必以身後之. 是以聖人處上而民不重, 處前而民不害. 是以天下樂推而不厭. 以其不爭, 故天下莫能與之爭.

18) 54: 故以身觀身, 以家觀家, 以鄉觀鄉, 以邦觀邦, 以天下觀天下.

가 지도자로서 지녀야 할 일종의 '일관성'이다. 앞에서도 강조했듯이, 『도덕경』에서는 "최상의 군주란 백성들이 임금이 있다는 것을 알 뿐인 군주이다. 백성들이 다정함을 느끼고 임금을 칭송한다면 그는 다음 등급에 해당된다. 만일 백성들이 지배자를 두려워하는 정치를 한다면 더욱 낮은 등급의 지배자가 되는 것이며, 만일 백성들이 임금을 업신여기게끔 된다면 가장 낮은 단계의 지배자가 되는 것이다. 지배자의 말과 행동이 일치하지 않는다면, 백성들로부터 신용을 얻지 못한다. 또한, 최선의 군주란 무위의 정치를 하기 때문에 공을 이루어도 백성들에게 자랑하지 아니하고 저절로 그렇게 되었다고 말한다."[19] 라고 했다. 경영자라면 기업을 둘러싸고 있는 이해관계자 집단에게 언행일치하는 신뢰감을 줄 수 있어야 한다. 경영자에 대한 신뢰는 기업의 시장평가에 중요한 요인으로 작용한다.

마지막으로 경영자의 지식 역량은 정선치(政善治)와 사선능(事善能), 그리고 동선시(動善時)로 설명할 수 있다.

정선치(政善治)는 이해관계자의 이해를 조정하는 능력을 가리킨다. 이는 경영활동 과정에서의 '협조능력'이다. 노자는 "제일 무르고 연한 물이 세상에서 제일 강하고 단단한 쇠와 돌을 세상에서 마음대로 다루고 자신의 일정한 모양을 갖지 않는 물은 틈이 없는 곳이라도 마음대로 스며든다."[20]라고 했다. 이는 경영자가 기업 내외의 이해관계자 집단을 얼마나 잘 조정할 수 있는지의 조정능력을 의미한다. 경영자의 탁월한 조정능력은 기업을 보다 안정적으로 만들어, 기업의 경영성과에 긍정적 영향을 미칠 수 있다.

사선능(事善能)은 경영자가 기업의 경영목표를 달성하는 데 필요한 실천능력을 의미한다. 일종의 '집행능력'이다. 앞에서도 언급했듯이, 노자는 『도덕경』에서 다음과 같이 말한다. "큰 나라를 다스리는 일은 작은 물고기를 삶는 것과 같다."[21] "정치가 대범하면 백성들이 순박해지고 정치가 분명하면 백성들이 다투게 된다."[22] 나라를 다스리거나 정치를 분명하게 하는 작업은 경영자가 기업의 경영목표를 달성할 수 있는 실천능력과 상통한다. 그때 상황을

19) 17: 太上, 不知有之; 其次, 親而譽之; 其次, 畏之; 其次, 侮之. 信不足焉, 有不信焉.
20) 43: 天下之至柔,馳騁天下之至堅.
21) 60: 治大國, 若烹小鮮.
22) 58: 其政悶悶, 其民淳淳 ; 其政察察, 其民缺缺.

파악하여 일을 얼마나 잘 다루느냐가 성패의 관건이다.

동선시(動善時)는 급변하는 경영상황의 변화 속에서 경영목표를 달성하는 데 필수적인 타이밍을 놓치지 않는 상황판단을 가리킨다. 일종의 '판단능력'이다. 이런 원리는 노자 『도덕경』에 다음과 같이 담겨 있다. "어려운 일은 어려워지기 전에 손을 쓰고 큰일은 커지기 전에 해결한다. 세상의 어려운 일은 언제나 쉬운 데서 일어나고 큰일은 언제나 작은 데서 시작된다."[23] 경영자는 경영목표를 달성하기 위한 의사결정을 할 때, 반드시 타이밍을 맞추어야 한다. 타이밍을 갖춘 경영자의 판단력이야말로 경영·관리의 중심으로 자리한다. 그것은 기업의 경영성과에 긍정적 영향을 미칠 것이 분명하다(조대우·장맹, 2009: 7−10).

경영자의 경영·관리 능력은 그 기업의 경영성패를 좌우한다. 그것은 심리적으로 '냉철함'에 근거한다. 인격적으로 '겸손', '배려', '신뢰'의 자세가 요청되고, 지식적으로는 '협조능력', '집행능력', '판단능력'이 필요하다. 이처럼 기업의 지도자가 지녀야 할 자질과 경영·관리의 자세는 기업의 가치를 제고하는 것은 물론이고 기업의 경영성과를 성찰하는 핵심 요인이다.

Ⅳ. 경영·관리의 교육정신

현재적 기업 경영·관리를 전통적 용어로 표현하면, '상도(商道)'라고 할 수 있다. 여기에서 '상'은 상인, 상점 또는 상업이라는 뜻으로 기업활동과 상통한다. '상도'는 조선 후기의 거상(巨商) 임상옥이 남긴 "재물은 평등하기가 물과 같고 사람의 바르기는 저울과 같다[財上平如水 人中直似衡]!"라는 말을 통해 보다 뚜렷하게 알 수 있다. 여기에서 말하는 물은 상징과 비유다. 물은 만물의 근원이고 생명을 유지할 수 있는 중요한 위치를 차지하고 있다. 물은 인간 삶의 생명체로서 살면서 절대 없어지면 안 된다.

앞에서 언급한 것처럼, 물은 『도덕경』 8장에서 심도 있게 논의되었다. 물은 도(道)와 가장 가까운 속성을 지녔다. 물은 만물을 이롭게 해주면서 다

23) 63: 天下難事, 必作于易；天下大事, 必作于細.

루지 않고 항상 사람들이 싫어하는 낮은 곳에 처한다. 재물도 이러한 물처럼 한 사람에만 속하지 않으며, 재물을 가지는 일도 영원하지 못하고 그냥 순간적으로 가질 뿐이다. 때문에 노자의 말처럼, 최고의 선도 물처럼 높은 곳에서 낮은 곳에 흘러가는 것이다. 기업을 경영하는 기본 정신도 이와 다르지 않다.

인간은 재물로 인한 탐욕에 지배당하기 쉽다. 때문에 심한 경우에는 상업의 규칙인 상도를 지키지 않고 돈만을 추구한다. 그래서 임상옥은 "재상평여수(財上平如水)"라는 말은 상업의 신조, 즉 일종의 기업 경영의 정신으로 명명했다. 제물에 대한 과도한 욕망을 버리고 장사를 할 때, 올바른 상업 규칙인 상도를 지키면서 경영·관리 활동을 하는 것이다. 그런 다음에야 상도—기업 경영·관리 정신—를 이룰 수 있다. 여기에서 기업의 경영·관리 교육의 중요성이 부각된다. 노자의 무위자연 사상이 담겨 있는 물의 특성처럼, 무위(無爲), 부쟁(不爭), 평등무사(平等無私)하게 사는 준칙을 체득하고 개인의 탐욕을 버려야 한다. 그래야 재물에 대한 올바른 가치관이 형성된다(곽양, 2014: 28–38).

지금까지 꾸준히 논의해 왔듯이, 노자 『도덕경』은 '무(無)'의 사유를 기초로 무위(無爲), 무사(無私), 무욕(無慾) 등 개념을 제공했다. 이는 후세 사람들의 삶의 태도와 세계관 형성에 큰 영향력을 미쳤다. '무(無)'는 긍정적 의미보다 부정적 의미가 강하다. 그러나 화(禍)가 부정적인 의미를 가지고 있지만, 복(福)과 항상 같이 있는 것처럼, 무(無)는 긍정적인 방향으로 치환할 수 있다. 그런 점에서 무(無)는 일종의 유물변증법적 특성을 지닌다. 그것은 노자의 다음과 같은 언급에서 증명된다. "서른 개의 바퀴살이 하나의 바퀴통에 꽂혀 있다. 허나 바퀴통의 복판 빈 곳이 바로 수레의 쓸모가 있는 곳이다. 흙을 빚어서 기물을 만든다. 허나 기물의 텅 빈 곳에 바로 기물의 쓸모가 있다. 문이나 창을 뚫어 방을 만든다. 허나 방의 공간에 바로 방의 쓸모가 있다. 그런 고로 유의 물건이 이롭게 쓰이는 까닭은 결국은 공허한 무가 활용되기 때문이다."[24)]

세상에 존재하는 모든 사물들은 비움을 먼저 알고 그 비움을 통해 비움

24) 11: 三十輻共一, 當其無, 有車之用. 선치以爲器, 當其無, 有器之用. 鑿戶 以爲室, 當其無, 有室之用. 故有之以爲利, 無之以爲用.

을 버린 만큼 얻을 수 있다. 기업의 경영·관리도 마찬가지다. 채우는 것만이 능사는 아니다. 오히려 비워 놓는 '무'에서 채워가는 '유'로의 전환이 기업 경영·관리의 차원의 핵심 원리일 수 있다. 임상옥이 말하는 것처럼, 모든 정치, 종교, 예술 등 인간사회의 일들은 자기 자신을 버리는 포기와 죽음, 그 무(無)를 통해야만 생명의 기쁨인 유(有)를 비로소 깨닫게 된다.

꽉 채워진 유위(有爲)의 세계에 대해, 『도덕경』 12장에서는 이렇게 말한다. "찬란한 오색의 빛은 사람의 시각을 멍들게 한다. 난잡한 오음의 음악소리는 사람의 청각을 혼란케 한다. 잡다한 음식의 맛은 사람의 미각을 상하게 한다. 멋대로 미치게 만든다. 얻기 어려운 귀중한 재물은 사람을 타락하게 한다. 그러므로 성인은 오직 배를 실하게 할 뿐, 눈을 위하지 않는다. 고로 성인은 외형적 감각을 버리고 내실만을 취한다."[25] 기업의 성공은 그것을 적절하게 비워내지 못할 때, 자칫하면 인간들의 찬란한 색깔, 음악소리, 풍성한 음식, 재물 등 욕망의 산물로 오인되기 쉽다. 성공이라는 채움에 도취되어 오색(五色), 오미(五味), 오음(五音)의 유혹을 받으며, 인위적으로 찬란한 색깔, 음악소리, 풍성한 음식만을 추구하는 것이다. 이런 과정에서 탐욕은 끊임없이 진행되고 강화된다. 그것은 기업 경영·관리에서 일종의 독약이다. 가장 경계하고 회피해야 하는 상황이다. 최고 경영자는 이런 욕망을 피하고, 비워나간다. 그 비움의 교육을 적극적으로 요청해야 한다.

노자가 『도덕경』에서 말한 '욕(欲)'은 인간이 기본적으로 누려야 할 욕심이 아니다. 인간으로서의 생리적 욕구, 성욕 등을 말하는 것이 아니다. 그것은 개인의 사사로운 욕망, 물질적 욕망, 탐욕 등 지나친 욕심을 말한다. 그렇다고 욕망을 무조건 없애는 것도 아니다. 지나치게 과도한 욕망을 버리고 난 후, 정신적 자유를 이룰 수 있다. 무욕(無欲)으로 나아가기 전에, 인간으로서의 기본 욕망을 충족할 필요는 있다.

기업을 경영하고 관리하는 지도자는 권력이나 지위, 재물에 대한 욕망이 있기 마련이다. 중요한 것은 그것들 사이에 상호 균형을 이루어야 한다는 점이다. 욕망이 한쪽으로 치우치고 야심이 커지면 문제가 발생한다. 기업 경

---

25) 12: 五色令人目盲, 五音令人耳聾, 五味令人口爽, 馳騁 獵令人心發狂, 難得之貨令人行妨. 是以聖人爲腹不爲目, 故去彼取此.

영·관리의 과정에서 욕망이 생기는 것은 당연하다. 그러나 노자가 요청하는 성인이 그랬듯이, 경영·관리의 과정에서 지도자는 성인을 배워야 한다. 자신의 과도한 욕망을 버릴 줄 알고, 얻은 것에 만족할 줄 아는 지혜를 터득해야 한다.

노자 『도덕경』 46장의 주장이 그것을 잘 설명한다. "지족(知足)을 모르는 것보다 더 큰 재화(災禍)가 없고, 탐욕보다 더 큰 허물이 없다. 그러므로 만족할 줄 알면 항상 풍족하게 된다."[26] 사람들이 겪는 재앙은 항상 자신의 탐욕 때문에 발생한다. 뒤돌아보면, 노자는 이미 『도덕경』 44장에서 '만족'에 대해 언급했다. "이름과 몸 중 어느 것이 더 중요하냐. 나와 재물 중 어느 것이 더 소중하냐. 귀중한 몸과 생명을 얻는 것과 생명을 얻는 것과 세속적인 명성이나 재물을 잃는 것은 어느 쪽이 더 아프냐. 세속적인 명성이나 재물을 심하게 사랑하면 큰 것을 손상한다. 세속적인 명성이나 재물을 많이 쌓아두어도 반드시 귀중한 몸이나 생명 및 재물을 전부 잃게 된다. 고로 지족하면 욕을 보지 않는다. 지지하면 위태롭지 않다. 도를 따라 장구할 수 있다."[27]

이러한 사유에 기초하여 노자는 무위자연(無爲自然)과 무지무욕(無知無欲)상을 주장했다. 인간은 충족되지 못한 욕망에서 벗어난 후에 진정한 자유적 자아와 자연무위의 심경을 되찾아올 수 있다(곽양, 2014: 39-46). 기업의 경영·관리 차원에서도 이러한 사유를 적극적으로 고려할 필요가 있다. 무욕(無欲)에 대한 절제와 실천이 없으면 균형을 잃을 수 있다. 이런 경영·관리 교육정신은 유한양행의 창업자 유일한 회장의 기업가 정신과 경영의 삶에서도 확인할 수 있다.

유일한은 기업의 이익을 세 가지로 쓸 것을 주장했다. 첫째, 기업을 키워 경쟁력을 제고시키고 일자리를 만들어라! 둘째, 정직하게 납세하라! 셋째, 남은 것은 기업을 키워 준 사회에 환원하라! 그는 이런 정신을 초극하여 월급을 일체 받지 않았다. '주식 배당금으로도 사용할 재화가 충분한데, 굳이 월급을 받을 필요가 있느냐?'라고 반문하며 사양했다고 한다(노부호, 2010: 16). 유일한의 기업 경영·관리의 원칙은 노자가 말한 것처럼, 욕심을 버리고 무욕의

---

26) 46: 天下有道, 走馬以糞, 天下無道, 戎馬生於郊. 禍莫大於不知足, 咎莫大於欲得, 故知足之足常足矣.
27) 44: 名與身孰親. 身與貨孰多. 得與亡孰病. 是故甚愛必大費, 多藏必厚亡. 知足不辱, 知止不殆, 可以長久.

상태에 도달하려는 성인의 경지와 닮아 있다. 그의 삶은 일종의 무위자연의 실천이다. 수많은 기업 경영인들이 자녀에서 경영권을 넘겨주기 위해 온갖 불법과 탈법을 저지르는 세상에서, 무욕(無欲)을 실천한 경영·관리 능력은 기업가 교육정신의 표본이 될 수 있다. 노자가 말하는 이상적인 인간으로, 도와 하나가 되어 무위자연의 삶을 살아가는 사람이다.

그런 기업 경영·관리의 정신은 '수행(修行)'을 통해 확보된다. 수행으로 터득한 첫 단계는 도와 하나 되어 도를 즐기는 '낙도(樂道)'로서의 삶이다. 기업이 소유한 모든 재물, 부귀영화, 지위, 권력, 미모, 인기 등이 마침내 무(無)로 돌아가는 상황이다. 그렇다고 이 무(無)가 영업 이익을 남기지 않는다거나 재산을 탕진하여 없앴다는 말은 결코 아니다. 기업 경영관리의 교육정신으로 볼 때, 그러한 사유를 지속해야한다는 의미다. 노자 『도덕경』 35장은 그런 원리를 잘 말해준다. "대상을 지키고 행하면 천하의 사람들이 와서 귀순한다. 와서 귀순해도 해가 되지 않으므로, 즉 평화롭고 태평하다."[28] 이러한 노자의 사상에 기업가의 경영·관리 정신과 교육적 특징이 함축되어 있다.

V. 결어

어떤 차원에서 보면, 노자 『도덕경』은 현실의 문명을 부정하는 듯하다. 그런 만큼 『도덕경』은 현실사회에서 가장 이익에 민감한 기업의 경영·관리나 기업교육의 정신과는 거리가 멀다고 생각할 수도 있다. 하지만 인간의 삶과 세계를 바라보는 관점이나 원리는 기업의 경영·관리 차원에서 심오한 시사점을 던진다.

『도덕경』의 논리에 비추어 볼 때, 경영자의 기업 경영·관리의 원리는 물의 비유에서 찾아진다. 물의 일곱 가지의 속성에서 논의한 사안은 '첫째, 머무는 곳으로는 땅을 훌륭하게 여긴다. 둘째, 마음가짐으로는 연못처럼 깊고 잔잔함을 훌륭하게 여긴다. 셋째, 함께 하는 것으로는 어짊을 훌륭하게 여긴

---

28) 35: 執大象, 天下往, 往而不害, 安平太. 樂與餌, 過客止. 道之出口, 淡乎其無味, 視之不足見, 聽之不足聞, 用之不足旣.

다. 넷째, 말에서는 신용을 훌륭하게 여긴다. 다섯째, 바르게 함에서는 다스려짐을 훌륭하게 여긴다. 여섯째, 일에서는 능수능란함을 훌륭하게 여긴다. 일곱째, 움직임에서는 시기적절함을 훌륭하게 여긴다.'이다. 이는 경영자가 올바른 경영·관리 철학과 교육정신을 형성하는데 중요한 깨달음을 제시한다. 위기관리능력을 비롯하여, 실천능력, 이해를 통한 배려의 자세, 분란에 대한 조정력 등 경영자의 자질에 대한 좋은 모범을 지시한다.

기업의 경영자는 공동체의 지도자로서 기업 구성원들이 일상생활에서 즐거움을 누릴 수 있는 상황을 마련해 주어야 한다. 그것이 일차적 책무성이다. 무엇보다도, 개인의 사리사욕을 위해 불법과 탈세를 자행하는 형태의 경영·관리로 나아가서는 곤란하다. 이는 기업을 사회적 관계에서 바라보는 것이 아니라 개인의 소유로만 판단하고, 기업을 개인이 멋대로 운영하려는 사고와 맞닿아 있다. 그럴 경우, 기업 경영과 관리에서 기업가 자신의 판단을 지나치게 확신하고, 기업 구성원이나 이해관계자들의 관점은 그르다고 보면서 오류를 저지르기 쉽다.

이런 점에서 노자 『도덕경』의 사유는 일침을 가하며, 성찰의 기회를 제공한다. 경영자의 균형 잡힌 시각과 상대의 존재 가치를 인정하는 무위자연과 무욕의 교육정신이 빛을 발휘하는 것이다. 마지막으로 노자 『도덕경』 24장의 외침을 들으며, 기업 경영·관리의 교육적 차원을 되새겨본다.

"발돋움하여 서는 자는 제대로 서 있지 못한다. 너무 크게 대딛는 자는 나아가지 못한다. 스스로 드러내는 자는 밝게 되지 못한다. 스스로 옳다고 여기는 자는 드러나지 못한다. 스스로 자랑하는 자는 공이 없게 된다. 스스로 자만하는 자는 오래가지 못한다. 이런 것이 도의 입장에서 보면 '음식의 찌꺼기'나 '쓸데없는 행동'이다. 사람들이 싫어하는 것이기도 하다. 도를 터득한 기업 경연인은 그렇게 하지 않는다."[29)]

---

29) 24: 企者不立, 跨者不行, 自見者不明, 自是者不彰, 自伐者無功, 自矜者不長. 其在道也, 曰餘食贅行. 物或惡之, 故有道者不處.

부록

『道德經(도덕경)』[1]

번역: 김학목

「道經」: 「도에 관한 경」

제1장

道可道, 非常道, 名可名, 非常名. 無名, 天地之始, 有名, 萬物之母. 故常無欲以觀其妙, 常有欲以觀其徼. 此兩者, 同出而異名, 同謂之玄. 玄之又玄, 衆妙之門.

도를 도라고 하면 항상 그러한 도가 아니고, 이름을 이름으로 부르게 되면 항상된 이름이 아니다. 이름 없음이 천지의 시작이고, 이름 있음이 온갖 것들의 어미이다. 그러므로 항상 하고자 함이 없는 것으로 그 미묘함을 살펴서 헤아리고, 항상 하고자 함이 있는 것으로 그 종결점을 살펴서 헤아린다. 이 두 가지는 나온 곳은 같은데 이름은 다르니, 그것을 함께 아득함이라고 이른다. 아득하고 또 아득함은 온갖 미묘함이 나오는 문이다.

제2장

天下皆知美之爲美, 斯惡已, 皆知善之爲善, 斯不善已. 故有無相生, 難易相成, 長短相較, 高下相傾, 音聲相和, 前後相隨. 是

1) 이 번역은 노자 『도덕경』 원문을 한글로 직역하였고, 간략하게 읽고 이해하기 위한 자료제공 차원이므로, 논란의 여지가 있는 부분의 판본 대조나 글자 풀이를 포함한 주석은 생략하였다.

以聖人處無爲之事, 行不言之教. 萬物作焉而不辭, 生而不有, 爲而不恃, 功成而弗居. 夫唯弗居. 是以不去.

세상 사람들은 모두 아름다운 것이 아름다운 것이 된다고 알고 있는데, '아름다운 것이 아름다운 것이 됨'[斯:美之爲美]은 추한 것 때문일 뿐이고, 모두 선한 것이 선한 것이 된다고 알고 있는데, 선한 것이 선한 것이 됨은 선하지 않은 것 때문일 뿐이다. 그러므로 있음과 없음은 서로를 낳고, 어려움과 쉬움은 서로를 이루어 주며, 길과 짧음은 서로를 비교하고, 높음과 낮음은 서로를 기울게 하며, 곡조[音]와 소리[聲]는 서로를 조화롭게 하고, 앞과 뒤는 서로를 따른다. 이 때문에 성인은 아무것도 함이 없는 일로 처신하고, 어떤 것도 말하지 않는 교화를 행하며, 온갖 것들이 어떤 것을 일으켜도 말하지 않고, 무엇인가 내놓아도 차지하지 않으며, 무엇을 해놔도 의지하지 않고, 공을 이루어도 머물러있게 하지 않는다. 단지 머물러있게 하지 않을 뿐이다. 이 때문에 떠나가지 않는다.

제3장

不尙賢, 使民不爭, 不貴難得之貨, 使民不爲盜, 不見可欲, 使民心不亂. 是以聖人之治, 虛其心, 實其腹, 弱其志, 强其骨, 常使民無知無欲, 使夫智者, 不敢爲也. 爲無爲, 則無不治.

뛰어남을 높여주지 않아 백성들이 다투지 않게 하고, 얻기 힘든 재화를 귀중하게 여기지 않아 백성들이 도둑이 되지 않게 하며, 욕심낼 만한 것을 보여주지 않아 백성들의 마음이 어지럽게 되지 않게 한다. 그러므로 성인의 다스림은 백성들의 마음을 비우게 하고 배를 채워 주며, 뜻을 약하게 하고 뼈대를 강하게 하며, 늘 그들이 알고자 하는 것과 하고자 하는 것이 없도록 하고, 지혜로운 자들이 감히 어떤 것도 시행하지 못하도록 한다. 시행할 일이 없게 해놓으면, 다스려지지 않는 것이 없다.

제4장

道沖而用之, 或不盈, 淵兮, 似萬物之宗. 挫其銳, 解其紛, 和其光, 同其塵, 湛兮, 似或存. 吾不知誰之子, 象帝之先.

날카로움을 꺾어 분란을 풀어 주고, 빛남을 부드럽게 하여 티끌 같은 세속과 함께 하니, 깊으면서 맑아 존재하는 것 같다. 도는 비어 있으면서 작용하고 아무것도 채우지 않을 것 같으니, 깊으면서 고요하여 온갖 것들의 근본인 것 같다. 나는 그것이 누구의 자식인지 모르니, 조물주보다 앞서 있는 듯하다.

제5장

天地不仁, 以萬物爲芻狗. 聖人不仁, 以百姓爲芻狗. 天地之間, 其猶橐籥乎. 虛而不屈, 動而愈出. 多言數窮, 不如守中.

하늘과 땅은 어질지 않아서 온갖 것들을 하찮은 것으로 여긴다. 성인은 어질지 않아서 백성을 하찮은 것으로 여긴다. 천지의 사이는 풀무나 피리와 같겠지! 비어 있는데도 다하지 않고 움직일수록 더욱더 내놓는구나. 말이 많으면 자주 궁하게 되니, 속을 지키고 있는 것만 못하다.

제6장

谷神不死, 是謂玄牝, 玄牝之門, 是謂天地根, 緜緜若存, 用之不勤.

골짜기의 신묘함이 사라지지 않는 것을 아득한 암컷[玄牝]이라고 하고, 아득한 암컷이라는 문을 바로 천지의 근본이라고 하니, 있는 듯 없는 듯 존재하는 것 같은데도 작용함에는 지침이 없다.

제7장

天長地久. 天地所以能長且久者, 以其不自生. 故能長生. 是以聖人後其身而身先, 外其身而身存, 非以其無私邪. 故能成其私.

하늘과 땅은 영원하다. 그런데 그것들이 영원할 수 있는 것은 스스로 아무것도 내놓지 않기 때문이다. 그러므로 영원히 내놓을 수 있다. 이 때문에 성인은 자기 자신을 앞세우지 않는데도 자신이 남보다 앞서게 되고, 자기 자신을 도외시하는데도 자신이 보존되니, 사사로움이 없기 때문이 아니겠는가? 그러므로 자신의 사사로움을 이룰 수 있다.

제8장

上善若水. 水善利萬物而不爭, 處衆人之所惡. 故幾於道. 居善地, 心善淵, 與善仁, 言善信, 正善治, 事善能, 動善時. 夫唯不爭, 故無尤.

최상의 선은 물의 작용과 같다. 물은 온갖 것들을 크게 이롭게 하면서도 다투지 않고, 뭇 사람들이 싫어하는 곳에 머물러 있다. 그러므로 도에 가깝다. 머무는 곳으로는 땅을 훌륭하게 여기고, 마음가짐으로는 연못처럼 깊고 잔잔함을 훌륭하게 여기며, 함께 하는 것으로는 어짊을 훌륭하게 여기고, 말에서는 신용을 훌륭하게 여기며, 바르게 함에서는 다스려짐을 훌륭하게 여기고, 일에서는 능수능란함을 훌륭하게 여기며, 그리고 움직임에서는 시기적절함을 훌륭하게 여긴다. 그런데 단지 다투지 않을 뿐이기 때문에 허물이 없다.

제9장

持而盈之, 不如其已. 揣而銳之, 不可長保. 金玉滿堂, 莫之能守. 富貴而驕, 自遺其咎. 功遂身退, 天之道.

움켜잡고 채우는 것은 그만두는 것만 못하다. 단련해서 날카롭게 한 것은 오래 보존할 수 없다. 금과 옥이 집에 가득한 것은 그 누구도 지킬 수 없다. 부귀한데 교만한 것은 스스로 허물을 남긴다. 일이 완수되었으면 당사자는 물러나는 것이 하늘의 도이다.

제10장

재영백포일 능무리호 전기치유 능영아호 척제현람 능무
載營魄抱一, 能無離乎. 專氣致柔, 能嬰兒乎. 滌除玄覽, 能無
자호 애민치국 능무지호 천문개합 능무자호 명백사달 능
疵乎. 愛民治國, 能無知乎. 天門開闔, 能無雌乎. 明白四達, 能
무위호 생지휵지 생이불유 위이불시 장이부재 시위현덕
無爲乎. 生之畜之, 生而不有, 爲而不恃, 長而不宰, 是謂玄德.

혼백을 싣고 하나로 되게 함을 껴안아 분리되지 않도록 할 수 있는가? 기운을 오로지하고 부드러움을 이루어서 아기처럼 할 수 있는가? 씻어 버리고 아득하게 살펴서 흠이 없게 할 수 있는가? 백성을 사랑하고 나라를 다스리면서 지혜를 사용하지 않을 수 있는가? 하늘의 문이 열리든지 닫히든지 암컷처럼 할 수 있는가? 명백하게 사방으로 통하여 아무것도 시행하지 않을 수 있는가? 낳아 주고 길러 주면서 무엇인가 내놓고도 차지하지 않고, 무엇을 시행해 놓고도 그것에 의지하지 않으며, 장성하게 해놓고도 주관하지 않으니, 이것을 아득한 덕이라고 한다.

제11장

삼십폭공일곡 당기무 유거지용 선치이위기 당기무 유기
三十輻共一轂, 當其無, 有車之用. 埏埴以爲器, 當其無, 有器
지용 착호유이위실 당기무 유실지용 고유지이위리 무지
之用. 鑿戶牖以爲室, 當其無, 有室之用. 故有之以爲利, 無之
이위용
以爲用.

서른 개의 바큇살이 하나의 바퀴통을 둘러싸고 있는데, 바퀴통의 구멍이 있어 수레의 효용이 있는 것이다. 진흙을 빚어서 그릇을 만드는데, 그릇 속의 공간이 있어 그릇의 효용이 있는 것이다. 창과 문을 뚫어서 방을 만드는데, 방안의 빈곳이 있어 방의 효용이 있는 것이다. 그러므로 공간을 차지한 것 그것으로 이로움 삼고, 빈 공간 그것으로 효용을 삼는다.

제12장

五色令人目盲, 五音令人耳聾, 五味令人口爽. 馳騁畋獵, 令人心發狂, 難得之貨, 令人行妨. 是以聖人爲腹不爲目. 故去彼取此.

화려한 색깔은 사람의 눈을 멀게 하고, 아름다운 음악은 사람의 귀를 어둡게 하며, 맛있는 음식은 사람의 입맛을 해친다. 말을 타고 사냥하는 것은 사람의 마음을 미치게 하고, 얻기 어려운 재물은 사람들이 제 갈 길을 가지 못하게 한다. 이 때문에 성인은 배를 위하고, 눈을 위해주지 않는다. 그러므로 저것을 버리고 이것을 취한다.

제13장

寵辱若驚, 貴大患若身. 何謂寵辱若驚. 寵爲下, 得之若驚, 失之若驚. 是謂寵辱若驚. 何謂貴大患若身. 吾所以有大患者, 爲吾有身. 及吾無身, 吾有何患. 故貴以身爲天下. 若可寄天下. 愛以身爲天下. 若可託天下.

총애를 얻거나 모멸을 당했을 때 놀란 것처럼 하고, 큰 걱정거리를 몸처럼 귀하게 여긴다. 총애를 얻거나 모멸을 당했을 때 놀란 것처럼 한다는 말은 무슨 의미인가? 총애를 얻는 것은 신하가 되는 것이니, 총애를 얻어도 놀란 것처럼 하고 잃어도 놀란 것처럼 한다. 이것이 총애를 얻거나 모멸을 당했을 때 놀란 것처럼 한다는 의미이다. 큰 걱정거리를 몸처럼 귀하게 여긴다는 말은 무슨 의미인가? 자신에게 큰 걱정거리가 있는 것은 자신의 몸이 있기 때문이다. 자신에게 몸이 없다면, 무슨 걱정거리가 있겠는가! 그러므로 몸으로 천하를 삼는 것이 귀중하다. 이처럼 되어야 천하를 맡길 수 있다. 몸으로 천하를 삼는 것이 소중하다. 이처럼 되어야 천하를 위탁할 수 있다.

제14장

視之不見, 名曰夷, 聽之不聞, 名曰希, 搏之不得, 名曰微. 此三者, 不可致詰, 故混而爲一. 其上不皦, 其下不昧, 繩繩不可名, 復歸於無物. 是謂無狀之狀, 無物之象, 是謂惚恍. 迎之不見其首, 隨之不見其後. 執古之道, 以御今之有, 能知古始. 是謂道紀.

보아도 보이지 않는 것을 평이한 것이라고 이름 붙이고, 들어도 들리지 않는 것을 희미한 것이라고 이름 붙이며, 잡으려고 해도 느껴지지 않는 것을 은미한 것이라고 이름 붙인다. 이 세 가지는 더 이상 어떻게 따져볼 수 없기 때문에 뒤섞어서 하나로 되게 함으로 여긴다. 그 위로는 분명하지도 않고 그 아래로는 모호하지도 않는 것이 끊임없이 이어져 무엇이라고 이름 붙일 수 없으면서 사물 없음으로 되돌린다. 이것을 형체 없는 모양, 사물 없는 형상이라고 하며, 이것을 황홀한 것이라고 한다. 그것을 맞이해도 그 머리를 볼 수 없고, 그것을 뒤따라가도 그 꼬리를 볼 수 없다. 옛날의 도를 가지고서 오늘날의 있음을 다스리면, 태초의 시작을 알 수 있다. 이것을 '도의 단서'라고 한다.

제15장

古之善爲士者, 微妙玄通, 深不可識. 夫唯不可識, 故强爲之容. 豫焉若冬涉川, 猶兮若畏四鄰, 儼兮其若容, 渙兮若氷之將釋, 敦兮其若樸, 曠兮其若谷, 混兮其若濁. 孰能濁以靜之徐淸. 孰能安以久動之徐生. 保此道者, 不欲盈. 夫唯不盈, 故能蔽, 不新成.

옛날의 훌륭한 학자는 미묘함에 아득하게 통달하여서 깊이를 알 수 없었다. 오직 깊이를 알 수 없었기 때문에 할 수 없이 다음처럼 형용한다. 겨울에 개울을 건너려는 것처럼 망설이고, 사방을 두려워하는 것처럼 주저하며, 모든 것을 받아들일 것처럼 공손하고, 눈 녹는 것처럼 풀어지며, 통나무처럼 투박하고, 골짜기처럼 휑하며, 흐린 물처럼 혼탁하다. 누가 혼탁함 그것으로 안정시켜서 서서히 맑아지게 할 수 있겠는가? 누가 편안함 그것으로 오랫동안 움직이면서 서서히 새로운 무엇을 내놓을 수 있겠는가? 이 도를 보전하는 자는 채우려고 하지 않는다. 단지 채우지 않기 때문에 감쌀 수 있고 아무것도 새롭게 만들지 않는다.

제16장

致虛極, 守靜篤. 萬物並作, 吾以觀復. 夫物芸芸, 各復歸其根. 歸根曰靜, 是謂復命. 復命曰常, 知常曰明. 不知常, 妄作凶. 知常容, 容乃公, 公乃王, 王乃天, 天乃道, 道乃久, 沒身不殆.

비어 있음을 이루는 것이 궁극이고, 고요함을 지키는 것이 돈실함이다. 온갖 것들이 다 함께 흥기할 때에 나는 비어 있음과 고요함으로 온갖 것들이 되돌아가는 것을 살펴 헤아린다. 사물들이 무성하지만 제각기 원래의 뿌리로 되돌아간다. 뿌리로 되돌아가는 것을 고요함이라고 하니, 이것이 천명을 회복함이다. 천명을 회복하는 것을 영원함이라고 하고, 영원함을 아는 것을 밝음이라고 한다. 영원함을 알지 못하면 함부로 움직여서 흉하게 된다. 영원함을 알면 포용하고, 포용하면 이에 공평해지며, 공평하면 이에 왕이 되고, 왕이 되면 이에 하늘처럼 되며, 하늘처럼 되면 이에 도를 체득하게 되고, 도를 체득하면 이에 오래도록 지속되니, 죽을 때까지 위태롭지 않다.

제17장

太上, 下知有之. 其次, 親而譽之. 其次, 畏之. 其次, 侮之. 信不足焉, 有不信焉. 悠兮其貴言, 功成事遂, 百姓皆謂我自然.

최상의 통치자는 아랫사람들이 그가 있다는 것은 안다. 그 다음 단계의 통치자는 가깝게 여기고 기린다. 그 다음 단계의 통치자는 두렵게 여긴다. 그 다음 단계의 통치자는 모멸한다. 신의가 부족하니 여기에서 불신이 생긴다. 느긋하게 아무 말도 하지 않고 있으니, 공과 일이 완수되어도 백성들은 모두 "내가 저절로 그렇게 되었다."고 한다.

제18장

대도폐 유인의 혜지출 유대위 육친불화 유효자 국가혼
大道廢, 有仁義, 慧智出, 有大僞. 六親不和, 有孝慈, 國家昏
란 유충신
亂, 有忠臣.

위대한 도가 없어지자 어짊과 의로움이 있게 되었고, 지혜가 나오자 커다란 속임수가 있게 되었다. 육친이 화합하지 못하자 효성스러운 자식과 자애로운 부모가 나왔고, 국가가 혼란스러워지자 충신이 나왔다.

제19장

절성기지 민리백배 절인기의 민복효자 절교기리 도적무
絶聖棄智, 民利百倍, 絶仁棄義, 民復孝慈, 絶巧棄利, 盜賊無
유 차삼자이위문부족 고령유소속 견소포박 소사과욕
有. 此三者以爲文不足, 故令有所屬, 見素抱樸, 少私寡欲.

성스러움을 끊고 지혜로움을 버리면 백성들의 이익이 백배로 되고, 어짊을 끊고 의로움을 버리면 백성들이 효성과 자애를 회복하며, 교묘함을 끊고 이로움을 버리면 도적이 없어진다. 그런데 이 세 가지로는 표현이 충분하지 못하기 때문에 따를 것을 두어 소박함을 알고 유지하며, 사사로움을 줄이고 무엇인가 하고자 하는 마음을 적게 하도록 한다.

제20장

절학무우 유지여아 상거기하 선지여악 상거약하 인지소
絶學無憂. 唯之與阿, 相去幾何, 善之與惡, 相去若何. 人之所
외 불가불외 황혜기미앙재 중인희희 여향태뢰 여춘등대
畏, 不可不畏. 荒兮其未央哉. 衆人熙熙, 如享太牢, 如春登臺.
아독박혜기미조 여영아지미해 래래혜약무소귀 중인개유여
我獨泊兮其未兆, 如嬰兒之未孩. 儽儽兮若無所歸. 衆人皆有餘,
이아독약유 아우인지심야재 돈돈혜 속인소소 아독혼혼
而我獨若遺. 我愚人之心也哉. 沌沌兮. 俗人昭昭, 我獨昏昏,

俗人察察, 我獨悶悶. 澹兮其若海, 飂兮若無之. 衆人皆有以, 而我獨頑似鄙. 我獨異於人, 而貴食母.

배움을 끊으면 근심이 없다. 공손히 대답하는 것과 대충 대답하는 것의 차이는 얼마나 되겠으며, 좋은 것과 나쁜 것의 차이는 얼마나 되겠는가? 남들이 두려워하는 것을 두려워하지 않아서는 안 된다. 망망함이 다함이 없구나! 마치 대성찬을 벌여놓고 향연을 열 때처럼 봄날에 누대에 올라갔을 때처럼, 뭇 사람들은 즐거워한다. 나는 홀로 담박하게 아무런 조짐도 드러내지 않고 있으니, 웃을 줄도 모르는 갓난아이 같다. 고달픈 것이 돌아갈 곳이 없는 듯하다. 뭇사람들은 모두 넉넉한데 나만 홀로 무엇인가 잃어버린 듯하다. 내 마음은 어리석은 사람의 마음이로구나! 혼돈스럽구나! 속인들은 초롱초롱한데 나만 어수룩하고, 세속 사람들은 똑똑한데 나만 흐리멍덩하다. 고요함이 마치 바다 같으면서도, 세찬 바람이 몰아치듯이 머물 곳이 없는 것 같구나! 뭇사람들은 모두 쓸모가 있는데 나 홀로 우둔하고 촌스럽다. 나만 홀로 남들과 다르게 유모를 귀하게 여긴다.

제21장

孔德之容, 惟道是從. 道之爲物, 惟恍惟惚. 惚兮恍兮, 其中有象, 恍兮惚兮, 其中有物. 窈兮冥兮, 其中有精. 其精甚眞, 其中有信. 自古及今, 其名不去, 以閱衆甫.吾何以知衆甫之狀哉. 以此.

골짜기 같은 덕을 받아들여야만 도를 따를 수 있다. 도라는 것은 황홀하고 황홀할 뿐이다. 황홀하고 황홀하니 그 속에 형상이 있고, 황홀하고 황홀하니 그 속에 사물이 있다. 까마득하고 어슴푸레하니, 그 가운데 정수가 있다. 그 정수는 아주 참되니, 그 가운데 믿음이 있다. 예로부터 지금까지 그 이름이 없어지지 않았으니, 그것으로 모든 시작을 살핀다. 나는 무엇으로 온갖 것들의 처음 상태를 알았겠는가? 이것으로 알았다.

제22장

曲則全, 枉則直, 窪則盈, 敝則新, 少則得, 多則惑. 是以聖人抱一爲天下式. 不自見, 故明, 不自是, 故彰, 不自伐, 故有功, 不自矜, 故長. 夫唯不爭, 故天下莫能與之爭. 古之所謂曲則全者, 豈虛言哉. 誠全而歸之.

굽히면 온전해지고, 구부리면 곧아지며, 퍼내면 채워지고, 낡게 하면 새로워지며, 적게 하면 얻고, 많게 하면 미혹된다. 그러니 바로 성인은 하나로 되게 함을 품고 있으므로 천하의 본보기가 되는 것이다. 스스로 드러내지 않으므로 밝고, 스스로 옳다고 여기지 않으므로 드러나며, 스스로 자랑하지 않으므로 공을 소유하고, 스스로 자만하지 않으므로 오래간다. 오직 다투지 않기 때문에 천하에서 누구도 그와 다툴 수 없다. 옛날의 이른바 굽히면 온전해진다는 것이 어찌 빈말이겠는가? 진실로 온전해져서 복귀하게 된다.

제23장

希言自然. 故飄風不終朝, 驟雨不終日. 孰爲此者. 天地. 天地尙不能久, 而況於人乎. 故從事於道者. 道者同於道, 德者同於德, 失者同於失. 同於道者, 道亦樂得之, 同於德者, 德亦樂得之, 同於失者, 失亦樂得之. 信不足焉, 有不信焉.

말이 적은 것이 저절로 그렇게 됨이다. 그러므로 거센 바람은 아침 내내 불지 않고, 소나기는 하루 종일 퍼붓지 않는다. 누가 이렇게 하는가? 하늘과 땅이다. 하늘과 땅마저도 오래 할 수 없는데 더욱이 사람에게서야 말해 무엇 하겠는가? 그러므로 도에 종사하는 것이다. 그러니 도를 터득한 자는 도와 하나가 되고, 덕을 터득한 자는 덕과 하나가 되며, 잊음을 터득한 자는 잊음과 하나가 된다. 도와 함께 하는 자는 도 또한 즐겨 그를 따르고, 덕과 함께 하는 자는 덕 또한 즐겨 그를 따르고, 잊음과 함께 하는 자는 잊음 또한 즐겨 그를 따른다. 신의가 부족하니 여기에서 불신이 생긴다.

제24장

기 자 불 립 과 자 불 행 자 견 자 불 명 자 시 자 불 창 자 벌 자 무 공
企者不立，跨者不行，自見者不明，自是者不彰，自伐者無功，
자 긍 자 부 장 기 재 도 야 왈 여 식 췌 행 물 혹 오 지 고 유 도 자 불 처
自矜者不長. 其在道也，曰餘食贅行，物或惡之，故有道者不處.

까치발로 서있는 자는 제대로 서 있지 못하고, 너무 크게 내딛는 자는 나아가지 못하고, 스스로 드러내는 자는 밝게 되지 못하며, 스스로 옳다고 여기는 자는 드러나지 못하고, 스스로 자랑하는 자는 공이 없게 되며, 스스로 자만하는 자는 오래가지 못한다. 이런 것이 도의 입장에서는 음식 찌꺼기나 쓸데없는 행동이고, 사람들이 싫어하기도 하기 때문에 도를 터득한 자는 그렇게 하지 않는다.

제25장

유 물 혼 성 선 천 지 생 적 혜 요 혜 독 립 불 개 주 행 이 불 태 가 이
有物混成，先天地生. 寂兮寥兮，獨立不改，周行而不殆，可以
위 천 하 모 오 부 지 기 명 자 지 왈 도 강 위 지 명 왈 대 대 왈 서 서
爲天下母. 吾不知其名，字之曰道，强爲之名曰大. 大曰逝，逝
왈 원 원 왈 반 고 도 대 천 대 지 대 왕 역 대 역 중 유 사 대 이 왕
曰遠，遠曰反. 故道大，天大，地大，王亦大，域中有四大，而王
거 기 일 언 인 법 지 지 법 천 천 법 도 도 법 자 연
居其一焉. 人法之，地法天，天法道，道法自然.

뒤섞여 이루어진 것이 있는데, 천지가 나온 것보다 앞서 있다. 적막하고 쓸쓸하게 홀로 있으면서도 바꾸지 않고, 두루 운행하면서도 위태롭지 않아 천하의 어미가 될 수 있다. 나는 그것의 이름을 알지 못하여 그것에 도라고 별명을 붙이고, 억지로 '크다'고 이름 붙였다. 크다는 것은 떠난다는 것을 말하고, 떠난다는 것은 멀어진다는 것을 말하며, 멀어진다는 것은 되돌아온다는 것을 말한다. 그러므로 도가 크고 하늘이 크며 땅이 큰데 왕도 크니, 우주에는 네 개의 큰 것이 있는데, 왕이 그것들 가운데에서 하나를 차지하고 있는 것이다. 사람은 땅을 본받고, 땅은 하늘을 본받으며, 하늘은 도를 본받고, 그리고 도는 저절로 그렇게 됨을 본받는다.

제26장

重爲輕根, 靜爲躁君. 是以聖人終日行, 不離輜重, 雖有榮觀, 燕處超然. 奈何萬乘之主, 而以身輕天下. 輕則失本, 躁則失君.

무거운 것은 가벼운 것의 뿌리가 되고, 고요한 것은 조급한 것의 주재자가 된다. 이 때문에 성인은 종일 길을 가도 짐을 실은 수레를 떠나지 않으며, 화려한 경관이 있더라도 한가로이 있으면서 초연하다. 무엇 때문에 만승을 가진 천자의 지위에 있으면서 자신을 천하보다 가볍게 여기겠는가? 가볍게 여긴다면 근본을 잃게 되고, 조급하게 굴면 주재함을 잃게 된다.

제27장

善行, 無轍迹, 善言, 無瑕謫, 善數, 不用籌策, 善閉, 無關楗而不可開, 善結, 無繩約而不可解. 是以聖人常善救人, 故無棄人, 常善救物, 故無棄物, 是謂襲明. 故善人者, 不善人之師, 不善人者, 善人之資. 不貴其師, 不愛其資, 雖智大迷. 是謂要妙.

길을 제대로 가면 흔적이 없고, 말을 훌륭하게 하면 흠이 없으며, 셈에 능수능란하면 계산기를 쓰지 않고, 제대로 닫아 놓으면 빗장으로 잠그지 않아도 열 수 없으며, 제대로 묶어 놓으면 노끈으로 묶어놓지 않아도 풀 수 없다. 이 때문에 성인은 사람을 언제나 잘 구제하므로 사람을 버리는 일이 없고, 사물을 언제나 잘 구제하므로 사물을 버리는 일이 없으니, 이것을 큰 도를 계승해서 밝히는 것이라고 한다. 그러므로 훌륭한 사람은 그렇지 못한 자의 스승이고, 훌륭하지 못한 자는 훌륭한 사람이 바탕이다. 그러나 그 스승을 존귀하게 보지 않고 그 취할 대상을 사랑하지 않으니, 지혜로운 자일지라도 크게 헷갈린다. 이것이 중요하고 오묘한 것이다.

제28장

知其雄, 守其雌, 爲天下谿. 爲天下谿, 常德不離, 復歸於嬰兒.

知其白(지기백), 守其黑(수기흑), 爲天下式(위천하식). 爲天下式(위천하식), 常德不忒(상덕불특), 復歸於無極(복귀어무극). 知其榮(지기영), 守其辱(수기욕), 爲天下谷(위천하곡). 爲天下谷(위천하곡), 常德乃足(상덕내족), 復歸於樸(복귀어박). 樸散(박산), 則爲器(즉위기), 聖人用之(성인용지), 則爲官長(즉위관장). 故大制不割(고대제불할).

수컷을 알면서도 암컷을 보존하니, 천하의 골짜기가 된다. 천하의 골짜기가 되니, 영원한 덕이 떠나지 않아서 어린 아이의 상태로 되돌아간다. 옳음을 알면서도 그름을 보존하니, 천하의 본보기가 된다. 천하의 본보기가 되니, 영원한 덕에 어긋나지 않아서 끝이 없음으로 되돌아간다. 영화를 알면서도 욕된 처지를 지키니, 천하의 골짜기가 된다. 천하의 골짜기가 되니, 영원한 덕이 이에 넉넉해져 질박함으로 되돌아간다. 질박함이 분산되면 용기가 되니, 성인이 이 때문에 장관을 둔다. 그러므로 위대한 다스림은 나누지 않는다.

제29장

將欲取天下而爲之(장욕취천하이위지), 吾見其不得已(오견기불득이). 天下神器(천하신기), 不可爲也(불가위야). 爲者敗之(위자패지), 執者失之(집자실지). 故物或行或隨(고물혹행혹수), 或歔或吹(혹허혹취), 或强或羸(혹강혹리), 或挫或隳(혹좌혹휴). 是以聖人去甚去奢去泰(시이성인거심거사거태).

천하를 취하려고 무엇인가 시행하지만, 나는 어떻게 할 수 없다는 것을 안다. 천하는 신비한 것이어서 시행해서는 안 된다. 시행하는 사람은 그르치게 되고, 붙잡는 사람은 놓치게 된다. 그러므로 사물은 때로는 나아가기도 하고 뒤따르기도 하며, 때로는 입을 벌려 숨을 내쉬면서 입김으로 따뜻하게 하기도 하고 급히 내쉬어 식히기도 하며, 때로는 강하기도 하고 핼쑥하기도 하며, 때로는 부러지기도 하고 깨지기도 한다. 이 때문에 성인은 극심한 것을 없애고 사치한 것을 없애고 지나친 것을 없앤다.

제30장

以道佐人主者(이도좌인주자), 不以兵强天下(불이병강천하), 其事好還(기사호환). 師之所處(사지소처), 荊棘生焉(형극생언), 大軍之後(대군지후), 必有凶年(필유흉년), 善有果而已(선유과이이), 不敢以取强(불감이취강). 果而勿矜(과이물긍), 果(과)

而勿伐，果而勿驕．果而不得已，果而勿强．物壯則老，是謂不道．不道早已．

도로 임금을 보좌하는 사람은 무력으로 천하에서 강자 노릇 하지 않고, 하는 일은 되돌리기를 좋아한다. 군대가 주둔한 곳에는 잡초가 자라나고 많은 군대가 지나간 뒤에는 반드시 흉년이 드니, 훌륭하게 이루기만 할 뿐 감히 강자가 되려고 하지 않는다. 이룰지라도 자만하지 말고, 이룰지라도 자랑하지 말며, 이룰지라도 교만하지 말라. 이루었을지라도 어떻게 할 수 없으니, 이루었을지라도 강자 노릇하지는 말라. 사물이 굳세어지면 노쇠하게 되는 것, 이것을 도답지 않은 것이라고 한다. 도답지 않은 것은 일찍 끝난다.

제31장

夫佳兵者，不祥之器，物或惡之，故有道者不處．君子居則貴左，用兵則貴右．兵者，不祥之器，非君子之器，不得已而用之，恬淡爲上，勝而不美．而美之者，是樂殺人．夫樂殺人者，則不可得以志於天下矣．吉事尙左，凶事尙右，偏將軍居左，上將軍居右，言以喪禮處之．殺人之衆，以哀悲泣之，戰勝，以喪禮處之．

훌륭한 군대는 상서롭지 못한 기구로 사람들 중에는 싫어하기도 하기 때문에 도를 터득한 사람은 자처하지 않는다. 군자는 평소에는 왼쪽을 귀하게 여기고 군대를 부릴 때는 오른쪽을 귀하게 여긴다. 군대란 상서롭지 못한 기구로 군자의 기구가 아니니, 어떻게 할 수 없어 그것을 사용할지라도 깨끗한 마음을 최상으로 여기고 승리해도 불미스럽게 여긴다. 그런데 승리를 아름답게 여기는 사람은 바로 사람 죽이기를 즐기는 사람이다. 사람 죽이기를 즐기는 사람이라면 천하에서 자신의 뜻을 이루지 못할 것이다. 길한 일에는 왼쪽을 숭상하고, 흉한 일에는 오른쪽을 숭상하니, 편장군이 왼쪽에 자리 잡고 상장군이 오른쪽에 자리 잡는 것은 상례로 전쟁에 대처함을 말한다. 죽인 사람이 많으면 슬픈 심정으로 읍을 하고, 전쟁에 이기더라도 상례로 처리한다.

제32장

도상무명 박수소 천하막능신야 후왕약능수지 만물장자빈
道常無名. 樸雖小, 天下莫能臣也. 侯王若能守之, 萬物將自賓.
천지상합 이강감로 민막지령이자균 시제유명 명역기유
天地相合, 以降甘露, 民莫之令而自均. 始制有名. 名亦旣有,
부역장지지 지지 가이불태 비도지재천하 유천곡지어강해
夫亦將知止, 知止, 可以不殆. 譬道之在天下, 猶川谷之於江海.

도는 항상 이름이 없다. 질박함은 비록 보잘 것 없지만, 천하에서 아무도 그것을 신하로 삼을 수 없다. 제후가 만약 그것을 보존할 수 있으면, 온갖 것들이 저절로 복종할 것이다. 하늘과 땅이 서로 결합하면 그 때문에 단 이슬이 내리고, 백성들은 아무도 명령하지 않아도 저절로 반듯해진다. 처음으로 제정할 때에 이름을 둔다. 이름까지 이미 두었다면 그칠 줄도 알아야 될 것이고, 그칠 줄 안다면 위태롭게 되지 않을 것이다. 비유하자면 도가 천하에 있는 것은 개천과 골짜기의 물이 강과 바다로 흘러들어가는 것과 같다.

제33장

지인자지 자지자명 승인자유력 자승자강 지족자부 강행
知人者智, 自知者明. 勝人者有力, 自勝者强. 知足者富, 强行
자유지 부실기소자구 사이불망자수
者有志. 不失其所者久, 死而不亡者壽.

남을 아는 자는 지혜롭지만, 자기 자신을 아는 자는 밝다. 남을 이기는 자는 힘이 있지만, 자기 자신을 이기는 자는 강하다. 알아서 만족하는 자는 여유가 있고, 굳건해서 행하는 자는 뜻을 두었다, 자신이 있을 곳을 잃지 않는 자는 장구하고, 죽더라도 망하지 않는 자는 천수를 누린다.

제34장

대도범혜 기가좌우 만물시지이생이불사 공성불명유 의양
大道氾兮, 其可左右. 萬物恃之而生而不辭, 功成不名有, 衣養
만물이불위주 상무욕 가명어소 만물귀언 이불위주 가명
萬物而不爲主, 常無欲, 可名於小. 萬物歸焉, 而不爲主, 可名
위대 이기종부자위대 고능성기대
爲大. 以其終不自爲大, 故能成其大.

커다란 도가 콸콸 넘쳐 좌우로 어디든지 갈 수 있다. 온갖 것들이 도에 의지해서 생겨나도 말하지 않고, 공이 이루어져도 소유하겠다고 명분을 내세우지 않으며, 온갖 것들을 입혀 주고 길러 주어도 주인노릇 하지 않고, 늘 아무것도 하고자 하는 것이 없으니, 하찮은 것이라고 이름 붙여야 한다. 온갖 것들이 도로 귀의해도 주인노릇 하지 않으니 위대한 것이라고 이름 붙여야 한다. 도는 끝내 스스로 큰일을 하지 않기 때문에 큰일을 이룰 수 있다.

제35장

집대상 천하왕 왕이불해 안평태 악여이 과객지 도지출
執大象，天下往．往而不害，安平太．樂與餌，過客止．道之出
구 담호기무미 시지부족견 청지부족문 용지부족기
口，淡乎其無味，視之不足見，聽之不足聞，用之不足旣．

위대한 상을 지킨다면 천하가 제 갈 길을 간다. 제 갈 길을 가면서 피해를 주지 않아 편안하고 평화롭고 태평하다. 음악과 음식은 나그네를 머무르게 한다. 말로 표현된 도는 밍밍하게 아무 맛이 없어 보아도 눈에 띄게 들어오지 않고 들어도 귀에 솔깃하게 들리지 않는데, 아무리 사용해도 고갈되지 않는다.

제36장

장욕흡지 필고장지 장욕약지 필고강지 장욕폐지 필고흥
將欲歙之，必固張之，將欲弱之，必固强之，將欲廢之，必固興
지 장욕탈지 필고여지 시위미명 유약승강강 어불가탈어
之，將欲奪之，必固與之．是謂微明．柔弱勝剛强．魚不可脫於
연 국지리기 불가이시인
淵，國之利器，不可以示人．

거두어들이고자 한다면 반드시 먼저 베풀어주어야 하고, 약하게 하고자 한다면 반드시 먼저 강하게 해주어야 하며, 망하게 하고자 한다면 반드시 먼저 북돋워 주어야 하고, 빼앗고자 한다면 반드시 먼저 주어야 한다. 이것이 보이지 않는 밝음이다. 부드럽고 약한 것이 굳세고 강한 것을 이긴다. 물고기는 연못을 벗어나서는 안 되고, 나라의 이로운 기구는 사람들에게 보이게 해서는 안 된다.

제37장

도상무위 이무불위 후왕약능수지 만물장자화 화이욕작
道常無爲，而無不爲．侯王若能守之，萬物將自化．化而欲作，

吾將鎭之以無名之樸, 無名之樸, 夫亦將無欲. 不欲以靜, 天下將自定.

도는 항상 아무것도 시행함이 없지만, 시행하지 않는 것이 없다. 제후가 그것을 지킬 수 있다면, 온갖 것들이 저절로 교화될 것이다. 교화된다고 일으키려고 한다면, 나는 이름 없는 소박함으로 그것을 진압할 것이나, 이름 없는 소박함, 그것마저도 하고자 함을 없애겠다. 하고자 하지 않음으로써 그대로 놔두면, 천하가 저절로 안정될 것이다.

「德經」: 「덕에 관한 경」

제38장

上德不德, 是以有德. 下德不失德, 是以無德. 上德無爲而無以爲. 下德爲之而有以爲. 上仁爲之而無以爲. 上義爲之而有以爲. 上禮爲之而莫之應, 則攘臂而扔之. 故失道而後德, 失德而後仁, 失仁而後義, 失義而後禮. 夫禮者, 忠信之薄, 而亂之首. 前識者, 道之華, 而愚之始. 是以大丈夫處其厚, 不居其薄, 處其實, 不居其華. 故去彼取此.

최상의 덕은 덕을 덕으로 여기지 않으니, 이 때문에 덕이 있다. 하급의 덕은 덕을 잃지 않으려고 하니, 이 때문에 덕이 없다. 최상의 덕은 아무것도 시행함이 없는데, 그것을 염두에 두지 않고 한다. 하급의 덕은 덕을 시행하는데 그것을 염두에 두고 한다. 최상의 어짊은 어짊을 시행하는데 그것을 염두에 두지 않고 한다. 최상의 의로움은 의로움을 시행하는데, 그것을 염두에 두고 한다. 최상의 예는 예를 행하는데, 아무도 응하지 않으면 소매를 걷어붙이고 사람들에게 강요한다. 그러므로 도를 상실한 이후에 덕이 있게 되는 것이고, 덕을 상실한 이후에 어짊이 있게 되는 것이며, 어짊을 상실한 이후에 의로움이 있게 되는 것이고, 의로움을 상실한 이후에 예가 있게 되는 것이다. 예란 참된 마음과 신의가 갈 데까지 간 것이며 혼란의 시작이다. 먼저 아는 것이 도의 화려함이지만 어리석음의 시작이다. 이 때문에 대장부는 두터운 것에 거주하고 야박한 것에 거주하지 않고, 열매에 거처하고 꽃봉오리에 거처하지 않는다. 그러므로 저것을 버리고 이것을 취한다.

제39장

昔之得一者. 天得一以清, 地得一以寧, 神得一以靈, 谷得一以盈, 萬物得一以生, 侯王得一以爲天下貞, 其致之. 天無以清,將恐裂, 地無以寧, 將恐發, 神無以靈, 將恐歇, 谷無以盈, 將恐竭, 萬物無以生, 將恐滅, 侯王無以貴高, 將恐蹶. 故貴以賤爲本, 高以下爲基. 是以侯王自謂孤寡不穀, 此非以賤爲本耶. 非乎. 故致數輿無輿, 不欲琭琭如玉, 珞珞如石.

옛날에 하나로 되게 함을 얻은 것들. 하늘은 하나로 되게 함을 얻어 맑고, 땅은 하나로 되게 함을 얻어 편안하며, 정신은 하나로 되게 함을 얻어 신령스럽고, 계곡이 하나로 되게 함을 얻어 채우며, 온갖 것들은 하나로 되게 함을 얻어 나오고, 제후는 하나로 되게 함을 얻어 천하의 곧음이 되니, 하나로 되게 함이 저런 것들을 이룬 것이다. 하늘이 그렇게 하는 것으로 맑게 되지 않으면 찢어질까 염려되고, 땅이 그렇게 하는 것으로 편안하지 않으면 갈라질까 염려되며, 정신이 그렇게 하는 것으로 신령하게 되지 않으면 소진될까 염려되고, 계곡이 그렇게 하는 것으로 채우지 않으면 고갈될까 염려되며, 온갖 것들이 그렇게 하는 것으로 나오지 않으면 소멸될까 염려되고, 제후가 그렇게 하는 것으로 고귀하지 않으면 넘어질까 염려된다. 그러므로 귀한 것은 천한 것을 근본으로 하고, 높은 것은 낮은 것을 기초로 한다. 이 때문에 제후가 스스로 고아가 된 자, 덕이 적은 자, 선하지 않은 자라고 했으니, 이것은 천한 것으로 근본을 삼은 것이 아닌가? 그렇지 않다는 말인가? 그러므로 자주 존경받는 명예를 이룰지라도 명예로 여김이 없으니, 옥처럼 적게 되려고 하지 않고, 돌처럼 많게 되려고 하지 않는다.

제40장

反者, 道之動. 弱者, 道之用. 天下萬物生於有, 有生於無.

되돌아가게 하는 것이 도의 움직임이다. 유약한 것이 도의 작용이다. 천하 온갖 것들은 있음에서 나오고, 있음은 없음에서 나온다.

제41장

上士聞道, 勤而行之. 中士聞道, 若存若亡. 下士聞道, 大笑之. 不笑不足以爲道. 故建言有之. 明道若昧, 進道若退, 夷道若纇, 上德若谷, 大白若辱, 廣德若不足, 建德若偸, 質眞若渝, 大方無隅, 大器晩成, 大音希聲, 大象無形. 道隱無名, 夫唯道, 善貸且成.

최상의 선비가 도에 대해 들으면 부지런히 행한다. 중간 수준의 선비가 도에 대해 들으면 보존하는 것 같기도 하고 잃어버리는 것 같기도 하다. 수준이 낮은 선비가 도에 대해 들으면 크게 비웃는다. 그러니 비웃음을 당할 정도가 아니라면 도라고 할 수 없다. 그러므로 전하는 말에 다음과 같은 것들이 있다. 밝은 도는 어두운 듯하고, 나아가는 도는 물러나는 듯하며, 평탄한 도는 우묵한 듯하고, 최상의 덕은 골짜기와 같으며, 아주 결백함은 욕된 듯하고, 광대한 덕은 부족한 듯하며, 굳건한 덕은 구차한 듯하고, 질박하고 참됨은 이랬다저랬다 하는 듯하며, 큰 모는 모가 없고, 큰 그릇은 늦게 완성되며, 큰 소리는 들리지 않고, 큰 형상은 형체가 없다. 도는 숨어 있어서 이름이 없지만, 오직 도만이 잘 빌려주고 또 잘 완성한다.

제42장

道生一, 一生二, 二生三, 三生萬物. 萬物負陰而抱陽, 沖氣以爲和. 人之所惡, 唯孤寡不穀, 而王公以爲稱. 故物或損之而益, 或益之而損. 人之所敎, 我亦敎之. 强梁者, 不得其死, 吾將以爲敎父.

도에서 하나로 되게 함이 나오고, 하나로 되게 함에서 둘로 되게 함이 나오며, 둘로 되게 함에서 셋으로 되게 함이 나오고, 셋으로 되게 함에서 온갖 것들이 나온다. 온갖 것들은 음을 등에 지고 양을 가슴에 안고 있으니 기운을 비움으로써 조화를 이룬다. 사람들이 싫어하는 것은 오직 고아가 되는 것, 덕이 적은 것, 선하지 않은 것일 뿐인데 제후는 그것을 칭호로 삼는다. 그러므로 사물은 덜어내면 보태지고, 보태면 덜어진다. 남들이 가르치는 것은 나도 가르친다. 강포한 자는 제 명에 죽지 못하니, 나는 그들을 가르침의 아버지로 삼을 것이다.

제43장

天下之至柔, 馳騁天下之至堅, 無有入無間. 吾是以知無爲之有益. 不言之教, 無爲之益, 天下希及之.

세상에서 지극히 부드러운 것이 지극히 딱딱한 것을 파고 들어가고, 아무것도 없음이 틈이 없는 사이로 들어간다. 나는 이 때문에 아무것도 시행함이 없음이 유익하다는 것을 안다. 말하지 않으면서 교화시키고, 아무것도 시행함이 없으면서 유익하게 하는 경지, 세상에 이러한 경지에 이른 자는 거의 없다.

제44장

名與身孰親. 身與貨孰多. 得與亡孰病. 是故甚愛必大費, 多藏必厚亡. 知足不辱, 知止不殆, 可以長久.

명예와 자신 중에 어느 것을 가까이 하는가? 자신과 재물 중에 어느 것을 좋게 여기는가? 얻는 것과 잃는 것 중에 어느 것을 나쁘게 여기는가? 이 때문에 너무 아끼면 반드시 크게 허비되고, 지나치게 쌓아 놓으면 반드시 크게 잃는다. 만족할 줄 알면 치욕을 당하지 않고, 멈출 줄 알면 위태로움을 당하지 않아서 영원할 수 있다.

제45장

大成若缺, 其用不弊, 大盈若沖, 其用不窮. 大直若屈, 大巧若拙, 大辯若訥. 躁勝寒, 靜勝熱, 清靜爲天下正.

크게 이루어진 것은 모자라는 것 같은데 그 쓰임은 피폐하지 않고, 꽉 찬 것은 빈 것 같지만 그 쓰임은 끝이 없다. 쭉 곧은 것은 굽은 듯하고, 아주 노련한 재주는 서툰 듯하며, 아주 노련한 말솜씨는 어눌한 듯하다. 조급함이 차가움을 이기고, 고요함이 뜨거움을 이기니, 맑고 고요함이 천하의 바름이 된다.

제46장

천하유도 각주마이분 천하무도 융마생어교 화막대어부지
天下有道, 郤走馬以糞, 天下無道, 戎馬生於郊. 禍莫大於不知
족 구막대어욕득 고지족지족상족의
足, 咎莫大於欲得. 故知足之足常足矣.

세상에 도가 있으면 잘 달리는 말을 몰아다가 거름 주는 데 부리고, 세상에 도가 없으면 군마가 성 밖에서 새끼를 낳는다. 허물은 만족할 줄 모르는 것보다 더 큰 것이 없고, 재앙은 얻기를 욕심내는 것보다 더 큰 것이 없다. 그러므로 만족할 줄 아는 만족이 언제나 만족하는 것이다.

제47장

불출호 지천하 불규유 견천도 기출미원 기지미소 시이성
不出戶, 知天下, 不闚牖, 見天道. 其出彌遠, 其知彌少. 是以聖
인불행이지 불견이명 불위이성
人不行而知, 不見而名, 不爲而成.

집밖으로 나가지 않아도 천하를 알고, 창밖으로 내다보지 않아도 천도를 본다. 멀리 나갈수록 그 지식은 더욱 협소해진다. 이 때문에 성인은 돌아다니지 않아도 알고, 보지 않아도 지칭하며, 아무것도 시행하지 않아도 이룩한다.

제48장

위학일익 위도일손 손지우손 이지어무위 무위이무불위
爲學日益, 爲道日損. 損之又損, 以至於無爲, 無爲而無不爲.
취천하 상이무사 급기유사 부족이취천하
取天下, 常以無事. 及其有事, 不足以取天下.

배움을 시행하니 날로 보태고, 도를 시행하니 날로 덜어낸다. 덜어내고 또 덜어내서 아무것도 시행함이 없음에 도달하니, 아무것도 시행함이 없지만 하지 못함이 없다. 천하를 취할지라도 항상 하는 일이 없는 것으로 한다. 하는 일이 있으면, 천하를 취하기에 부족하다.

제49장

聖人無常心, 以百姓心爲心. 善者吾善之, 不善者吾亦善之, 德善. 信者吾信之, 不信者吾亦信之, 德信. 聖人在天下歙歙, 爲天下渾其心. 聖人皆孩之.

성인께서는 일상적인 마음마저도 없어 백성의 마음으로 자신의 마음을 삼는다. 선한 것을 자신이 선하게 여기고 불선한 것마저도 자신이 선하게 여기니, 덕이 선해진다. 믿음직한 것을 자신이 믿고 믿음직하지 못한 것마저도 자신이 믿으니, 덕이 믿음직스러워진다. 성인께서는 천하에서 편파적으로 집착하는 것 없이 천하를 위하여 그 마음을 분명하게 하지 않는다. 성인은 천하 사람들을 모두 아이들처럼 만든다.

제50장

出生入死, 生之徒十有三, 死之徒十有三. 人之生動之死地, 亦十有三, 夫何故. 以其生生之厚. 蓋聞善攝生者, 陸行不遇兕虎, 入軍不被甲兵. 兕無所投其角, 虎無所措其爪, 兵無所容其刃, 夫何故. 以其無死地.

태어나서 죽는데, 제대로 사는 무리가 열에 셋 정도 있고, 죽을 짓만 하는 무리가 열에 셋 정도 있다. 그런데 사람이 살아가면서 갑자기 죽을 곳으로 들어가는 무리도 열에 셋 정도 있으니, 무엇 때문인가? 너무 잘 살려고 하기 때문이다. "섭생을 잘하는 자는 육로로 길을 갈지라도 들소나 호랑이를 만나지 않고, 전쟁터에 나갈지라도 무기에 상처를 입지 않는다."고 들었다. 들소가 뿔로 받을 곳이 없고, 호랑이가 발톱으로 할퀼 곳이 없으며, 무기가 칼날로 찌를 곳이 없으니, 무엇 때문인가? 죽을 일을 하지 않기 때문이다.

제51장

道生之, 德畜之, 物形之, 勢成之. 是以萬物莫不尊道而貴德.

道之尊, 德之貴, 夫莫之命而常自然. 故道生之, 德畜之, 長之育之, 亭之毒之, 養之覆之. 生而不有, 爲而不恃, 長而不宰, 是謂玄德.

도가 낳고 덕이 기르는데, 사물이 드러내고 추세가 나아가게 한다. 이 때문에 온갖 것들 중에서 도를 존중하고 덕을 귀하게 여기지 않는 것이 없다. 도를 존중하고 덕을 귀하게 여기는 것은 명령하지 않아도 항상 저절로 그렇게 되는 것이다. 그러므로 도는 낳고 덕은 길러서 생장시키고 발육시키며 모양이 만들어지게 하고 살찌게 하며 배양되게 하고 북돋워지게 한다. 무엇인가 내놓고도 차지하지 않고, 무엇인가 해놓고도 의지하지 않고, 장성하게 해놓고도 주관하지 않으니, 이것이 아득한 덕이다.

제52장

天下有始, 以爲天下母. 旣得其母, 以知其子, 旣知其子, 復守其母, 沒身不殆. 塞其兌, 閉其門, 終身不勤. 開其兌, 濟其事, 終身不救. 見小曰明, 守柔曰强. 用其光, 復歸其明, 無遺身殃, 是爲習常.

천하는 시작이 있으니, 그것을 천하의 어미로 삼는다. 그 어미를 얻고 나서 그 자식을 알고, 그 자식을 알고 나서 다시 그 어미를 보존한다면 종신토록 위험하지 않다. 출구를 막고 문을 닫으니, 끝내 수고롭지 않다. 그 출구를 열어 놓고 그 일을 해결하려고 하니, 끝내 제대로 하지 못한다. 작은 것을 보는 것에 대해 밝다고 하고, 유약한 것을 보존하는 것에 대해 강하다고 한다. 그 빛을 사용해서 그들의 밝음을 되돌리지만, 자신에게 재앙을 남기는 일이 없으니, 이것이 익숙하여 영원함을 시행하는 것이다.

제53장

使我介然有知, 行於大道, 唯施是畏. 大道甚夷, 而民好徑. 朝甚除, 田甚無, 倉甚虛. 服文綵, 帶利劍, 厭飮食, 財貨有餘, 是謂盜夸, 非道也哉.

내가 확고하게 아는 것이 있어서 위대한 도를 행하게 될지라도, 시행하는 것만은 두렵다. 큰 길이 아주 평탄한데 백성들은 샛길을 좋아한다. 조정이 아주 깨끗하게 정비되어 있으니, 전야는 말할 수 없을 정도로 황폐하게 되고 창고는 텅텅 비게 된다. 화려한 의복을 걸치고, 날카로운 칼을 차고 있으며, 음식을 물리도록 먹고, 재화를 넘치도록 소유하는 것, 이것을 일러 도둑질한 것으로 사치한다는 것이니, 도가 아니로구나!

제54장

善建者不拔, 善抱者不脫, 子孫以祭祀不輟. 修之於身, 其德乃眞, 修之於家, 其德乃餘, 修之於鄕, 其德乃長, 修之於國, 其德乃豐, 修之於天下, 其德乃普. 故以身觀身, 以家觀家, 以鄕觀鄕, 以國觀國, 以天下觀天下. 吾何以知天下然哉. 以此.

잘 세운 것은 뽑히지 않고, 잘 껴안은 것은 이탈되지 않으니, 자손이 이렇게 함으로 제사를 지낸다면 끊어짐이 없다. 그것을 자신에게 닦으면 그 덕은 진실해지고, 그것을 집안에서 닦으면 그 덕은 여유 있게 되며, 그것을 마을에서 닦으면 그 덕은 장대해지고, 그것을 나라에서 닦으면 그 덕은 풍부해지며, 그것을 천하에서 닦으면 그 덕은 넓어진다. 그러므로 자신으로 자신을 살피고, 집안으로 집안을 살피며, 마을로 마을을 살피고, 나라로 나라를 살피며, 천하로 천하를 살핀다. 내가 어떻게 천하가 그렇다는 사실을 알았겠는가? 이상의 것들을 가지고.

제55장

含德之厚, 比於赤子, 蜂蠆虺蛇不螫, 猛獸不據, 攫鳥不搏. 骨弱筋柔而握固. 未知牝牡之合而全作, 精之至也, 終日號而不嗄,和之至也. 知和曰常, 知常曰明. 益生曰祥, 心使氣曰强. 物壯則老, 謂之不道. 不道早已.

덕을 두텁게 품은 자는 갓난아기에 비유되니, 벌 · 전갈 · 도마뱀 · 뱀이 쏘거나 물지 않고, 맹수가 이빨로 물어뜯거나 발톱으로 공격하지 않으며, 사나운 새가 부리로 쪼거나 발톱으로 낚아채지 않는다. 뼈와 근육은 유약한데 쥐는 것은 견고하다. 아직 음양의 합을 알지 못하는데 완전히 발기하는 것은 지극한 정력이고, 종일 우는데 목이 쉬지 않는 것은 지극한 조화이다. 조화를 아는 것에 대해 영원함이라고 하고, 영원함을 아는 것에 대해 밝음이라고 한다. 삶을 풍성하게 하는 것에 대해 재앙이라고 하고, 마음으로 기운을 부리는 것에 대해 강함이라고 한다. 사물이 장성하면 노쇠해지니, 이것을 '도답지 않다'고 한다. 도답지 않으면 일찍 끝난다.

제56장

知者不言, 言者不知. 塞其兌, 閉其門, 挫其銳, 解其分, 和其光, 同其塵. 是謂玄同, 故不可得而親, 不可得而疏, 不可得而利, 不可得而害, 不可得而貴, 不可得而賤. 故爲天下貴.

아는 자는 말하지 않고, 말하는 자는 알지 못한다. 그 출구를 막고 그 문을 닫아 그 예리함을 꺾고, 분쟁을 화해시키며, 그 빛남을 부드럽게 하고, 그 속세와 하나가 된다. 이것은 아득히 구분 없이 같이 여기는 것이기 때문에 가까이 할 수도 없고 멀리할 수도 없으며, 이롭게 할 수도 없고 해롭게 할 수도 없으며, 귀하게 할 수도 없고 천하게 할 수도 없다. 그러므로 천하의 귀함이 된다.

제57장

以正治國, 以奇用兵, 以無事取天下. 吾何以知其然哉. 以此. 天下多忌諱, 而民彌貧, 民多利器, 國家滋昏. 人多伎巧, 奇物滋起, 法令滋彰, 盜賊多有. 故聖人云, 我無爲而民自化, 我好靜而民自正, 我無事而民自富, 我無欲而民自樸.

바르게 하는 것으로 나라를 다스리면 속이는 것으로 군대를 부리게 되니, 하는 일이 없는 것으로 천하를 취한다. 내가 어떻게 그렇다는 것을 알게 되었는가? 다음의 일들로 안다. 천하에 꺼리고 피하는 것이 많을수록 백성들은 더욱 가난해지고, 백성들이 이로운 물건을 많이 가지고 있을수록 국가는 더욱 혼란해진다. 사람들이 기교와 솜씨가 많아질수록 이상한 일들이 점점 생기고, 법령을 드러낼수록 도적이 많아진다. 그러므로 성인이 "내가 시행하는 것을 없앴더니 백성들이 저절로 감화되었고, 내가 가만히 있는 것을 좋아했더니 백성들이 저절로 바르게 되었으며, 내가 일삼을 것을 없앴더니 백성들이 저절로 부유해졌고, 내가 하고자 하는 것을 없앴더니 백성들이 저절로 소박해졌다."라고 말했다.

제58장

其政悶悶, 其民淳淳, 其政察察, 其民缺缺. 禍兮, 福之所倚, 福兮, 禍之所伏, 孰知其極. 其無正. 正復爲奇, 善復爲妖. 人之迷, 其日固久. 是以聖人方而不割, 廉而不劌, 直而不肆, 光而不燿.

정사가 흐리멍덩하니 백성들이 순진하고 순진하며, 정사가 세밀하고 자세하니 백성들이 이지러진다. 화란 복이 기대어 있는 곳이고 복이란 화가 누워 있는 곳이니, 누가 그 궁극을 알겠는가? 아마도 바로잡음이란 없는 것이겠지! 바르게 하는 것이 다시 속이는 것이 되고, 선하게 하는 것이 다시 괴이하게 하는 것이 된다. 사람들이 미혹된 지가 시간상으로 꽤 오래되었다. 이 때문에 성인은 바르게 하면서도 잘라내지 않고, 청렴하게 하면서도 상처를 주지 않으며, 정직하게 하면서도 멋대로 하게 하지 않고, 환하게 하면서도 드러나게 하지 않는다.

제59장

治人事天, 莫若嗇. 夫唯嗇, 是謂早服. 早服, 謂之重積德. 重積德, 則無不克, 無不克, 則莫知其極. 莫知其極, 可以有國. 有國之母, 可以長久. 是謂深根固柢, 長生久視之道.

사람을 다스리고 하늘을 섬기는 데에는 곡식을 거두는 것 만한 것이 없다. 오직 농부 이들에 대해 일찌감치 따른다고 말한다. 일찌감치 따르는 것에 대해 거듭 덕을 쌓는다고 말한다. 거듭 덕을 쌓으면 하지 못할 것이 없고, 하지 못할 것이 없으면 그 끝을 아무도 모른다. 아무도 끝을 몰라야 나라를 소유할 수 있다. 나라의 근본을 소유하면 영원할 수 있다. 이것에 대해 뿌리를 깊고 튼튼하게 하고 장생하고 멀리 보는 방법이라고 한다.

제60장

治大國, 若烹小鮮. 以道莅天下, 其鬼不神, 非其鬼不神, 其神不傷人, 非其神不傷人. 聖人亦不傷人. 夫兩不相傷, 故德交歸焉.

큰 나라를 다스리는 것을 작은 생선 삶듯이 한다. 도를 가지고 천하에 행하면, 귀신이 신령스럽지 않으니 귀신이 신령스럽지 않아서가 아니고, 신령스러움이 사람을 해치지 않으니 신령스러움이 사람을 해치지 않아서가 아니다. 성인도 그처럼 사람을 해치지 않는다. 저 양자는 함께 해치지 않기 때문에 덕이 함께 돌아간다.

제61장

大國者下流, 天下之交, 天下之牝. 牝常以靜勝牡, 以靜爲下. 故大國以下小國, 則取小國, 小國以下大國, 則取大國. 故或下以取, 或下而取. 大國不過欲兼畜人, 小國不過欲入事人, 夫兩

자 각 득 기 소 욕, 대 자 의 위 하.
者各得其所欲, 大者宜爲下.

큰 나라가 겸손하게 처신하니, 천하의 교착점이 되고, 천하의 암컷이 된다. 암컷은 항상 고요함으로써 수컷을 이기고, 고요함으로써 아래가 된다. 그러므로 대국이면서 소국에게 낮추면, 소국을 취하고, 소국이면서 대국에게 낮추면 대국에게 받아들여진다. 그러므로 낮추어서 취하기도 하고, 낮추어서 받아들여지기도 한다. 그러나 대국은 사람들을 두루 육성하고자 하는 것에 지나지 않고, 소국은 들어가서 남을 섬기고자 하는 것에 지나지 않으니, 저 양자가 제각기 그들이 원하는 것을 이루려면 큰 것이 낮추어야 한다.

제62장

도 자, 만 물 지 오, 선 인 지 보, 불 선 인 지 소 보. 미 언 가 이 시, 존 행
道者, 萬物之奧, 善人之寶, 不善人之所保. 美言可以市, 尊行
가 이 가 인, 인 지 불 선, 하 기 지 유. 고 립 천 자, 치 삼 공, 수 유 공 벽
可以加人, 人之不善, 何棄之有. 故立天子, 置三公, 雖有拱璧
이 선 사 마, 불 여 좌 진 차 도. 고 지 소 이 귀 차 도 자 하. 불 왈 이 구 득,
以先駟馬, 不如坐進此道. 古之所以貴此道者何. 不曰以求得,
유 죄 이 면 야. 고 위 천 하 귀.
有罪以免耶. 故爲天下貴.

도란 온갖 것들의 그윽한 곳이니, 선량한 사람들이 보배로 여기는 것이고, 선량하지 못한 사람들이 보존되는 것이다. 멋진 언사는 가치가 있고 훌륭한 행동은 사람들에게 영향을 미치지만 사람이 선량하지 못하다고 해서 어찌 버려질 수 있겠는가! 그러므로 천자를 세우고 삼공을 두는데, 큰 옥을 끼고 네 마리 말이 끄는 수레를 타고 나아갈지라도 앉아서 이 도에 나아가는 것만 못하다. 옛날에 이 도를 귀하게 여긴 이유가 무엇 때문인가? “그것으로 구하면 얻고, 죄가 있어도 그것으로 사면 된다.”고 말하지 않았던가! 그러므로 천하의 귀한 것이다.

제63장

위 무 위, 사 무 사, 미 무 미. 대 소 다 소, 보 원 이 덕. 도 난 어 기 이, 위
爲無爲, 事無事, 味無味. 大小多少, 報怨以德. 圖難於其易, 爲
대 어 기 세. 천 하 난 사, 필 작 어 이, 천 하 대 사, 필 작 어 세. 시 이 성
大於其細. 天下難事, 必作於易, 天下大事, 必作於細. 是以聖

人終不爲大, 故能成其大. 夫輕諾必寡信, 多易必多難. 是以聖人猶難之, 故終無難矣.

아무것도 시행함이 없음을 행하고, 아무것도 일삼지 않음을 일삼으며, 아무 맛도 없음을 맛으로 여긴다. 크든 작든 많든 적든 덕으로써 원한을 갚는다. 쉬운 것에서 어려운 것을 도모하고, 미세한 것에서 큰 것을 행한다. 세상에서 어려운 일은 반드시 쉬운 것에서 생기고, 세상에서 큰일은 반드시 작은 것에서 일어난다. 이 때문에 성인은 끝내 큰 것을 행하지 않기 때문에 큰 것을 이룰 수 있는 것이다. 대답을 가볍게 하면 반드시 신용이 적어지고, 쉽다고 여기는 것이 많으면 반드시 어려움이 많이 생긴다. 이 때문에 성인은 여전히 모든 것들을 어렵게 여겨 끝내 어려움이 없는 것이다.

제64장

其安易持, 其未兆易謀, 其脆易泮, 其微易散. 爲之於未有, 治之於未亂. 合抱之木, 生於毫末, 九層之臺, 起於累土, 天里之行, 始於足下. 爲者敗之, 執者失之. 是以聖人無爲, 故無敗, 無執, 故無失. 民之從事, 常於幾成而敗之. 愼終如始, 則無敗事. 是以聖人欲不欲, 不貴難得之貨, 學不學, 復衆人之所過. 以補萬物之自然, 而不敢爲.

편안할 때는 지키기 쉽고, 아직 조짐이 나타나지 않았을 때는 도모하기 쉬우며, 여릴 때는 잘라 버리기가 쉽고, 미미할 때는 분산시키기가 쉽다. 아직 있지 않을 때에 대비하고, 아직 혼란스럽지 않을 때에 다스린다. 아름드리나무도 털끝처럼 가는 싹에서 생겨나고, 구층의 누대도 한 삼태기의 흙을 쌓아올리는 것에서 시작되며, 천리 길도 한 걸음부터 시작된다. 그러니 무엇인가 시행하는 것은 그르치는 것이고, 움켜잡는 것은 잘못하는 것이다. 이 때문에 성인은 아무것도 시행함이 없으므로 그르침이 없고, 움켜잡는 일이 없으므로 잘못됨이 없다. 백성들은 일을 함에 항상 빌미가 이루어졌을 때 하기 때문에 그르친다. 마침을 처음과 같이 염려한다면 일을 그르침이 없다. 이 때문에 성인은 하지 않고자 하는 것을 하고자 하고, 얻기 힘든 재화를 귀하게 여기지 않으며, 배우지 않는 것을 배워서, 뭇사람들의 잘못을 회복시킨다. 그렇게 함으로써 온갖 것들이 저절로 그렇게 됨을 도와주지만 감히 어떤 것도 시행하지 않는다.

제65장

古之善爲道者，非以明民，將以愚之．民之難治，以其智多．故以智治國，國之賊，不以智治國，國之福． 知此兩者，亦稽式．常知稽式，是謂玄德．玄德，深矣遠矣，與物反矣，然後乃至大順．

옛날에 훌륭하게 도를 행한 자는 백성들을 밝게 한 것이 아니라, 그들을 어리석게 했다. 백성들을 다스리기 어려운 것은 그들의 지혜가 많아졌기 때문이다. 그러므로 지혜로 나라를 다스리는 것이 국가의 해악이고, 지혜로 나라를 다스리지 않는 것이 국가의 복이다. 이 두 가지를 아는 것이 또한 법칙이다. 법칙을 아는 것, 이것을 아득한 덕이라고 한다. 아득한 덕은 심원해서 사물과 함께 되돌아가고, 그런 다음에야 크게 따르게 된다.

제66장

江海所以能爲百谷王者，以其善下之．故能爲百谷王．是以欲上民，必以言下之，欲先民，必以身後之．是以聖人處上而民不重，處前而民不害．是以天下樂推而不厭．以其不爭，故天下莫能與之爭．

강과 바다가 모든 계곡의 왕이 될 수 있는 것은 그것들이 잘 낮추기 때문이다. 그러므로 모든 계곡의 왕이 될 수 있는 것이다. 이 때문에 백성들보다 위가 되고자 한다면 반드시 말을 낮추어야 하고, 백성들보다 앞서고자 한다면 반드시 자신을 뒤로해야 한다. 이 때문에 성인이 윗자리에 있지만 백성들이 압박받지 않고, 앞서가지만 자신들을 해친다고 여기지 않는다. 이 때문에 천하의 사람들이 기꺼이 추대하고 염증을 느끼지 않는다. 성인은 다투지 않기 때문에 천하에서 누구도 그와 다툴 수가 없다.

제67장

天下皆謂我道大, 似不肖. 夫唯大, 故似不肖. 若肖, 久矣其細也夫. 我有三寶, 持而保之, 一曰慈, 二曰儉, 三曰不敢爲天下先. 慈故能勇, 儉故能廣, 不敢爲天下先, 故能成器長. 今舍慈且勇, 舍儉且廣, 舍後且先, 死矣. 夫慈以戰則勝, 以守則固. 天將救之, 以慈衛之.

세상 사람들은 모두 나의 도가 커서 (기존의 학풍을) 본받지 않은 것 같다고 한다. 오직 크기 때문에 본받지 않은 것 같다. 본받았다면 오래 되었을 것이다, 그 세분됨이. 나는 세 가지 보물이 있어 지키고 보존하니, 하나는 사랑이고, 하나는 검약이며, 나머지 하나는 천하에 감히 솔선하지 않는 것이다. 사랑하기 때문에 용감할 수 있고, 검약하기 때문에 넉넉할 수 있으며, 감히 천하에 솔선하지 않기 때문에 그릇의 으뜸을 이룰 수 있다. 지금 사랑을 버리고 용감한 것을 취하며, 검약한 것을 버리고 넉넉한 것을 취하며, 뒤따르는 것을 버리고 솔선하는 것을 취한다면 죽는다. 사랑으로 전쟁을 한다면 승리하고, 그것으로 수비를 한다면 철통같다. 하늘이 도와준다면 사랑으로 호위할 것이다.

제68장

善爲士者, 不武, 善戰者, 不怒, 善勝敵者, 不與, 善用人者, 爲之下. 是謂不爭之德, 是謂用人之力, 是謂配天, 古之極.

훌륭한 지휘관은 무용을 뽐내지 않고, 싸움을 잘하는 자는 분노하지 않으며, 적을 잘 이기는 자는 적과 다투지 않고, 사람을 잘 부리는 자는 사람들에게 자신을 낮춘다. 이것을 다투지 않는 덕이라고 하고, 사람을 부리는 힘이라고 하며, 이것을 하늘에 짝하는 방법이라고 하니, 옛 도의 극치이다.

제69장

用兵有言，吾不敢爲主而爲客，不敢進寸而退尺．是謂行無行，攘無臂，扔無敵，執無兵．禍莫大於輕敵，輕敵幾喪吾寶．故抗兵相加，哀者勝矣．

용병술에 “감히 주인이 되지 않고 손님이 되고, 감히 한 치도 나아가지 않고 한 자를 물러난다.”는 말이 있다. 이것에 대해 행군해 나아가는데도 나아간 흔적이 없고, 소매를 걷어 올렸는데도 팔이 보이지 않으며, 끌어당기고 있는데도 상대가 없고, 무기를 잡고 있는데도 무기가 보이지 않는다고 하는 것이다. 재앙은 적을 깔보는 것보다 큰 것이 없으니, 적을 깔보면 거의 자신의 보배를 잃어버릴 것이다. 그러므로 군대를 동원해서 서로 맞붙어 싸울 때에 불쌍히 여기는 쪽이 승리한다.

제70장

吾言甚易知甚易行，天下莫能知莫能行．言有宗，事有君，夫唯無知，是以不我知．知我者希，則我者貴，是以聖人被褐懷玉．

나의 말은 매우 알기 쉽고 매우 행하기 쉬운데, 천하에서 누구도 알지 못하고 누구도 행하지 못한다. 말에는 근본이 있고, 일에는 으뜸이 있는데, 단지 무지하기 때문에 나를 알아보지 못한다. 나를 알아보는 자가 드문 것은 내가 귀한 존재로 바로 성인이 거친 베로 만든 옷을 입고 가슴속에 옥을 품고 있는 것이다.

제71장

知不知上，不知知病．夫唯病病，是以不病．聖人不病，以其病病．是以不病．

알지 못하게 됨에 대해 아는 것이 최상이고, 알게 됨에 대해 알지 못하는 것이 병이다. 병을 병으로 볼뿐이라면 그 때문에 병이 없다. 성인이 병이 없는 것은 병을 병으로 보기 때문이다. 그 때문에 병이 없다.

제72장

民不畏威, 則大威至, 無狎其所居, 無厭其所生. 夫唯不厭, 是以不厭. 是以聖人自知, 不自見, 自愛, 不自貴. 故去彼取此.

백성들이 위엄을 두려워하지 않게 되면 크게 두려워할 것이 닥치니, 그들이 거처하는 것을 업신여기지 말고, 그들이 생활하는 것을 싫어하지 말라. 오직 싫어하지 않을 뿐이니, 그 때문에 싫어하지 않게 되는 것이다. 이 때문에 성인은 스스로 알고 있는데도 스스로 드러내지 않고, 스스로 아끼는데도 스스로 귀하게 여기지는 않는다. 그러므로 저것을 버리고 이것을 취한다.

제73장

勇於敢則殺, 勇於不敢則活. 此兩者, 或利或害. 天之所惡, 孰知其故. 是以聖人猶難之. 天之道, 不爭而善勝, 不言而善應, 不召而自來, 繟然而善謀. 天網恢恢, 疏而不失.

과감하게 행하는 데에 용감하면 죽게 되고, 과감하게 행하지 않은 데에 용감하면 살게 된다. 이 두 가지 용감함 중에서, 어떤 것은 이롭고 어떤 것은 해롭다. 하늘이 싫어하는 것에 대해 어느 누가 그 이유를 알겠는가? 이 때문에 성인이 오히려 과감하게 행하기를 어렵게 여긴다. 하늘의 도는 다투지 않아도 잘 이기고, 말하지 않아도 잘 감응하며, 부르지 않아도 저절로 오고, 느긋한데도 잘 계획한다. 하늘의 법망은 넓고 커서 엉성한데도 놓치지 않는다.

제74장

民不畏死, 奈何以死懼之. 若使民常畏死, 而爲奇者, 吾得執而殺之, 孰敢. 常有司殺者殺. 夫代司殺者殺, 是謂代大匠斲. 夫代大匠斲者, 希有不傷其手矣.

백성들이 죽음을 두려워하지 않는데, 어떻게 죽이는 것으로 두렵게 하겠는가! 만약 백성들이 항상 죽음을 두려워하게 해놓고 기이한 행동을 하는 자를 내가 잡아서 죽인다면, 누가 감히? 그런데 항상 사형 집행자를 두어서 죽인다. 사형 집행자를 대신해서 죽인다면, 이것은 뛰어난 목수를 대신해서 나무를 다듬는 것이다. 뛰어난 목수를 대신해서 나무를 다듬는 자는 손을 다치지 않는 경우가 거의 없다.

제75장

民之饑, 以其上食稅之多. 是以饑. 民之難治, 以其上之有爲. 是以難治. 民之輕死, 以其上求生之厚. 是以輕死. 夫唯無以生爲者, 是賢於貴生.

백성들이 굶주리는 것은 그 윗사람들이 세금으로 거둬들이는 것이 많기 때문이다. 이 때문에 굶주린다. 백성들을 다스리기 어려운 것은 윗사람들이 무엇인가 시행하기 때문이다. 이 때문에 다스리기 어렵다. 백성들이 죽음을 가볍게 여기는 것은 윗사람들이 너무 잘 살려고 하기 때문이다. 이 때문에 죽음을 가볍게 여긴다. 오직 삶을 위함이 없는 것, 이것이 삶을 귀하게 여기는 것보다 낫다.

제76장

人之生也, 柔弱, 其死也, 堅強. 萬物草木之生也, 柔脆, 其死也, 枯槁. 故堅強者, 死之徒, 柔弱者, 生之徒. 是以兵強, 則不勝, 木強則兵. 強大處下, 柔弱處上.

사람이 살아있을 때는 (몸이) 부드럽고 약하지만, 죽으면 딱딱하게 굳어버린다. 온갖 것들과 초목도 한창 피어날 때는 연약하고 여리지만, 죽으면 말라서 단단해진다. 그러므로 딱딱하고 단단한 것은 죽어가는 것이고, 부드럽고 여린 것은 살아 있는 것이다. 이 때문에 군대가 강하면 이기지 못하고, 나무가 단단하면 꺾인다. 강대한 것은 아래에 있고, 유약한 것은 위에 있다.

제77장

天之道, 其猶張弓與. 高者, 抑之, 下者, 擧之, 有餘者, 損之, 不足者, 補之. 天之道, 損有餘, 而補不足, 人之道, 則不然, 損不足, 以奉有餘. 孰能有餘, 以奉天下. 唯有道者. 是以聖人爲而不恃, 功成而不處, 其不欲見賢.

하늘의 도는 아마도 활을 당기는 것과 같을 것이다. 높은 것을 억제하고 낮은 것을 들어 올려주며, 충분한 것을 덜어내고 부족한 것을 보태준다. 하늘의 도는 충분한 것을 덜어내고 부족한 것을 보태주는데, 사람의 도는 그렇지 않으니, 부족한 것에서 덜어내서 충분한 것을 받든다. 누가 충분하면서 천하를 받들 수 있겠는가? 도를 소유한 자일뿐이다. 이 때문에 성인은 무엇을 시행해도 그것에 의지하지 않고 공이 이루어져도 머물지 않으니, 현명함을 드러내려고 하지 않는 것이다.

제78장

天下莫柔弱於水, 而攻堅强者, 莫之能勝, 以其無以易之. 弱之勝强, 柔之勝剛, 天下莫不知, 莫能行. 是以聖人云, 受國之垢, 是謂社稷主, 受國不祥, 是爲天下王. 正言若反.

천하에 물보다 유약한 것은 없지만 견강한 것을 공격하는 데에는 그것보다 나은 것이 없으니, 그것은 그 어떤 것으로도 대신할 수 없다. 약한 것이 강한 것을 이기고, 부드러운 것이 굳센 것을 이기는 것은 천하에서 어느 누구도 알지 못함이 없는데 아무도 행하지 못한다. 이 때문에 성인이 "나라의 더러움을 받아들이면 그것을 사직의 주인이라고 하고, 나라의 상서롭지 못함을 받아들이면 그것이 천하의 왕이 되는 것이다."라고 했다. 올바르게 한 말이 마치 거꾸로 말한 것 같다.

제79장

和大怨, 必有餘怨, 安可以爲善. 是以聖人執左契, 而不責於人. 有德司契, 無德司徹. 天道無親, 常與善人.

큰 원한을 풀어주었는데도 반드시 앙금이 남는다면, 어떻게 잘했다고 하겠는가? 이 때문에 성인은 좌계를 잡고, 사람들을 책하지 않는다. 덕이 있으면 문서를 담당하고, 덕이 없으면 조세를 담당한다. 하늘의 도는 친하게 여기는 것이 없고 항상 선한 사람과 함께 한다.

제80장

小國寡民, 使有什伯之器, 而不用, 使民重死, 而不遠徙, 雖有舟輿, 無所乘之, 雖有甲兵, 無所陳之. 使人復結繩而用之, 甘其食, 美其服, 安其居, 樂其俗, 鄰國相望, 雞犬之聲相聞, 民至老死, 不相往來.

나라를 작게 하고 백성을 적게 해서, 훌륭한 재능이 있을지라도 쓰이지 않게 하고, 백성들이 죽음을 두렵게 여기고 멀리 이사하지 않게 한다면, 배가 있을지라도 탈 사람이 없고 무기가 있을지라도 전쟁할 곳이 없다. 사람들이 다시 새끼를 꼬아서 (표시로) 사용하고, 자기들의 음식을 달게 먹으며, 자기들의 옷을 아름답게 여기고, 자기들의 거처를 편안하게 여기며, 자기들의 풍속을 아름답게 여기게 하면, 이웃나라가 서로 바라보여 개 짖고 닭 우는 소리를 서로 들을지라도 백성들이 늙어 죽을 때까지 서로 왕래하지 않는다.

제81장

信言不美, 美言不信. 善者不辯, 辯者不善. 知者不博, 博者不知. 聖人不積, 旣以爲人, 己愈有, 旣以與人, 己愈多. 天之道, 利而不害, 聖人之道, 爲而不爭.

진실한 말은 아름답지 않고, 아름다운 말은 진실하지 않다. 선한 사람은 분변하지 않고, 분변하는 자는 선하지 않다. 아는 자는 해박하지 않고, 해박한 자는 알지 못한다. 성인은 어떤 것도 쌓아놓지 않고, 벌써 그것으로 남을 위했으니 자신이 더욱더 소유하게 되고, 벌써 그것으로 남을 인정했으니 자신이 더욱더 많아지게 된다. 하늘의 도는 이롭게 하면서도 해치지 않고, 성인의 도는 위해주면서도 다투지 않는다.

참고문헌

老子 道德經

老子 道德經(王弼注)

老子 道德經(河上公注)

詩經

書經

周易

論語

大學

中庸

莊子

墨子

史記

十八史略

說文解字

강봉수(2013). 노자의 도덕교육사상 다시 읽기: 말없는 가르침과 직관적 깨달음. **도덕윤리과교육** 41.

강선보(1996). **마르틴 부버의 만남의 교육철학**. 양서원.

강순원(2000). **평화 · 인권 · 교육**. 한울아카데미.

강순원(2013). 장애성인 평생교육. **평생교육학연구** 19－1.

강진웅(2015). 한국사회의 종족적 민족주의와 다문화 통일교육. **교육문화연구** 21－3.

고경화(2001). 노자의 무위(無爲)에 근거한 교육의 무의도덕 행위 연구. **교육학연구** 39－1.

고재욱(1999). 노자의 정치사상 소고. **태동고전연구** 16.

高　亨(2004). **老子正**詁. **老子注譯**. 淸華大學出版.

곽　양(2014). 최인호 『상도』에 나타난 도가사상: 노자 『도덕경』에의 적용을 중심으로. 경희대학교 석사논문.

곽진숙(2011). Schiller의 『미적 교육』에 관한 선행연구의 한계와 새로운 접근. **교육원리연구** 16－1.

교육부(2013). 중학교 자유학기제 시범 운영계획(안).

교육부(2015). 중학교 자유학기제 시행계획(안).

권선향 · 신창호(2019). 인간과 문명에 관한 이중적 관점과 중도적 시각이 주는 교육적 함의: 왕필의 『도덕경』 주석을 중심으로. **교육철학연구** 41－3.

김갑수(2008). 도가 사상과 아나키즘. **시대와 철학** 19－3.
김광명(1986). Schiller미학에 있어서 "인간학적 평가"의 의미. **哲學** 26.
김남희(2002). 자본주의와 후기 자본주의, 그리고 인간소외. **한국시민윤리학회보** 15.
김동구(2005). **교육미학연구**. 다산서고.
김민재(2011). 『도덕경』의 '명(明)'개념이 지니는 세계 시민교육적 의의. **윤리철학교육** 15집.
김상섭(2011). 쉴러의 미적 경험의 도덕교육적 함의. **교육철학연구** 33－1.
김성국(2003). 탈근대 아나키스트 사회이론의 모색. **한국사회학** 37－1.
김세종(2019). 노자사상의 有·無 개념에 대한 오해와 이해. **동양철학연구** 98.
김수동(2005). 배려의 관점에서 이해한 자연의 교육적 개념: 노자의 『도덕경』을 중심으로. **한국성인교육학** 9－4.
김수동(2007). 동양고전에서 이해한 배려의 리더십: 『도덕경』을 중심으로. **교육철학** 32.
김시천(2004). '역사'에서 '이야기'로－노자·장자의 이야기론적 해석을 위한 시론. **동서철학연구** 31.
김용옥(1989a). **老子哲學 이것이다**. 통나무.
김용옥(1989b). **老子-길과 얻음**. 통나무.
김원중(2015). **인문산책: 고전으로 보는 경영전략**. 포스코경영연구소.
김재만(1966). 老子道德의 教育概念. **論文集** 2.
김정숙(2016). 구성주의사회 성인학습자를 위한 교수방법 비교: 교수자 주도형 교수방법과 학습자 주도형 교수방법. 세종대학교 교육대학원 석사논문.
김정환(1995). **인간화 교육 어떻게 할 것인가**. 내일을 여는 책.
김정환·강선보(1997). **교육학 개론**. 박영사.
김정환·강선보·신창호(2016). **교육철학**. 박영스토리.
김종길(2016). 지식사회의 새로운 도전 '무지(無知)': 이론사회학적 궤적, 쟁점, 전망. **사회사상과 문화** 19－1.
김주휘(2018a). 실러에게서 자유의 이념과 미. **汎韓哲學** 91－4.
김주휘(2018b). 실러의 칸트 수용과 '아름다운 영혼' 그리고 샤프츠베리. **哲學研究** 148.
김지혜(2016). 성소수자 아동청소년을 위한 포용적 교육. **동향과 전망** 96.
김충렬(1995). **노장철학강의**. 예문서원.
김태훈(2007). 『노자』의 덕(德)에 관한 도덕교육적 고찰. **도덕윤리과교육** 24.
김학목(1999). 王弼의 「老子注」에서 無와 自然에 대한 考察. **도교문화연구** 13.
김학목(2000). 王弼의 「老子注」에서 有·無에 대한 考察. **철학** 63.
김학목(2001a). 老子의 道에 대한 考察: 王弼의 「老子注」를 中心으로. **인문학연구** 5.
김학목(2001b). 老子의 無爲自然과 莊子의 逍遙: 王弼의 「老子注」와 郭象의 「莊子注」를 中心으로. **동양철학** 14.

김학목(2002). 『道德經』42장에 대한 考察. **도교문화연구** 17.

김학목(2003). 노자의 道와 無爲: 왕필의 노자주를 참고하면서. **동서철학연구** 29.

김학목(2013). **강화학파의 『노자』주석에 관한 연구**. 인천학연구원.

김학주(1988). **노자와 도가사상**. 명문당.

김학준 · 신창호(2019). 『도덕경』의 '명(明)'에 담긴 교육적 함의. **교육철학연구** 41－4.

김항배(2006). **노자철학 이해**. 예문서원.

김형효(1994). **데리다와 老莊의 독법**. 한국정신문화연구원.

김흥호(2016). **노자 노자익 강해**. 사색.

남만성(2015). **노자도덕경**. 을유문화사.

내일을여는책(1997). **처음처럼** 9－10월호(통권 3호).

노부호(2010). 유일한의 기업가정신과 경영. **경영사학** 25－4.

노태준(1984). **도덕경**. 홍신문화사.

더크 보드/이명수 옮김(1991). **중국인은 무엇을 생각하고 살아 왔는가**. 여강.

데카르트/소두영 역(2009). **방법서설/성찰/철학의 원리/정념론**. 동서문화사.

뒤르켐/이종각 역(2019). **교육과 사회학**. 배영사.

樓宇烈(1999). **王弼集 校釋**. 北京: 中華書局.

류성태(2004). 노자의 지식관 연구. **범한철학** 34.

마르틴 부버/남정길 옮김(1979). **사람과 사람 사이**. 전망사.

마르틴 부버/남정길 옮김(1980). **善과 惡**. 전망사.

마르틴 부버/남정길 옮김(1994b). **하시디즘과 현대인**. 현대사상사.

마르틴 부버/남정길 옮김(1994c). **預言者의 信仰**. 대한기독교출판사.

마르틴 부버/이병섭 역(1984). **神의 日蝕**. 이화여대 출판부.

마르틴 부버/이준직 역(1985). **열개의 디딤돌**. 한국기독교문화원.

마르틴 부버/표재명 옮김(1994a). **나와 너**. 문예출판사.

막스 베버/이상률 옮김(1990). **儒敎와 道敎**. 문예출판사.

막스 칼텐마르크/장원철 옮김(1993). **노자와 도교**. 까치.

목영해(1994). **후현대주의 교육학**. 교육과학사.

바움가르텐/박민수 옮김(2015). **바움가르텐의 미학 읽기**. 세창미디어.

박소정(2006). 노자 철학의 音 · 聲 개념 연구: 도가 악론 연구의 출발점으로서. **韓國音樂史學報** 36.

박영석(2017.04.20). 성적 · 장래 스트레스 …… 韓학생 삶 만족도 세계 최하위. 연합뉴스. https://www.yna.co.kr/view/AKR20170420074300009. 2019.10.20. 열람.

박용모(2002). 老子의 '知識'에 대한 基本觀點. **대동철학** 16.

박유영(2003). 조선거상 임상옥과 중국거상 호설암의 기업가정신. **전문경영인연구** 6－1.

박이문(1996). **老莊思想-철학적 해석**. 문학과지성사.

박인권(2015). 포용도시: 개념과 한국의 경험. **공간과 사회** 25－1.

박일봉(2005). **노자 도덕경**. 육문사.

박정희(2014). 변환과 포용으로서 다문화사회에 대한 가치교육. **哲學論叢** 78－4.

박종호(1990). **老子哲學**. 일지사.

박찬석(2001). 도덕과 통일교육의 방향과 포용 및 안보. **도덕윤리과교육** 13.

박혜준(2010). 통합교육의 의미 다시 생각하기. **통합교육연구** 5－2.

박희준(1991). **백서 도덕경: 老子를 읽는다**. 까치.

배헌국(2017). 노자의 비교육의 교육. **교육철학연구** 39－2.

司馬志 編著(2013). **道德經**. 新北: 華志文化.

서 경(2013). 老子의 自然主義 教育觀 研究. 경북대학교 박사논문.

서 경(2014). 老子의 自然主義 教育觀 研究. 동서인문 1.

성경률 외(2017). **새로운 대한민국의 구상: 포용국가**. 21세기북스.

성태제(2017). 제4차 산업혁명시대의 인간상과 교육의 방향 및 제언. **교육학연구** 55－2.

송도선(2013). 노자의 『도덕경』에 담긴 '무(無)'의 교육적 함의. **교육사상연구** 27－2.

송민규 · 신창호(2019). 노자의 교육적 사유에 관한 재검토: 유가 비판과 교육적 모순을 중심으로. **교육문제연구** 32－3.

쉬캉성/신창호 · 유희재 역(2002). **노자평전**. 미다스북스.

실러/안인희 옮김(2012). **미학 편지: 인간의 미적 교육에 관한 실러의 미학 이론**. Human Art.

실러/장상용 옮김(1999). **실러의 미학 · 예술론: 칼리아스 편지, 우미와 존엄 외**. 인하대 출판부.

신순정(2004). 생명과 덕: 도덕경을 중심으로. **동서철학연구** 32.

신유리 외 3명(2013). 장애인의 사회적 포함(Social Inclusion)의 개념화에 대한 이론적 고찰. **한국사회복지학** 65－3.

신진식(2011). 노자의 수양론 체계. **윤리교육연구** 25.

신창호(2002). 노자와 묵자의 평화 사상과 평화교육의 의미. **처음처럼** 29.

신창호(2003). **인간, 왜 가르치고 배우는가: 동양의 교학론 이해를 위한 시론**. 서현사.

신창호(2004). 무위 · 자연과 만남 · 대화의 교육철학적 의미: 노자와 부버의 사고를 중심으로. **교육발전연구** 20－1.

신창호(2012). **유교의 교육학 체계**. 고려대학교출판부.

신춘호(2007). 칸트－쉴러 논쟁에 관한 한 해석: 교육이론과 윤리학의 관련. **도덕교육연구** 19－1.

안성재(2012). **노자의 재구성**. 어문학사.

안성재(2013). 老子(노자)의 정치관 고찰: 『道德經』38장을 중심으로. **중국학** 46.

안인희(1987). **현대 교육 고전의 이해**. 이화여대 출판부.

楊潤根(1994). **老子新解(上 · 下)**. 北京: 中國文學出版社.

楊義 主編·党聖元 評述 注釋(2007). **老子評注**. 香港: 三聯書店.
오성근(2005). 노자의 무위사상에 기반한 교육적 실천원리 고찰. **교육종합연구** 3-1.
伍振鷟(1989). **中國教育思想史**. 台北: 師大書苑.
王 卡(1993). **老子道德經河上公章句**. 北京: 中華書局.
王 弼/김학목 옮김(2014). **노자 도덕경과 왕필의 주**. 홍익출판사.
王治心/전명용 옮김(1988). **중국종교사상사**. 이론과 실천.
우버들(2017). 도덕경을 통해 본 인성교육 고찰: 관계성을 중심으로. 고려대학교 석사논문.
우버들·위민성·신창호(2019). 노자 『도덕경』에 담긴 포용교육 고찰. **교육철학** 72.
원영호(2007). 도덕정치와 천하공동체 이론의 곤혹스러움: 공자의 도덕공동체 사상에 대한 노장의 반성과 비판. **율곡사상연구** 14.
유발 하라리/전병근 역(2019). **21세기를 위한 21가지 제언**. 김영사.
유발 하라리/조현욱 역(2016). **사피엔스**. 김영사.
유성애(2003). 노자의 『도덕경』이 교육자에게 주는 의미. **연세교육연구** 19-1.
유성애(2004). 노자의 『도덕경』과 로저스의 인간중심 상담이론의 비교. 연세대학교 박사논문.
유소감/김용섭 역(2000). **노자철학**. 청계출판사.
유 일(2016). 『노자』에서 스승의 모습 탐색: 성인(聖人)개념을 중심으로. **교육철학** 59.
윤금자(2015). 노자의 '자연성 회복'을 위한 '마음치유'. **철학연구** 133.
윤대혁·박민생(2007). 경영자의 기업가정신의 결정요인에 관한 연구. **인적자원관리연구** 14-2.
윤지원(2019). 도가와 지식권력. **중국학논총** 61.
은정희(2008). **대승기신론 강의**. 예문서원.
이강수(1977). 老子의 無爲自然思想. **철학탐구** 5.
이강수(1984). **道家思想의 研究**. 고려대 민족문화연구소.
이강수(1999). **중국 고대철학의 이해**. 지식산업사.
이강수(2002). **노자와 장자 무위와 소요의 철학**. 도서출판 길.
이규상(2009). 『노자』 '小國寡民'의 정치철학적 지향. **대동철학** 46.
이규호(1991). **말의 힘**. 제일출판사.
이미종(2002). 老子 世界觀에서의 道德의 意味. **도덕교육연구** 14-1.
이석명(1997). 「淮南子」 無爲論 研究: 道事竝重의 理論體系를 中心으로. 고려대학교 박사논문.
이석명(2005). **노자 도덕경 하상공장구**. 소명출판.
이석명(2006). **백서 노자**. 청계출판사.
이순연(2008). 老子의 自然思想에 입각한 人性教育. **코기토** 63.
이운구·윤무학(1995). **墨家哲學研究**. 성균관대 대동문화연구원.
이유정·신창호(2012). 노자 『도덕경』에 나타난 성인(聖人)의 인격교화론. **인격교육** 6-1.
이은영(2014). 노자의 허(虛)·정(靜)개념에 관한 미술교육적 접근. **미술교육학** 28-4.

이종성(2002). 노자의 자연관. **동서철학연구** 24.
이종흔(2005). 상생적 정서 함양을 위한 통일교육의 유교 윤리적 고찰. **통일전략** 5-2.
이주옥(2010). 유네스코 Inclusive Education: 배경과 현황. **국제이해교육연구** 5-2.
이태호(2015). 노자『도덕경』이해를 위한 이분법적 사고의 극복. **한국동서정신과학회지** 18.
이홍우(2000). 예술과 교육. **도덕교육연구** 12-2.
任時先/차석기 역(1989). **中國教育思想史**. 교학연구사.
임채우(1996). 王弼 玄學體系에서의 老子와 周易의 關係. **주역연구** 1.
임태평(2010). 쉴러의 미학과 인간성의 미적인 교육. **교육철학** 40.
임헌규(2002). 도가의 유가비판에 대한 고찰: 인의·인성·성선·인정 개념을 중심으로. **韓國行政史學誌** 11.
임헌규(2005). 老子의 爲道論. **철학연구** 94.
장 민(2017) 노자 자연 관념의 미학적 의미. **동양문화연구** 26.
장기근(2009). **老子新釋**. 명문당.
장기근·이석호(1983). **老子·莊子**. 삼성출판사.
장상용(1981). Schiller 사상의 기본구조: Stuttgart시대의 작품을 중심. 서울대학교 박사논문.
장상용(1994). 쉴러의 '유희충동'. **괴테연구** 6.
장승구 외(2002). **동양사상의 이해**. 경인문화사.
장승희(2015). 명상의 도덕교육적 효과: 초등학교 예비교사들의 경험을 중심으로. **도덕윤리과교육** 46.
장인실(2008). 학습자 중심 교육과정을 위한 교육심리학과 교육과정학적 접근. **교육심리연구**. 22-4.
장주희(2007). 교육의 형이상학적 차원과 예술적 차원. **도덕교육연구** 19-1.
鄭杰文·墨琨(1997). 墨學與新倫理道德. 北京: 中國書店.
정대영(2006). 통합교육의 개념과 쟁점 고찰. **통합교육연구** 1-1.
정석도(2014). 노자 미학의 사유형식과 은유·은폐의 논리. **동양철학연구** 78.
정영희(2007). 노장사상의 교육생태학적 함의. 한국학대학원 박사논문.
정현천(2017). **나와 세상을 변화시키는 가장 유연한 전략: 포용의 힘**. 트로이목마.
조대우·장맹(2009a). 노자사상과 중국인 CEO의 기업가정신 형성. **한중경상연구** 8-1.
조대우·장맹(2009b). 노자의 물(水)의 철학이 중국인 경영자의 경영철학과 경영성과에 미치는 영향. **전문경제인연구** 12-1.
조무남(2013). **교육으로 가는 철학의 길**. 한국학술정보.
조순영(2014). 노자『도덕경』을 통한 생태유아교육 교육관의 해석. **생태유아교육연구** 13-2.
조한석(2007).『노자』의 "불언지교"에 대한 교육 방법론적 재조명. **종교교육학연구** 25.
조현규(2006). 노자 무위에 대한 도덕 실천론적 담론. **교육철학** 29.

朱謙之 · 任繼愈(1985). **老子釋譯**. 臺北: 里仁書局.
주현재(2012). 고등교육에서의 학습자중심 교육이론에 기반한 PBL 모형 개발. 경희대학교 박사논문.
朱維煥(2001). **老子道德經闡釋**. 臺北: 學生書局.
竹內敏雄/안영길 외 옮김(2003). **미학 · 예술학 사전**. 미진사.
줄리언 파스/김지현 옮김(2002). **도의 지혜**. 가람기획.
陳鼓應(1993). **老子註釋及評介**. 香港: 中華書局.
陳夢家(2016). **老子分釋**. 北京: 中華書局.
최준호(2007). 미학적 인간과 조화로운 삶: Schiller를 중심으로. **철학탐구** 21.
최진석(2004). 노자에게서 인간은 어떠한 존재인가?: 공맹과의 비교를 통해서. **인간연구** 6.
최진석(2005). **노자의 목소리로 듣는 도덕경**. 소나무.
최진석(2010). **장자: 지식과 놀이**. 동양철학연구 64.
추병완(2000). 구성주의(Constructivism)의 교육적 함의. **교육과정평가연구** 3-1.
칸트/김상현 옮김(2005). **판단력 비판**. 책세상.
파멜라 메츠/이현주 옮김(2003). **배움의 도**. 민들레.
팔머/이종태 역(2018). **가르침과 배움의 영성**. 한국기독학생회출판부.
파시 살베르그/이은진 역(2016). **핀란드의 끝없는 도전**. 푸른숲.
펑유란/정인재 역(2010). **간명한 중국철학사**. 형설출판사.
페르디낭 드 소쉬르/오원교 역(1993). **一般言語學講義**. 형설출판사.
폴라니/김정래 역(2017). **암묵적 영역**. 박영스토리.
플라톤/김주일 · 정준영 역(2007). **알키비아데스**. 이제이북스.
플라톤/정준영 역(2013). **테아이테토스**. 이제이북스.
한국교육개발원(2015). 2015년도 1학기 자유학기제 운영 만족도 조사결과.
한국교육심리학회(2000). **교육심리학용어사전**. 학지사.
한국방정환재단(2015). 한국 어린이 · 청소년 행복지수: 국제비교연구조사 결과보고서.
한기언(1978). **東洋思想과 教育**. 법문사.
한병철(2012). **피로사회**. 문학과 지성사.
함세정(1997). 노자의 교육관에 관한 일연구. **교육학연구** 35.
허도학(2008). 노자의 지식학습관이 평생학습에 지니는 교육학적 의의. **탈경계 인문학** 창간호.
홍윤기(2013). 교육으로 인한 사회갈등과 교육을 통한 갈등극복. **철학연구** 100.
황금중(2005). 노자의 교육론과 그 사상사적 의미. **미래교육연구** 19-1.
황은영(2010). 포용교육에 기초한 다문화교육의 재성찰. **글로벌교육연구** 2-1.
Weimer, M.(2013). *Learner-centered teaching: Five key changes to practice* (2nd ed.) San Francisco, CA: Jossey-Bass.

저자 소개

책임집필

신창호

고려대학교 교육학과 교수(교육사철학)/고려대 평생교육원장/한중철학회 회장

이메일: sudang@korea.ac.kr

김학목

고려대학교 교육문제연구소 연구교수(노장철학)/해송학당 원장/명리학자

이메일: dangun2007@hanmail.net

공동집필

강영순 전) 연변대 교수, 고려대 박사과정(교육사철학)

권선향 서울미양초등학교 교사, 문학박사(불교), 고려대 박사과정(교육사철학)

김광석 고려대 교육문제연구소 연구원, 고려대 석사과정(교육사철학)

김학준 가톨릭 예수회 신부, 고려대 박사과정(교육사철학)

백미화 전) 우송대 교수, 문학박사(영어교육), 고려대 박사과정(교육사철학)

송민규 인천함박초등학교 교사, 고려대 박사과정(교육사철학)

우버들 고려대 교육문제연구소 연구원, 고려대 박사과정(교육사철학)

위민성 고려대 교육문제연구소 연구원, 고려대 박사과정(교육사철학)

진상훈 쏙쏙체험 대표, 고려대 석사수료(교육사철학)

최 진 고려대 교육문제연구소 연구원, 고려대 석사과정(교육사철학)

노자 도덕경, 교육의 시선으로 읽다

초판발행 2020년 2월 20일

책임집필 신창호 · 김학목
공동집필 강영순 · 권선향 · 김광석 · 김학준 · 백미화 · 송민규 · 우버들 · 위민성 · 진상훈 · 최진
펴낸이 노현

편 집 문선미
디자인 BEN STORY
제 작 우인도 · 고철민

펴낸곳 ㈜ 피와이메이트
서울특별시 금천구 가산디지털2로 53 한라시그마밸리 210호(가산동)
등록 2014. 2. 12. 제2018-000080호
전 화 02)733-6771
f a x 02)736-4818
e-mail pys@pybook.co.kr
homepage www.pybook.co.kr
ISBN 979-11-6519-053-8 93370

정 가 18,000원